SAMURÁIS

JULIEN PELTIER

SAMURÁIS

La senda del guerrero

Traducción de Andrés Ruiz Merino

Consulte nuestra página web: https://www.edhasa.es
En ella encontrará el catálogo completo de Edhasa comentado.

Título original: *Samurais. Une autre histoire des samurais*

Diseño de la cubierta: Edhasa, basado en un diseño de Jordi Sàbat

Ilustración de cubierta: Samurái armado a caballo, litografía.
Science History Images/Alamy Stock Photo

Primera edición: febrero de 2025

Diputación, 262, 2°1ª
08007 Barcelona
Tel. 93 494 97 20
España
E-mail: info@edhasa.es

ISBN: 978-84-350-2766-3

Impreso en Huertas industrias gráficas

Depósito legal: B 1059-2025

Impreso en España

«¡Ay!, nada hay más cruel que el destino de quien lleva el arco y las flechas. Si no hubiera nacido en una casa consagrada a las artes de la guerra, me habría librado de semejante desgracia».

El cantar de Heike, libro noveno,
«El fin de Atsumori»

Índice

Introducción

Aquí llega, inexorable, silueta aterradora con casco negro. Ocultando su rostro bajo una máscara lacada con reflejos de obsidiana, blande un sable que voltea en todos los sentidos y corta en pedazos al aterrorizado enemigo. Esta vez el caballero no se ha apresurado a socorrer a la princesa, sino todo lo contrario. La princesa no es su prometida, es su presa, su botín, y el señor Vador vuelve a su venerado maestro, ese emperador maléfico al que sirve con celo indesmayable y lealtad ciega. Para construir el más popular de los mitos modernos, George Lucas, ese demiurgo de Hollywood, ha convocado a muchos otros mitos con raíces ancestrales, al frente de los cuales se encuentra el samurái, sin ocultar que fue una de sus principales fuentes de inspiración.[1] ¡Y con razón! En los bancos de la escuela de cine, Lucas y su compañero John Milius se habían prendado del universo de Akira Kurosawa, del que el creador de *Star Wars* produciría en 1979 la obra maestra *Kagemusha,* Palma de Oro en Cannes ese año. Lo mismo que con el director americano, los samuráis han colonizado nuestra imaginación. El asunto viene de lejos, con las primeras notas interpretadas por Japón en el «concierto de las naciones», en los albores del siglo pasado, e incluso antes si consideramos la ola de japonesismo que comienza a formarse con la difusión temprana de las obras de Hokusai. Además de los guerreros esbozados con picardía en el manga,* el maestro del grabado no desdeñó representar a un samurái en la vuelta de un camino surcando los maravillosos paisajes de Tokaido.[2] En el momento de su apertura al mundo, o más bien de su reapertura después de un largo periodo de repliegue, el archipiélago, se da, así, como emblema al orgulloso guerrero que había presidido su destino durante siete siglos. Probo, valiente, entregado en cuerpo y alma, ¿no encarna este personaje al japonés ideal? Nada tiene de sorprendente que el largo proceso de sublimación a lo largo de generaciones haya ocultado no sólo la escoria, sino también una parte de su humanidad. Ahora bien, para despojar al samurái de su aura mítica, es importante devolverlo a su estado original, a fin de comprender mejor sus dilemas y contradicciones, las influencias y tentaciones a las que estaba sometido. Para hacerlo, a veces es mejor tomar caminos secundarios, perderse en los márgenes de la sociedad, por donde pasean aquellos guerreros que se convirtieron en bandidos, *rōnin* –samuráis independientes– o piratas. Doblar el espinazo para deslizarse en el interior de una casa de té, arrodillarse en la postura meditativa del zen, incluso aventurarse al anochecer bajo el resplandor escarlata de las linternas de un «barrio de placer» son otros tantos caminos que llevan a descubrir a los samuráis bajo una nueva luz.

Más allá de la moda de cuestionar los estereotipos, el propósito de este libro es, por tanto, hacerse a un lado, intentar hacer un retrato del samurái desde nuevas perspectivas, sin limitarnos sencillamente a la letanía de hazañas de armas y al relato de los tiempos heroicos. Como el lector avisado puede encontrar sin dificultad los grandes hitos históricos, no tratamos en modo alguno de proponer aquí una recopilación más de los principales hechos de la larga epopeya samurái. La intención es más bien establecer un diálogo entre mito e historicidad. A lo largo de un

* A menudo traducido como «imagen ridícula» o «esbozo rápido», Hokusay Katsushika habría sido el primero en utilizar este término para nombrar su cuaderno de dibujos.

milenio de evolución, el guerrero japonés tradicional experimentó varias mudas, la fundamental a principios del siglo XVII, con los inicios del periodo Edo y la transformación del combatiente profesional en funcionario armado, como consecuencia del cambio total de paradigma que había acompañado el retorno a la paz civil. A pesar de los esfuerzos de las élites para justificar la continuidad de la hegemonía sociopolítica de los samuráis, las críticas encubiertas seguirán creciendo hasta el derrocamiento del régimen militar durante la década de 1860. Hay que señalar que el mantenimiento de esta casta, a expensas de un campesinado explotado con los impuestos, a menudo considerada parasitaria y cuyas filas aumentan de generación en generación, constituye uno de los principales desafíos a que se enfrenta el archipiélago.

Mucho antes, sin embargo, de los tiempos modernos, desde la época Heian, que termina alrededor del año 1000, eruditos y aristócratas apenas pueden ocultar su desprecio por aquellos a quienes perciben como unos brutos sedientos de sangre. La historia del samurái es también una búsqueda de humanización. Paradójicamente, a medida que los guerreros ascienden en el escalafón, se esfuerzan por civilizarse, pues su primacía, pacientemente lograda, no tiene nada de legítimo en este Lejano Oriente, imbuido de un confucianismo de influencia china dentro del cual la carrera de las armas está desacreditada. Lo mismo que sus parientes lejanos europeos, cuyo parentesco no ha dejado de instrumentalizarse, los samuráis tenían que rivalizar en sutilezas y contorsiones intelectuales para tornar a su favor esas doctrinas inherentemente desfavorables para quienes han hecho de segar vidas su profesión. Al igual que el cristianismo, el neoconfucianismo llegó así, contra todas las expectativas, sirviendo de base ideológica a una élite caballeresca.[3] Muy lejos de la fidelidad absoluta exigida, sus relaciones con el poder –señorial, shogunal e imperial– fueron complejas y las lealtades, constantemente cuestionadas, proporcionando innumerables pretextos para recurrir a la violencia política. Este estado de cosas se extiende hasta vísperas de la Segunda Guerra Mundial, cuando los oficiales, exigiendo la tradición del *bushido* –código del samurái–, recuperaron su figura para hundir al archipiélago en el abismo. Desde entonces, los samuráis han vuelto al estado de gracia, con riesgo de petrificarse en otro arquetipo más. Sin embargo, podemos apostar sobre seguro que esta reinvención no será la última.

Advertencia al lector

Es convención japonesa que durante su Alta Edad Media el apellido preceda al nombre, con la partícula *no* intercalada actuando como determinante. Así, Minamoto *no* Yoshitsune se refiere al héroe Yoshitsune de la casa Minamoto. Aunque este uso se abandona con frecuencia cuando se trata de personalidades contemporáneas más conocidas –escritores, cineastas o políticos, por ejemplo–, lo mantenemos en aras de la uniformidad. El emblemático director es presentado, en consecuencia, como Akira Kurosawa. Los autores y cronistas isleños también prefieren utilizar el nombre, en lugar del apellido, a lo largo de sus relatos. Una vez realizada la presentación de un personaje, Oda Nobunaga, por ejemplo, nos referimos a él únicamente por su nombre de pila, Nobunaga.

Como las fechas del calendario lunar, de inspiración china y adoptado por Japón desde finales del siglo VII, podrían dificultar la adecuada comprensión del desarrollo de los acontecimientos, hemos mantenido las correspondencias con el calendario gregoriano, vigente en el archipiélago desde 1872, para comodidad del lector. En los muy raros casos contrarios, la información es suficientemente explícita.

Cronología comparada

Periodo **HEIAN**

- **911** Normandía es invadida por los vikingos
- **929** Fundación del califato de Córdoba
- **935** Sublevación de Taira no Masakado
- **940** Derrota y muerte de Masakado
- **1000?** Leif Erikson llega a América del Norte
- **1066** Batalla de Hastings. Guillermo de Normandía conquista Inglaterra
- **1096** Comienza la Primera Cruzada
- **1099** Los cruzados toman Jerusalén
- **1146-1149** Segunda Cruzada
- **1160** Taira, en el Kiyomori, aplasta un golpe de Estado de sus enemigos del clan Minamoto
- **1180** Inicio de la guerra de Genpei
- **1187-1192** Tercera Cruzada

Periodo **KAMAKURA**

- **1192** Minamoto Yoritomo se convierte en *shōgun*
- **1206** Fundación del Imperio mongol; comienzo de las conquistas de Gengis Khan.
- **1221** Disturbios en Jokyu; los partidarios del emperador Go-Toba son derrotados por el regente Hojo
- **1260** Khiubilai accede al *khanet*
- **1270** Luis IX de Francia muere en Túnez durante la Octava Cruzada
- **1274** Primer intento de invasión mongola
- **1281** Segundo intento de invasión mongola
- **1333** Caída de Kamakura. El emperador Go-Daigo derriba el régimen guerrero

Restauración **KEMU**

- **1336** Kusunoki Masahige muere en la batalla de Minatogawa

Periodo **MUROMACHI**

- **1346** Derrota francesa en Crecy durante la guerra de los Cien Años
- **1378** El shogunato se establece en Kioto
- **1415** Nueva derrota francesa en Azincourt
- **1467** Inicio de la guerra de Onin

SENGOKU JIDAI

- **1515** Francisco I, vencedor en Marignan
- **1519** Carlos V elegido emperador germánico
- **1543** Un navio portugués encalla en Tanegashima; primer contacto entre europeos y japonenes
- **1545** Apertura del Concilio de Trento
- **1560** Batalla de Okehazama. Oda Nobunaga inicia la reunificación de Japón

Periodo **AZUCHI-MOMOYAMA**

- **1590** Caída de Odawara; fin de la reunificación bajo Toyotomi Hidyoski
- **1598** Henrique IV publica el edicto de Nantes

Periodo **EDO**

- **1600** Tokugawa Leyasu, vencedor en Sekigahara
- **1615** Caída de Osaka. El poder de de los Tokugawa es total
- **1643** Luis XIV accede al trono de Francia
- **1645** Muerte de Miyamoto Musashi
- **1649** Ejecución de Carlos I de Inglaterra, al final de la primera revolución inglesa
- **1703** Venganza de los 47 *rōnins* de Ako
- **1775** Inicio de la guerra de Independencia americana
- **1789** Estados generales
- **1792** Decapitación de Luis XVI
- **1804** Napoleón emperador
- **1814** Katsushika Hokusai empieza a dibujar manga
- **1815** Napoleón es vencido en Waterloo, y caida del Imperio
- **1839** Guerra del Opio
- **1853** La escuadra del comodoro Perry fondea en la bahía de Tokio

BAKUMATSU

- **1868** Restauración Meiji

Era **MEIJI**

- **1870** Prusia aplasta a Francia, Napoleon cae.
- **1877** Revuelta de Satsuma
- **1905** Victoria japonesa contra la flota rusa en Tushima
- **1912** Fallecimiento del emperador Meiji

Era **TAISHO**

Era **SHOWA**

- **1933** Adolf Hitler, canciller
- **1939** Invasión de Polonia. Inicio de la Segunda Guerra Mundial
- **1945** Bombardeo de Hiroshima y Nagasaki. Japón capitula
- **1970** Suicidio por eventración de Mishima Yukio

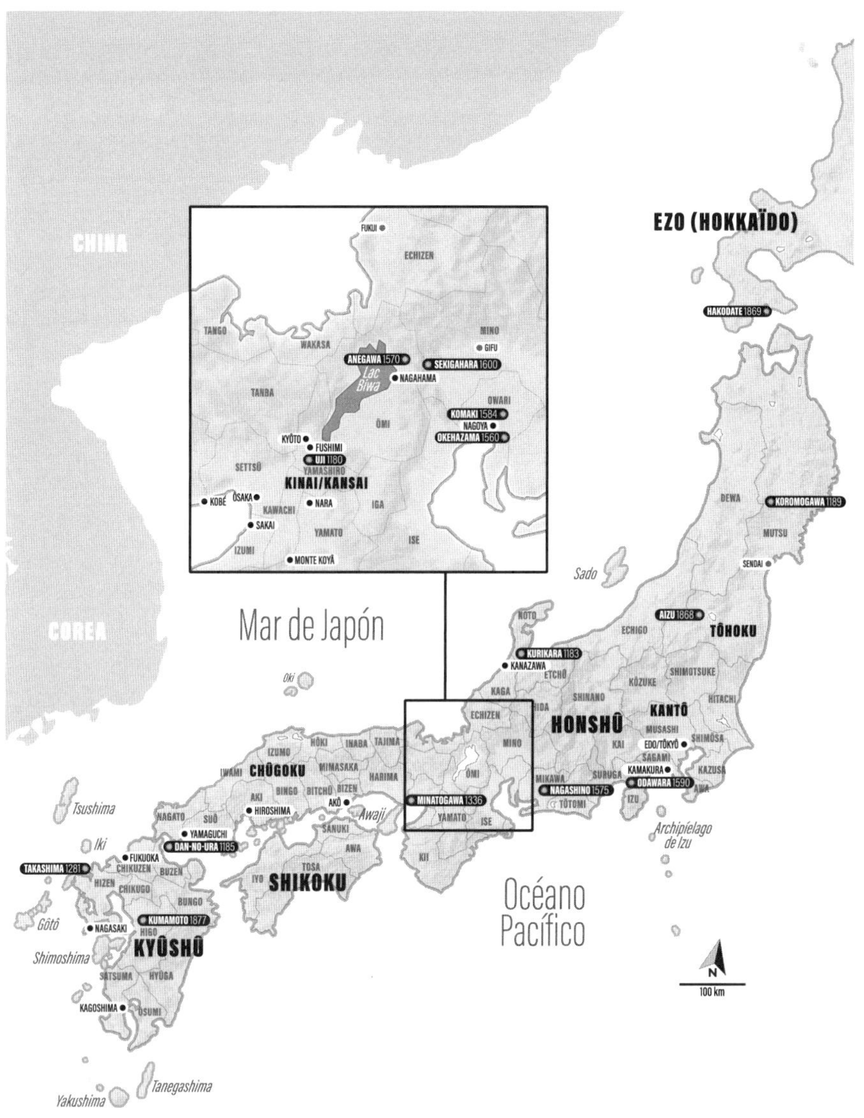

CHINA
COREA
Mar de Japón
Océano
Pacífico
EZO (HOKKAÏDO)
HAKODATE 1869
KOROMOGAWA 1189
DEWA
MUTSU
SENDAI
Sado
AIZU 1868
TÔHOKU
ECHIGO
NOTO
KURIKARA 1183
KANAZAWA
ETCHÛ
KAGA
SHINANO
KÔZUKE
SHIMOTSUKE
HITACHI
KANTÔ
HONSHÛ
MUSASHI
SHIMÔSA
KAI
EDO/TÔKYÔ
SAGAMI
KAMAKURA
KAZUSA
AWA
SURUGA
MIKAWA
ODAWARA 1590
NAGASHINO 1575
TÔTOMI
IZU
Archipiélago de Izu
ECHIZEN
MINO
ÔMI
MINATOGAWA 1336
YAMATO
ISE
KII
Oki
HÔKI
INABA
TAJIMA
IZUMO
IWAMI
CHÛGOKU
MIMASAKA
HARIMA
AKI
BINGO
BITCHÛ
BIZEN
AKÔ
Awaji
HIROSHIMA
NAGATO
SUÔ
YAMAGUCHI
DAN-NO-URA 1185
SANUKI
AWA
TOSA
IYO
SHIKOKU
Tsushima
Iki
FUKUOKA
TAKASHIMA 1281
CHIKUZEN
BUZEN
HIZEN
CHIKUGO
BUNGO
KUMAMOTO 1877
Gôtô
NAGASAKI
HIGO
KYÛSHÛ
Shimoshima
SATSUMA
HYÛGA
KAGOSHIMA
ÔSUMI
Yakushima
Tanegashima
N
100 km
FUKUI
ECHIZEN
TANGO
WAKASA
MINO
GIFU
ANEGAWA 1570
SEKIGAHARA 1600
Lac Biwa
NAGAHAMA
TANBA
OWARI
KOMAKI 1584
NAGOYA
ÔMI
KYÔTO
FUSHIMI
OKEHAZAMA 1560
UJI 1180
SETTSÛ
YAMASHIRO
KINAI/KANSAI
KOBE
ÔSAKA
NARA
KAWACHI
IGA
SAKAI
YAMATO
ISE
IZUMI
MONTE KOYÂ

Capítulo 1
Los orígenes del samurái

A un paso del palacio imperial, en el corazón de Tokio, se alza un modesto mausoleo ignorado por los miles de turistas que se agolpan cada día en las avenidas de la extensa megalópolis. Escondido bajo el follaje de un alcanforero, encajado entre dos rutilantes rascacielos del distrito comercial de Otemachi, el lugar apenas llama la atención. Detrás de una linterna de piedra de la avenida Etai, al pie de una estela grabada con sinogramas, apenas podemos distinguir un montículo del que ningún extraño podría sospechar la función. Se trata de un *kubizuka*, «un túmulo para cabezas», en el que reposan cráneos de guerreros caídos en el campo del honor. Sin embargo, esta sepultura es especial: sólo contiene una cabeza, pero ¡qué cabeza! Cuenta la leyenda que regresó por sí sola desde Kioto, la antigua capital, hasta el lugar de su definitivo descanso, deteniéndose aquí y allá en el camino para saludar a un compañero de armas o maldecir a un enemigo odiado.[1] Qué fantástica conclusión para la novela de una vida que no lo fue menos, porque su dueño no era otro que Taira no Masakado (¿900?-940), a quien algunos ven como el «primer samurái». ¿Qué añade tal honor a este guerrero bien real, capitán en el siglo X, que ha inscrito en la historia su nombre y el de su clan, llamado a conocer un destino ilustre?

La respuesta la encontramos en varios detalles. En primer lugar, el recorrido de Masakado deja vislumbrar una bisagra histórica marcada por el declive del modelo militar que se tomó prestado del poder tutelar regional chino a favor de un aumento de poder de los arqueros montados, luchadores profesionales que prefiguran a los tradicionales famosos guerreros japoneses. Masakado adquiere renombre más allá del Kantó, la vasta llanura aluvial que rodea el Tokio actual. El personaje inaugura al mismo tiempo la rivalidad centenaria entre este polo político entonces emergente y Kansai, la región central ocupada por las antiguas capitales de Nara y Kioto, a las que se suma hoy la aglomeración que reúne a Kobe y Osaka. Finalmente, encarna perfectamente varios rasgos esenciales que caracterizan al samurái en su realidad más que en su mito: el carisma, sin duda, pero también una ambición devoradora que llevará al héroe del Shomonki, en *La gesta de Masakado*, a levantarse contra la voluntad imperial. Siempre presentado como modelo de lealtad ciega al señor supremo, el samurái, sin embargo, no ha cesado durante su larga historia de desafiar a la autoridad, derribando el poder para preservar intereses personales o de clan. La insurrección de Masakado, lo que le granjeará el obstinado resentimiento de la casa imperial y una segunda condena por traición en 1874, casi un milenio después de su muerte, es en este sentido señal de una nueva era.[2] William Wayne Farris llega incluso a escribir en su obra maestra que se pasa de una violencia de naturaleza «depredadora» a una violencia «intraespecífica, en el sentido de que se asemeja a una pelea entre dos machos [...], ritualizada, individualizada y realizada con armas elaboradas».[3]

Aunque el hecho de asociar arbitrariamente un personaje a la génesis de un fenómeno global tiene necesariamente un carácter algo artificial, la trayectoria de nuestro guerrero dibuja ya un retrato bastante fiel de aquellos que se convertirán en samuráis, en su complejidad y sus contradicciones. Para entender lo que lo hizo posible, conviene, sin embargo, retroceder dos siglos más, a los orígenes de los emblemáticos luchadores insulares.

El brazo armado del emperador

Musha, mononofu, bushi o *samurái* son nombres con los que las crónicas y cantares de gesta medievales designan al guerrero, y esto sólo en el periodo Edo (1603-1868) cuando las acepciones de este último abarcan a los demás y acaba imponiéndose. Esto no es una coincidencia, ya que, en esta sociedad dolorosamente pacificada, lo que se espera de quien abraza la carrera de las armas es una obediencia sin falla, mucho más que la valentía o las habilidades militares. Ahora bien, el samurái no es otro que «el que sirve». Derivado del verbo *saburafu*, en un primer momento el término identifica al sirviente de la alta aristocracia, y luego adquirirá una dimensión militar, ya en el siglo XII, cuando comienza a caracterizar a un guardaespaldas, a un hombre de armas dedicado a la protección del señor.[4] ¿Por qué se hace necesario contratar los servicios de un combatiente profesional? Porque reina la inseguridad en la mayoría de las sesenta y seis provincias del antiguo Japón. Y más vale saber manejar el arco y el sable si se quiere desempeñar dicha misión protectora e incluso tener peso en el plano político. Esto es lo que los guerreros finalmente acaban por comprender al final de un largo proceso que se extiende a lo largo de varios siglos.

Durante mucho tiempo, se aceptó comúnmente que la aparición de una clase militar profesional había tenido lugar coincidiendo con el debilitamiento de la autoridad imperial durante el periodo Heian, inaugurado en el 794 con el traslado del poder de Nara a Heian-Kyo, el futuro Kioto y en adelante capital. Según la tesis popularizada en los albores del siglo pasado por Asakawa Kanichi, profesor de Yale desde 1907 hasta 1942, unos clanes provinciales, sólo obedientes a ellos mismos a causa de la negligencia de sus gobernadores, habían desarrollado las habilidades necesarias para garantizar su autodefensa en las fronteras inestables del imperio. Estos hombres pasaron entonces de notables locales a guerreros que se apropiaban de los excedentes agrícolas, indispensables para la acumulación de un capital que permitiera la adquisición de un armamento costoso. A esto deberían añadir el mantenimiento de un palafrén, o incluso el pago de emolumentos a los siervos. Para hacer reinar el orden y escapar a la rapacidad de sus jefes, siempre en la capital, los líderes de estos protoclanes, convertidos en señores *de facto*, fortalecieronn su dominio organizando gradualmente –primero a escala local– una pirámide feudal basada en la fuerza y la lealtad vasalla. A falta de un derecho respetado, su deber de cobrar los impuestos y luego transportar los fondos recaudados proporcionaba un pretexto adicional para la militarización de estos *bushidan*, o «bandas de guerreros» aparecidas a comienzos del siglo X.[5] Vemos así cómo se dibuja, de manera bastante evidente, un paralelismo con la Europa de la Alta Edad Media tras la caída del Imperio romano, que dejó un vacío político gracias al cual nacería un feudalismo floreciente. Sin embargo, a partir de la década de 1990, una nueva escuela de académicos dirigida por Karl Friday y William Wayne Farris, en el ámbito angloparlante, se esforzará en rellenar las lagunas de este relato. Sin huir de la controversia, estos historiadores estadounidenses se centran en poner en evidencia las continuidades, en lugar de las rupturas, en que se produce la aparición de los primeros samuráis.[6] Ponen de relieve el «eslabón perdido», usando la expresión de Farris, que corresponde a la parte central del periodo Heian. Durante los siglos VIII y IX, el Estado japonés se inspira, primero, en gran medida, en el modelo chino para establecer el *Ritsuryo*, un corpus de códigos inspirados en doctrinas confucianistas y el legalismo chino. En el plano militar, el declive del sistema establece un servicio obligatorio para el campesinado, que recaerá para ello en la infantería. Pero esta herramienta revelará rápidamente ciertas debilidades que constituyen un impedimento radical. Asimilado a una obligación penosa, socavado por la deserción y la corrupción, el servicio militar también se revelará como algo completamente inadecuado conforme a los imperativos tácticos dictados por la lucha contra los Emishi, los pueblos del noreste de Honshu, que no tenían intención alguna de someterse a la autoridad del emperador.* La expansión del territorio bajo soberanía imperial, con la oposición de indomables jinetes consumados, expertos en incursiones y razias, requiere nuevas unidades altamente cualificadas en manejo del arco a caballo. El cuerpo de los *kondei* –los fuertes– responderá a esta necesidad desde los primeros tiempos del periodo Heian. Poco numerosos –cada provincia cuenta entre veinte y doscientos, con una neta superioridad numérica en el Kantó–, estos hombres poseen los rasgos distintivos del guerrero montado japones, que no variarán apenas durante más de medio milenio. La corte imperial, aceptando delegar el mantenimiento del orden en profesionales independientes, habría aceptado «privatizar» el ejercicio de la fuerza pública. Sin embargo, contrariamente a lo que dice la teoría del derrumbamiento del poder central, éste nunca habría dado la espalda a las cuestiones militares.[7]

En definitiva, mucho antes de erigirse en rivales de la casa imperial, despojándola de sus prerrogativas en beneficio de su líder supremo, el *shōgun*, los samuráis habían sido durante siglos el brazo armado del emperador. El término, contracción de la fórmula *Seii-Taishogun*, designa al «generalísimo responsable de la pacificación de los bárbaros», comandante en jefe de la clase combatiente. ¿Qué hay realmente de esta altisonante dignidad, cuyo sufijo se convertirá en símbolo de la hegemonía samurái? El venerable *Diccionario histórico del Japón* indica que la primera mención del término aparece a principios del siglo VIII.[8] El mandato, entregado por un tiempo limitado, evoca el del cónsul romano, que corresponde a un mando militar con poderes políticos extraordinarios, ejercidos sin embargo bajo el control de la corte imperial en el archipiélago, y del Senado en la bota transalpina. Sin embargo, llegó un momento en que los guerreros tomaron con-

* Este término genérico, que engloba un rosario de tribus nacidas o no de una misma cepa étnica, designa, sobre todo para los cronistas, el conjunto de pueblos rebeldes a la autoridad creciente de la casa imperial.

ciencia de su creciente poder y decidieron usarlo por cuenta propia. Si bien este razonamiento no está exento de atajos y zonas de sombra, resaltadas en particular por la historiadora Francine Hérail, el horizonte del conocimiento histórico se vuelve más claro con dos acontecimientos bien conocidos y documentados: las dos grandes revueltas de la década del 930. Es en este momento de la función cuando Taira no Masakado entra en escena.

Un héroe muy indisciplinado

Entre la multitud de grupos armados rurales que mantienen una relación simbiótica con un territorio, destacarán algunos *bushidan*, que son los que luego congregarán a su alrededor, con ellos como núcleo, a verdaderas confederaciones guerreras. Se trata de clanes bajo las órdenes de jefes que afirman tener una conexión sanguínea con la dinastía reinante; en consecuencia, gozan de un considerable prestigio.

Los Taira se proclaman, así, descendientes de Kanmu, quincuagésimo soberano del país, mientras que los Minamoto pretenden descender de Seiwa, quincuagésimo sexto emperador en el trono. Por ser exhaustivos, cabe añadir a la poderosa familia Fujiwara, que, tras monopolizar la regencia durante generaciones, impone su voluntad sobre los emperadores débiles y juveniles. Así, se hacen con los cargos más codiciados, en particular el de *kanpaku* (canciller), y sus líderes gobiernan entre bastidores, entregados a un nepotismo rampante. Ante el anuncio del levantamiento de Masakado, Fujiwara no Sumitomo, gobernador provincial de Iyo en la isla de Shikoku y retoño de una rama colateral del ilustre linaje, se levanta, a su vez, a la cabeza de los piratas que infestan el mar Interior. Al mando de una flota estimada en mil esquifes, el rebelde saquea la costa desde Kyushu hasta la bahía de Osaka, antes de ser derrotado y decapitado en el otoño del 941.[9]

Pero es Masakado quien enarbola el estandarte de la revuelta con más ardor, y gracias a él el movimiento de emancipación de los guerreros se convierte en un signo de la insumisión. A diferencia del estallido sin futuro de Sumitomo, que no afecta a los equilibrios políticos, Masakado sacudirá los cimientos mismos del poder imperial. Según el testimonio del *Shomonki*, fuente principal que se remonta probablemente a finales del siglo x, registrado por un monje budista familiarizado con el personaje, la aventura comienza con una confusa disputa matrimonial que enfrenta al interesado con su tío y suegro Yoshikane, y que, sin duda, enmascara rivalidades familiares y patrimoniales. Para gran disgusto de Yoshikane, el yerno rebelde se niega a entrar en la casa de su esposa, despreciando los usos de la época. El asunto es grave, y cada campo reúne a sus partidarios, entendiendo que la trivial rivalidad encubre intereses mucho más vastos: determinar quién ganará en ascendiente sobre el poderoso clan Taira. A principios del año 935, Masakado inicia las hostilidades en las provincias costeras del Kantó oriental. Sale victorioso en las primeras escaramuzas, y al final de éstas quema cientos de residencias enemigas. Enfurecido, el derrotado Yoshikane llama a otros parientes, pero los refuerzos no son suficientes para derrotar al rebelde, que dispersa a sus enemigos en el otoño de 936 y llega a la capital, donde el regente Fujiwara lo ha convocado para rendir cuentas de sus acciones. El acusado sale airoso gracias a una oportuna amnistía general, pero descubre a su regreso que sus adversarios, lejos de haber abandonado las armas, han destruido su mansión en Shimosa.

Sufriendo de beriberi y finalmente vencido, Masakado se oculta por un tiempo antes de regresar con fuerza durante el verano de 937. La disputa ha degenerado en una guerra abierta en todos los frentes. En esta situación, los enemigos del irreductible guerrero, incapaces de imponerse militarmente, trasladan el conflicto al terreno político: apelan a la corte, donde sus buenas relaciones les garantizan la atención del Consejo de Estado. Esto es demasiado para Masakado, que refuta toda acusación. Llega entonces una nueva campaña, esta vez con intercambios epistolares entre ambos partidos y dignatarios. Sin esperar a la llegada de los espías enviados por la corte y desobedeciendo las órdenes de arrestar a un barón codicioso, Masakado une fuerzas con el fugitivo para devastar la región. El este entero estalla en llamas.

Después de la provincia de Shimosa, cae Hitachi, y luego Musashi y Sagami son saqueadas. Mientras, Masakado amenaza a la vecina Shimotsuke, donde confisca los sellos imperiales. Aterrorizada, la corte ya no sabe qué hacer: «Cuando se difunde el rumor de que Masakado se había apoderado de las ocho provincias orientales y que iba a lanzar un ataque a la capital, se ordena a todas las montañas (monasterios) declararlo anatema, pero aparentemente sin éxito; tanto es así que el rostro del dragón había perdido todo color».[10] El Kantó es abandonado a su suerte, y todo lo que tiene que hacer Masakado es recogerlo como a la fruta madura. Quema sus naves y se hace proclamar «nuevo emperador». Y, confiado en sus hazañas de armas, funda su propia capital en Ishii y nombra gobernadores. Al hacerlo, se muestra decididamente renovador, pues amplía considerablemente su red de agradecidos colaboradores, a partir de ahora súbditos feudales establecidos en toda la llanura agrícola más rica del país, terreno además apto para la cría de caballos, la producción estratégica por excelencia. Pero, ¡ay!, esta apoteosis constituye también el canto del cisne de los hombres ambiciosos, porque, desde de Heian-Kyo, el joven emperador Suzaku, gobernante legítimo, declara a Masakado rebelde al trono –*zoku*– y pone precio a su cabeza. El viento cambia súbitamente de dirección. Apenas dos meses después, abandonado por la mayoría de su gente, a la que les habían sido prometidas generosas recompensas, Masakado muere en el campo de batalla a manos de un primo Taira, que lleva su cabeza de regreso a la capital, conservada en una tina de sal. Expuesta como advertencia para los demás alborotadores –y, si hay que creer a la leyenda, milagrosamente preservada de la descomposición–, el trofeo regresará a la futura bahía de Tokio por sus propios medios. Así termina el caótico itinerario del «primer samurái», que inmediatamente adquiere una dimensión mítica. Poco después de la muerte del legendario rebelde, comienza a rendirse culto a su alma difunta, que, en la creencia popular, pronto se transforma en *goryo*, espíritu vengativo cuya ira conviene apaciguar mediante ritos y ofrendas apropiadas; y luego en *kami*, uno de los innumerables dioses del panteón japonés.[11]

La insumisión como tradición

Presentado invariablemente como la encarnación de una lealtad ciega y desinteresada, el guerrero nipón está, bien al contrario, guiado por una feroz independencia. Lejos de la disciplina colectiva, hoy reconocida como un pilar de la sociedad japonesa, el samurái hace gala de un individualismo indomable desde los primeros capítulos de su larga epopeya. Nada importa más que el honor y la gloria personal, y Taira no Masakado en modo alguno es una excepción a la regla; él, quien, bajo el pretexto de corregir errores, sirve sobre todo a su propia ambición. Ahora bien, es precisamente este desafío a la autoridad lo que todavía le otorga gran popularidad hoy en día en el este de Honshu, porque su levantamiento saca a la luz los fracasos de las instituciones imperiales y su incapacidad para impartir una justicia imparcial. Ciertamente, en última instancia prevalece el poder soberano, pero al precio de una actuación sin brillantez. Desprovisto de fuerza suficiente, también está obligado a recurrir a «sables a sueldo», si usamos la expresión de Karl Friday.

El recorrido póstumo de Masakado no es menos edificante que el que tuvo en vida, ya que arroja luz sobre diversos aspectos de la recuperación de este mito fundacional y, a través de él, de la manipulación de la figura del samurái. Durante el periodo Edo, del siglo XVII hasta mediados del siglo XIX, se honra su memoria como la de un pionero lejano. La gente lo admira, como a una especie de Robin Hood que lucha contra un régimen corrupto; una visión completamente fantasiosa, pues Masakado y sus esbirros fueron culpables de tantos abusos, si no más, que sus detractores. En cuanto a los guerreros que ocupan una alta posición social, se venera más que nunca no sólo a un precursor, sino también, y sobre todo, al campeón de Kantó convertido en el centro de gravedad política de Japón bajo la égida del shogunato Tokugawa. Con la caída de este último, la situación cambia completamente, tanto más cuando la vuelta a la preeminencia imperial es incompatible con las reverencias a un rebelde al trono, cuya condena la corte reitera.

Ahora bien, el hecho de que este recordatorio del nuevo orden imperial tenga lugar en 1874 no se debe al azar. El archipiélago, apenas salido de una terrible guerra civil que enfrentó a los partisanos sin *statu quo* con los partidarios de la modernización encarnada por el joven emperador, atraviesa una grave crisis que opone a los decepcionados por la restauración Meiji –con los samuráis expoliados a la cabeza– a un gobierno oligárquico cuya deriva autoritaria no cesa de aumentar. La revuelta retumba, y al fin termina estallando en el norte de Kyushu, antes de que Saigo Takamori, el «último samurái», tome a su vez las armas, sin entusiasmo, tres años después. Aunque no ha llegado el momento de abordar el destino singular de este otro gigante, la desgracia que golpea a Masakado en ese tenso contexto reviste, aunque suponga sólo un daño colateral, la forma de una advertencia dirigida a unos guerreros entonces al borde de reconectarse con su tradicional insubordinación. Tras mucho tiempo considerada una de las deidades protectoras más importantes de Edo, el *kami* caído es objeto de ruegos, pero esta vez son para que abandone el santuario de Kanda, donde era celebrado y festejado cada año con un gran desfile que terminaba en los jardines del castillo del *shōgun*, reconvertido en palacio imperial. Pero ningún rescripto ni anatema logrará jamás apagar el fervor de los asistentes al festival de

Kanda matsuri,* al que siempre acuden las gentes por cientos tan pronto como llegan los días soleados.[12]

Aunque nadie puede negar los ideales, a veces nobles, a los que han aspirado muchos miembros de la clase militar, el ejemplo de Taira no Masakado y sobre todo la estima de la que sigue gozando permiten matizar un retrato del samurái más complejo de lo que parece a primera vista. Lejos tanto de caricaturas como de apologías, no podemos imaginar al guerrero japonés como un monolito cruzando un milenio de la historia sin caer presa de contradicciones muy humanas. Sin embargo, se desprenden ciertas constantes, no todas compatibles con la imagen del justiciero impasible en que el imaginario colectivo tiende a encajonarlo. Entre estos rasgos distintivos, parece destacar, contra todas las expectativas, una cierta inclinación por la insubordinación, algo que veremos resurgir muchas veces.

* Festival que celebra la victoria decisiva de Tokugawa Ieyasu, fundador de la última dinastía shogunal, en la batalla de Sekigahara en 1600.

Capítulo 2

La senda del arco y el caballo

Nos cuenta el *Kojiki*, «Crónica de las cosas antiguas», que Susanoo, dios de los mares y las tormentas, mató a la serpiente de ocho cabezas y otras tantas colas que en otros tiempos aterrorizó a la provincia de Izumo.[1] Del cadáver del monstruo, todavía caliente y goteando sangre, su verdugo sacó una espada de corte afilado y se la ofreció como regalo a su amada hermana, la diosa solar Amaterasu, venerable abuela del primer soberano japonés. El linaje imperial entró así en posesión de la espada legendaria que aún hoy se cuenta entre los tres tesoros más valiosos del emperador, junto con el espejo y la joya sagrados. La espada da fuerza y valor a su augusto portador, en el que se combinan, así, al menos dos de las tres funciones sociales básicas –la militar y la sacerdotal– definidas por Georges Dumézil.[2] Y es que, mucho más que con la posesión del conocimiento o la generosidad de la madre naturaleza, el poder desde siempre ha estado asociado en el archipiélago con la fuerza de las armas. Por tanto, no es de extrañar que la figura del guerrero haya gozado de la más alta consideración, y por eso Karl Friday afirme que «en Japón la profesión de las armas es tan antigua como las primeras formas de construcción estatales. Los líderes locales que formaron las confederaciones de las que surgió el reino de Yamato a finales del siglo VI, y luego el Estado imperial del siglo siguiente, fueron líderes tanto religiosos como militares. De hecho, la mitología de la casa imperial está llena de imágenes de armas e historias de batallas».[3]

Sin embargo, el sable sólo se impondrá tardíamente como el arma emblemática del samurái. Durante más de medio milenio, del siglo IX al XV, por lo menos, es el arco el atributo esencial del combatiente, hasta el punto de que los autores del *Heike monogatari*§ lo designan regularmente con el eufemismo «el que lleva el arco y las flechas». Recordemos que, contrariamente a la creencia popular, la tradición militar japonesa no consiste en el combate cuerpo a cuerpo, sino en el duelo a distancia: allí donde el arte de guerra occidental utiliza la falange hoplítica en la búsqueda del choque decisivo, de una concentración de la violencia en el tiempo y espacio, el guerrero insular revela sus raíces esteparias.[4]

A caballo sobre los principios

En Asia, la supremacía militar ha reposado durante mucho tiempo en el dominio del arco a caballo. Muy hábiles en este arte, endurecidos por las rudas condiciones de vida, los pueblos nómadas pastoriles han representado desde la alta antigüedad una amenaza permanente para las sociedades sedentarias establecidas en las franjas cultivables de la inmensa pradera de Asia Central. Y, aunque insulares, los samuráis conservaron muchas características de esta lejana matriz continental. La élite guerrera nipona deja para la infantería picas y alabardas y se enorgullece de luchar con el arco sobre la silla de montar. Ciertamente, las monturas japonesas, que se parecen más a sus alejados parientes mongoles que a los imponentes corceles europeos, ofrecen un bajo rendimiento. Una re-

§ El *Heike monogatari* (traducido como *Cantar de Heike*) es un clásico indiscutible de la literatura japonesa. Metáfora universal de la ambición humana, esta obra épica del siglo XIII narra los tumultuosos acontecimientos sucedidos en el siglo anterior, cuando la influencia de la aristocracia declina en favor de la pujante clase militar y dos importantes clanes de samuráis. Los Genji (Minamoto) y los Heike (Taira) mantienen una encarnizada lucha por el poder, que concluye con la práctica extinción del linaje de los Minamoto y el fulgurante ascenso de la familia Taira en una época de trascendentales cambios sociales y políticos que definirán el Japón de los siglos posteriores. (*N. del T.*)

construcción televisiva de un corcel japonés de 1,30 metros hasta la cruz y un peso de trescientos cincuenta kilos, es decir, un tamaño comparable al correspondiente a los esqueletos equinos exhumados cerca de Kamakura en 1953, reveló que el animal habría tenido grandes dificultades para galopar más de unos pocos kilómetros.[5] La pobre bestia –un Kiso, raza rústica y robusta originaria de los Alpes japoneses– llevaba en la reconstrucción un jinete lastrado para simular la carga de un combatiente con armadura. Otras experiencias más recientes han dado, no obstante, resultados menos severos, y la arqueología experimental continúa su trabajo.

Más vale, sin embargo, tener cuidado con no establecer paralelismos demasiado rígidos, porque el entorno en el que se mueve el samurái es muy diferente del que prevalece en la estepa. Las concepciones políticas y los principios tácticos dependen del entorno. En el archipiélago, el enfrentamiento en el campo de batalla, muy elitista, es diametralmente opuesto a la cacería humana a gran escala propia del pastoreo. Allí luchan, más bien, unos campeones respetuosos con ciertas etiquetas que, después de haber lanzado el desafío, se enfrentan en un combate singular, que algunos comparan sin reparos con un combate entre pilotos de caza, con sus fintas, esquivas y ataques lanzados a una distancia más o menos grande. Más que la disciplina y las maniobras colectivas, lo que está en el corazón de esa cultura militar es el dúo formado por el combatiente y su montura.[6] En términos más generales, una batalla de los períodos Heian o Kamakura (en su fase temprana) tiene seis fases, enumeradas por el famoso japonólogo estadounidense Paul Varley, quien examinó cuidadosamente las crónicas y relatos de guerra.[7] En primer lugar, los heraldos o capitanes fijan de mutuo acuerdo el lugar y la fecha de la batalla. Llegado el día, los dos ejércitos se colocan en orden de batalla. Después se dispara una flecha silbante, provista de una punta de hueso hueca que emite un sonido característico, hacia el cielo, en la dirección de los *kami*, deidades japonesas. Éstos se convierten, así, en testigos de las grandes hazañas que, sin duda, pronto se acometerán bajo su mirada imperiosa. Se observará que esta relación que une a los dioses con los arqueros montados, y que continúa hoy en el espectacular *yabusame*§ que aún se practica en santuarios sintoístas –por tanto, este animismo autóctono ancestral está todavía muy vivo–, contribuye igualmente al prestigio y sacralización del arquero a caballo en la cultura militar japonesa. En cuarto lugar, se lanza una andanada de proyectiles por cada lado. Son las *nagere-ya*, «flechas de paja», llamadas así porque provienen de tiradores anónimos, soldados de infantería y ayudantes de armas, carentes de firma, y cuyas víctimas, por lo tanto, no se pueden identificar. Continúa la lluvia de flechas hasta que finalmente comienzan las hostilidades, momento en que diversas y pequeñas unidades tácticas –*ikusa*– gravitan alrededor de un guerrero distinguido, imponente en su corcel, que ha desafiado a un campeón enemigo después de haber expandido su buen linaje según el ritual del *nanori*. De hecho, la costumbre es que se presente con muchos detalles, desgranando cuidadosamente su genealogía para procurarse un adversario a su medida. La espada sólo sale de la vaina como último recurso, en el caso de que sea necesario cruzar el hierro en tierra, para salir de un mal paso o dar una estocada.

Más allá de las innegables ventajas que proporciona una montura, aunque no ofrece tanta movilidad como una plataforma de tiro elevada, el caballo es naturalmente un signo de estatus social. Como muy bien ha señalado el historiador Takahashi Masaaki, poseer y mantener un caballo, tanto más en una tierra donde el recurso a la fuerza humana, tanto para la carga como para la tracción, seguirá siendo la regla durante mucho tiempo, requiere ingresos suficientes que también permitan adquirir una panoplia, especialmente su pieza central reconocible entre todas, la armadura del samurái.

§ Especialidad de tiro con arco a caballo de tradición japonesa: un arquero montado en un caballo lanzado al galope dispara sucesivamente tres flechas especiales con «punta en forma de nabo» a tres blancos de madera. (*N. del T.*)

De laca, seda y acero

La coraza del combatiente japonés, otra herencia compartida con muchas otras gloriosas tradiciones militares asiáticas, tiene una estructura laminar. A pesar de que las placas metálicas ajustadas pueden desempeñar el papel de grebas o cañones de antebrazo, el *o-yoroi* –«gran arnés», que aparece en el periodo Heian– está compuesto, sobre todo, por multitud de láminas de cuero o de metal,[8] conocidas como *kozane*. Dispuestas en capas superpuestas notablemente flexibles, pueden llegar a dos mil en el caso de las armaduras más complejas. Como toda la protección está concebida con el único objetivo de optimizar el rendimiento del arco del guerrero, el *o-yoroi* adquiere una forma cúbica, de forma que la mayor parte del peso la descarga sobre las caderas. A falta de escudo, el busto del jinete está flanqueado por grandes hombreras rectangulares, las *sode*, que, deliberadamente libres, se adosan naturalmente a la espalda para cubrir la parte trasera expuesta después del disparo. En su primera aparición, el característico yelmo llamado *kabuto* adquiere la apariencia de una celada, hecha de hojas metálicas cuidadosamente remachadas y provista de una visera. Está coronado por un orificio, *tehen*, cuya función probablemente era dejar flotar una coleta, aunque su otro nombre, *hachimanza*, sugiere una misión más espiritual de invocación a Hachiman, deidad guerrera y divinidad tutelar de la primera casa shogunal. Una tercera utilidad de este rasgo, exclusivo del casco del samurái, sería la ventilación del cráneo. A veces decorado con antenas doradas, el *kabuto* se amplía con el *shikoro*, inicialmente una protección para el cuello muy ancha, casi horizontal, que se ensancha en la zona de las sienes para garantizar una perfecta movilidad del cuello, algo vital para un luchador.

El uso de laca *urushi*, elaborada con la savia del ailanto o barniz de Japón, *Toxicodendron vernicifluum*, está documentado desde antes de la era cristiana, aunque el refinado de esta resina, altamente tóxica, no alcanza plena madurez hasta más adelante.[9] Este tratamiento ofrece una protección apreciable en un archipiélago con precipitaciones abundantes. A pesar de la resistencia del o-*yoroi* a la oxidación, el agua sigue siendo un problema, porque el *odoshi*, enlazado de seda de colores que une las laminillas entre sí, tiene una desafortunada tendencia a volverse considerablemente más pesado con la humedad. El peto, compuesto por tres placas articuladas con una cuarta deslizable en el lado izquierdo, presenta una sutil asimetría. De las dos pequeñas piezas pectorales que sirven para ocultar los puntos de unión de los *sode*, al mismo tiempo que se corrige el defecto lateral de la armadura en el momento en que el arquero monta su arco, el de la izquierda es todo de metal a fin de dar la máxima protección al corazón, vulnerable en ese preciso instante. Una falda pantalón, el *kusazuri*, de un peso de unos treinta kilos, cubre los muslos.

Al igual que la armadura, el arco japonés es bastante singular. Fabricado en madera de tejo, como su pariente inglés, compensa con su tamaño la baja tensión que soportan los materiales empleados: núcleo de madera de morera, sándalo o zumaque, encolado a una tira de bambú en la cara exterior, y, a partir de principios del siglo XIII, a una segunda por la parte interior. Aunque más eficiente que las formas anteriores, esta estructura laminar, llamada *sanmai uchi*, obtenida utilizando productos vegetales, se revelará sin embargo muy inferior a las armas *composites*, hechas de resinas compuestas, reforzadas con cuernos y tendones de animales, de uso común entre los jinetes del continente. Con unas escasas cincuenta libras de potencia, el *yumi* insular no es rival para su formidable competidor mongol, como experimentarán los samuráis en carne propia durante los intentos de invasión de Kublai Kan en 1274 y 1281. No obstante, pueden contar con una amplia gama de proyectiles: desde las puntas de sección cuadrada destinadas a perforar una armadura, a los hierros en forma de cuchilla para desgarrar las carnes, pasando por los de cabezas bifurcadas, probablemente diseñados para cortar cordajes, correas y estribos de cuero. Los historiadores han sostenido durante mucho tiempo como evidente que la forma asimétrica del arco japonés, cuya empuñadura está ubicada en el tercio inferior de un arma que puede sobrepasar los dos metros y medio de longitud, era consecuencia de la necesidad de moverse en la silla. Sin embargo, los emisarios chinos, a la vuelta del archipiélago en el siglo III, mucho antes de que la práctica del combate a caballo se desarrollara, dan fe de haber visto a combatientes que utilizaban «arcos de madera que presentan una parte inferior más corta que la superior».[10] Por tanto, la cuestión no está zanjada. Pasa lo mismo con el sable, que sólo adopta su forma curva alrededor del año 1000, cuando la élite ecuestre domina ya la escena militar insular desde hace al menos dos siglos, prueba de que no existe ningún vínculo causal entre las dos transformaciones. La innovación que constituye el *tachi*, elegante ancestro de la katana, cuya curvatura mejora el rendimiento en el combate a caballo, es unánimemente reconocida, y esta nueva arma se convertirá enseguida en compañera esencial del guerrero japonés. Todavía hoy, el talento de los herreros japoneses de los periodos Heian y Kamakura, de los que algunas técnicas se han perdido para siempre, apenas tiene rivales. Y por eso se entiende la admiración que despiertan las escasas lamas de esos tiempos pasados que hoy subsisten, justamente apreciadas como auténticos tesoros nacionales. Los dignatarios de la dinastía Song tampoco se equivocaron cuando trajeron de China al archipiélago los carísimos sables forjados en el curso de esta «edad de oro».[11] Escaso al principio, este comercio cobrará una amplitud considerable en el siglo XIV, alcanzando cantidades estimadas por Kenichi Yoshimura entre 200 000 y 300 000 lamas.[12] A medio camino entre el sacerdote y el artesano, el maestro armero nipón tiene que solicitar la ayuda de los *kami* antes de ponerse manos a la obra. Dedica mucho esfuerzo a sacar partido de una materia prima ingrata como son las arenas ferruginosas, para lo que necesita una fastidiosa reducción del acero templado antes de enfrentarse al problema que ha atormentado desde siempre a sus colegas de todo el mundo: encontrar la relación ideal entre acero templado, duro pero vulnerable al impacto, y el metal dúctil, capaz de resistir el choque sin romperse. Además de las técnicas utilizadas respectivamente en Europa y Oriente Medio, como son el ensamblado en caliente de un núcleo de acero dúctil en el interior de un material más duro y la laminación entre materiales con cualidades complementarias, los forjadores japoneses ponen a punto un procedimiento de eficacia temible: el temple selectivo. Recubriendo el lomo de la lama de un material ignífugo, se evita el choque térmico que produce la cristalización del metal y se conserva toda su flexibilidad. Así nace el *hamon*, esa delicada línea de templado con ondulaciones vaporosas o líneas etéreas, marca distintiva de la espada japonesa.

Un rito de violencia, muerte y honor

El arco y el caballo, el sable y la armadura son instrumentos que identifican a los samuráis. Pero, más allá de los atributos materiales e insignias de rango que lo caracterizan, cualquier élite militar se define principalmente por la adhesión a una ética común, garantía de reconocimiento y de que las reglas se respetarán, más o menos, en el peligroso juego de la muerte. Ahora bien, ¿qué pasa con estas supuestas leyes de la guerra y qué importancia les concedían los guerreros profesionales de la alta Edad Media? Para nombrar este impreciso corpus, las fuentes utilizan diferentes términos, aunque los más representativos parecen ser *kyuba* o *kyusen no michi*, «senda del arco y del caballo» o «de la flecha», donde se afirma claramente la importancia del tiro con arco a caballo. Esta prefiguración, en una etapa muy embrionaria de lo que será el *bushido*, pone en evidencia el acento en la excelencia del combate.

Los valores morales caballerescos no se quedan atrás, porque todavía tienen que vencer con elegancia y honor, *meiyo*, si pretenden asegurarse el paso a la posteridad, la mayor aspiración de cualquier guerrero. Para cumplir con este requisito, no escatiman esfuerzos y a menudo compiten diligentemente por derramar la primera sangre; como Takezaki Suenaga (1246-1314), héroe de las batallas contra los invasores chino-mongoles, que se lanzaba a la batalla sin esperar refuerzos, con el consiguiente riesgo de que se le escapara la gloria.[13] Como la caridad bien entendida comienza por uno mismo, la valentía está lejos de ser desinteresada y aspira a obtener, además de la fama, diversas recompensas en especie –feudo, sable, armadura, corcel...– o en efectivo contante y sonante. También es de importancia crucial la búsqueda de un testigo de buena fe, o cualquier otro medio, para certificar la identidad del autor de una hazaña en el combate. El definitivo consiste en cortar la cabeza de un enemigo derrotado, prueba tangible del trabajo realizado. Los *emaki*, rodillos pintados, abundan en representaciones de jinetes con el siniestro trofeo a la cadera o de soldados de infantería blandiendo con orgullo una cabeza en la punta de una alabarda.

El *nanori* procede de la misma voluntad de identificación y llamada a dar testimonio de un hecho de armas. El *Heike Monogatari*, poema épico de finales del siglo XIII que relata la guerra de los Genji, ofrece muchos ejemplos, entre ellos el de un tal Nakayori, de la provincia del Shinano, que dice en el libro octavo: «Descendiente de novena generación del príncipe de la sangre Atsumi, segundo hijo del gobernador de Shinano Nakashige, soy Shinano no Jiro Kurando Nakayori y tengo veintisiete años. ¡Que se acerquen los que se sientan dignos de mí! Aquí me encontrarán».[14] Nada permite, sin embargo, afirmar con certeza cuál era la fórmula habitual. El ritual parece topar con ciertos obstáculos prácticos, no siendo el campo de batalla un islote tranquilo y propicio para intercambios verbales cuidadosamente regulados. Por lo demás, en ausencia de pruebas arqueológicas, los historiadores se ven obligados a confiar sólo en las fuentes literarias, procedentes de tradiciones orales de las que todo el mundo reconoce el carácter predominantemente apócrifo. Ahora bien, no sólo los ejemplos de *nanori* se multiplican en el *Cantar de los Heike*, compilación del siglo XIV, casi doscientos años después de los hechos referidos, sino que son claramente más raros y alusivos en las gestas anteriores.[15] De aquí a pensar que los *biwa hoshi*, esos monjes itinerantes ciegos que se ganan la vida como trovadores con un laúd en el brazo, se han permitido con el tiempo alguna licencia poética sólo hay un paso. ¿Y qué mejor forma de complacer a la audiencia que cantar los méritos de héroes homéricos adornados de todas las virtudes? La nobleza de espada, dedicada a reforzar su supremacía en los siglos siguientes, tenía, por otra parte, poderosas razones para glorificar a sus prestigiosos antecesores. En cuanto a la noción de honor, pongamos atención en el escollo del etnocentrismo: para un samurái, una lucha honorable no implicaba necesariamente la actitud previsible de un valeroso caballero medieval condicionado por un entorno judeocristiano, si bien tanto el uno como el otro nunca hayan dado prueba de ejemplaridad, salvo en la imaginación fecunda de los cronistas. La pertinencia del cuadro que presenta el profesor Eiko Ikegami, en el que describe el enfrentamiento de guerreros japoneses como «un rito coloreado de violencia, muerte y honor», plantea dudas.[16] Y nos inclinaríamos por seguir a Karl Friday, recordando que tanto en Japón como en Europa los conceptos de honor y de conducta honorable en la batalla fueron lo suficientemente flexibles como para permitir a los guerreros victorioso justificar cualquier comportamiento. La oportunidad, el interés personal, la esperanza de obtener ventajas tácticas, estratégicas y políticas eran determinantes mucho más poderosos en los asuntos militares de la Edad Media que abstracciones como el honor».[17]

Lejos de ser despreciadas, la sorpresa, la astucia y la perfidia son actitudes aceptables, incluso loables, como lo ilustran numerosos actos de felonía, ataques nocturnos y asesinatos llevados a cabo por este joven luchador del cuarto cuento extraído del *Konjaku*,[§] que provocan la admiración de sus compañeros después de

§ *Konjaku monogatari*, o «Los cuentos de tiempos pasados», es una colección anónima de cuentos japoneses del siglo XII que incluye historias de la India, China y Japón. La obra inspiró al

apuñalar a un adversario dormido en las narices[18] de los centinelas. Desde el origen de su larga epopeya, la figura del samurái no ha dejado de ser idealizada, o al menos presentada bajo una luz favorable ante los guerreros que aspiraban a ver reconocido su valor, y cuya influencia ha sido creciente a lo largo de las generaciones.[19] En una primera época, el fenómeno no se debió a un enfoque deliberado, con un objetivo de hacer emerger una cultura propia de esta clase militar deseosa de legitimar sus ambiciones. No obstante, sigue siendo cierto que el romanticismo que impregna las raíces del mito se convertirá, medio milenio después, en verdadera arma ideológica y temible herramienta de adoctrinamiento en favor del conservadurismo aristocrático.

escritor japonés Ryūnosuke Akutagawa, que tomó temas y sentimientos de estos cuentos, pero usó técnicas narrativas europeas. Su cuento más famoso es *Rashōmon*, elogiado por Jorge Luis Borges. (*N. del T.*)

Capítulo 3
Más bien lobo que pastor

«Descuartizadores», «bárbaros terroríficos», «gente despiadada». ¿De quién se puede dar una descripción tan poco amable?[1] Si bien en las crónicas resuenan los combates y el grito de guerra de los campeones acorazados para la batalla, también es verdad que fascinan por el terror mudo que los samuráis inspiran a los refinados cortesanos y aristócratas. Éstos no tienen palabras lo suficientemente duras para condenar los abusos cometidos por quienes se les aparecen como bestias feroces. A título de ejemplo, el autor anónimo del *Shomonki* describe así a Masakado: «Dedicó su vida al salvajismo y a la violencia, en constante guerra».[2]

Porque esta idealización de los héroes sólo vale para sus compañeros y no, ciertamente, para la alta nobleza, y menos aún para los campesinos y el pueblo corriente, eterno ausente de los relatos. Los exégetas de los antiguos cantares de gesta reconocen la baja estima en que se tiene a los guerreros, vistos en el mejor de los casos como bestias insensibles, indignas de la más mínima consideración, y, en el peor, como verdaderas fieras sedientas de sangre. El historiador Shinichi Saeki señala que los samuráis son frecuentemente asimilados en el *Cantar de Heike* a los *ebisu* o *emishi*, incluso a los *xiongnu*, un pueblo nómada originario de las estepas del norte de Asia, que había controlado la China septentrional durante los primeros siglos de nuestra era. Estas denominaciones tienen en común evocar a los bárbaros, término entendido aquí en su acepción china, bastante comparable a la de la Antigüedad grecolatina.[3] Al igual que la galaxia de ciudades-Estado de Grecia o Roma, el bien llamado «Reino del Medio» se concibe como el faro de la civilización, la cuna de los Han, con lo que que designa a la vez la etnia mayoritaria y al ser humano. Alrededor de este núcleo se agrupan, en círculos concéntricos, diferentes grados de humanidad hasta los márgenes de la barbarie, donde los guerreros están ocupados en batirse con armas blancas para ampliar el territorio del imperio. Esta distancia geográfica y cultural es la causa de una diferencia radical, teñida de temor. Sin embargo, esta percepción no podría explicar totalmente la severidad de los cronistas, dado que los samuráis se dedicaron lealmente al servicio de sus opulentos jefes de la corte imperial durante siglos, aunque al mismo tiempo sirvieran a sus propios intereses. Para explicarla, conviene sumergirse en el universo mental, filosófico y espiritual de las capas sociales superiores del periodo Heian.

En la encrucijada de miradas desaprobadoras

Al final de los tres siglos durante los que Japón había seguido la estela de China, tomando prestadas de esa gran potencia su escritura, sus medidas de organización estatal, su fe budista y hasta su vestimenta, en el siglo IX el archipiélago pretende sacudirse la tutela. Cuando se proclama emperador, el monarca insular envía un mensaje diplomático: la soberanía absoluta del Hijo del Cielo ya no es reconocida por la tierra de Wa, este lejano rosario de islas observado con cierta condescendencia por la corte de los Tang, que sirve sin embargo de modelo a las élites japonesas. Aunque el joven imperio tiene la intención de tratar a China de igual a igual, le queda todavía mucho camino por recorrer. Y, a pesar de su ascenso, los profesionales de la guerra siguen siendo despreciados. Es cierto que, a los ojos de la alta aristocracia, muestran defectos excluyentes. En primer lugar, a diferencia de la Europa feudal, donde la nobleza de armas tiene las riendas del poder, la clase militar mantiene en Japón una relación de subordinación con la corte imperial y su administración civil.[4] En este mundo imbuido de cultura clásica china, el conocimiento de las artes y las letras prevalece sobre cualquier otro talento, y las escuelas de pensamiento confuciano y legista constituyen una influencia importante. Ahora bien, éstas organizan la sociedad de manera estrictamente jerárquica, según la doctrina llamada «de las Cuatro Ocupaciones»; en realidad, sería de las profesiones –*simin*–, que no dan importancia a la función combatiente. Dominado por una clase dirigente culta, el cuerpo social se descompone en estratos superpuestos, entre los cuales los campesinos, capaces de auxiliar las necesidades alimentarias de la población, ocupan el segundo rango. Luego vienen los artesanos, proveedores de bienes manufacturados, y los comerciantes, que no hacen sino convertir en dinero el fruto del trabajo de terceros.[5] Aunque las autoridades políticas y militares hayan tendido a confundirse durante las primeras dinastías belicosas –Qin y Han, que unifican bajo su bandera los Reinos Combatientes–, el advenimiento del mandarinato bajo los Sui, al borde del siglo, la alta función pública a la que se accede por concurso estatal, expulsa a los guerreros fuera de las categorías tradicionales, menospreciando considerablemente su actividad. Salvo algunas excepciones entre los capitanes de alto rango, capaces de demostrar cierta educación, el soldado roza la hez de la humanidad, apenas mejor que un saltimbanqui o un criminal. Para complicarlo aún más, el samurái corre el riesgo de debatirse en indisolubles conflictos de lealtad, contraviniendo uno de los principios cardinales del confucionismo, la piedad filial, cuando las circunstancias lo obliguen por desgracia a elegir entre la vida de su padre y la de su señor.[6] A este ostracismo social se añade una doble transgresión capital. Por la naturaleza de la carrera que ha abrazado, el guerrero tiene que codearse con la sangre y la muerte, impurezas rituales en la religión sintoísta autóctona.[7] Peor que si cometiera un pecado, una falta de orden moral, queda marcado con una mancha indeleble. Por eso, se espera que aquel general que vuelve a la capital para informar se purifique antes cuidadosamente. La obsesión por la contaminación era real –y probablemente desproporcionada– en el periodo Heian, tal vez hasta el punto de cegar al soberano y a la corte en cuanto a lo profundo de cambios por entonces en marcha. Abe Shikara, profesor de la Universidad de San Francisco, se atreve a exponer que la preocupación por desligar el poder del palacio de un brazo armado al que se considera impuro –después de que la corte hubiera renunciado a ejercer un control directo sobre los hechos de guerra– debía contribuir al irresistible ascenso de la casta militar, dejándole el camino libre.[8]

El samurái, que hace de segar vidas su profesión, viola la prohibición suprema del budismo, aunque poderosas congregaciones transigirán pronto en reunir milicias capaces de defender sus exenciones fiscales con las armas en la mano... Con el ascenso de los guerreros y el cambio de las relaciones de fuerza, sin embargo, la situación cambiará considerablemente. La corriente neoconfucionista, nacida en la China de los Song en el cambio de milenio, que disfrutaba de gran popularidad entre las élites shogunales, que gobernaban en nombre del emperador, estaba llamada a convertirse en la base de la ideología del Estado a partir del siglo XVII. En cuanto al sintoísmo, a través del culto de Hachiman, institucionalizado desde el ascenso al poder de los Minamoto hasta el ocaso del siglo XII, habría contribuido a la integración del sistema de valores de la clase combatiente en el hogar imperial, a las órdenes de un monarca en la cima de la pirámide clerical y cada vez en mejor disposición, a causa de las circunstancias, con el régimen militar emergente. La importancia (nunca desmentida) y la continuidad de las ceremonias que recurren al *yabusame*, el tiro con arco a caballo, especialmente en el recinto de los santuarios de Kamakura, atestigua su reconciliación definitiva.[9]

También el budismo, por intermediación de Nichiren (1222-1282), padre de la escuela «del Loto», terminaría por encontrar una vía oportunista hacia la concordia. El gran reformador y teólogo llegaría a afirmar, con argucias que no tienen nada que envidiar a las bulas papales gracias a las cuales los cruzados podían acceder a la salvación, que «los preceptos del nirvana obligan a quienes quieren preservar la religión verdadera a respetar los cinco preceptos que proscriben el asesinato, el robo, el adulterio, la mentira y la bebida, y a observar buena conducta y no llevar espada. Pero también dicen que a los que observan los cinco preceptos no se los puede considerar miembros del Gran Vehículo. La protección de la verdadera fe, incluso fuera de los cinco preceptos, se llama Gran Vehículo. De manera que los protectores de la religión deberían llevar armas. E, incluso en ese caso, considero que esto es observar los preceptos».[10]

Un macho necesario[§]

Sin duda, el panorama gana conforme se matiza, ya que el punto de vista de los testigos puede variar según el personaje y la distancia física, y, por tanto, simbólica, que lo separa de los círculos del poder. Mientras que el sentimiento de pertenencia comunitaria apenas comienza a surgir entre los guerreros, los grandes jefes militares que se establecen en Kioto o que frecuentan con asiduidad los fastos de la capital sienten probablemente ciertas afinidades con sus influyentes benefactores, quienes, a cambio, no se abstienen de elogiarlos. Así, por ejemplo, *El cantar de Hogen* presenta a Minamoto no Tametomo, valiente defensor del palacio imperial en 1156, en términos más que elogiosos: «Belleza, presencia, determinación, todo en él parecía excelente».[11] Muy frecuentemente, son los valores y cualidades que se consideran pro-

§ Traducción directa del título francés: *Un mâle nécessaire*. Aquí el autor juega con la expresión francesa «*un mal nécessaire*», un mal necesario, pero sustituye la palabra *mal* por *mâle*, macho, de pronunciación casi idéntica pero significado distinto. Quizás algún lector lo encuentre gracioso. (*N. del T.*)

pios de lo masculino –frugalidad, combatividad, autocontrol y, por supuesto, valentía en el combate– los que se exaltan, como una forma de resaltar implícitamente los talentos y virtudes de los que la nobleza de corte se considera depositaria.

Taciturno, parco en palabras, el guerrero es ante todo un hombre de acción, a imagen de Yorinobu y de su hijo Yoriyoshi, quienes se lanzan en plena noche, sin decir una palabra, en persecución del ladrón de caballos que ha robado su reciente adquisición. Antes incluso de recibir la orden, el joven arquero tensa su arco y abate a su enemigo, y asñí luego vuelve a casa llevando de las riendas el caballo, sin que su orgulloso progenitor se digne regalarle un comentario laudatorio. El narrador del *Konjaku*, aprobando evidentemente la nobleza de tal comportamiento, concluye: «Éste es claramente el espíritu de las personas extraordinarias, y se cuenta esta historia para mostrar cuál es el estado de ánimo de un guerrero».[12] También es sorprendente el contraste con las costumbres y preocupaciones de las mujeres, concubinas y cortesanas, en los tiempos en que desempeñan un papel principal en la escena literaria. Sin embargo, en esto tampoco faltan las excepciones a la regla. Ejemplo de ello es este pasaje del *Heike monogatari*, uno de los más famosos y comentados, donde vemos al rudo Kumagai lamentarse ante el cuerpo de Atsumori, joven combatiente y flautista de mérito al que ha reducido al silencio con sus propias manos. Afligido por el remordimiento, el vencedor se lamenta profundamente por haber nacido en una familia de guerreros y jura redimirse abrazando las órdenes religiosas.

Espantajo o adefesio, nadie sería capaz de cuestionar las habilidades militares del guerrero, que son bien aprovechadas por el soberano. Quizá sea esta vocación utilitaria, este mal necesario para garantizar la seguridad tanto en la corte como en las provincias, lo que mejor caracteriza la mirada de sus contemporáneos hacia los samuráis durante el final del periodo Heian. Lo demuestra la frecuencia de uso del término *tsuwamono*, que etimológicamente designa un arma, en el *Shomonki*.[13] ¿Debe interpretarse esto como una forma de reducir al profesional de la guerra a su único y degradante sacerdocio, negando al mismo tiempo su humanidad o, cuando menos, cuestionándola? El autor del *Tsurezuregusa*, las «horas ociosas»,[§] plasmadas en papel en el siglo XIII, no deja de pensarlo cuando confiesa que se trata de un «modo de vida más cercano al de las bestias y nada provechoso».[14]. Se ve, entonces, cuán largo es todavía el camino que llevará a encumbrar al guerrero como modelo.

Ya sea que inspiren temor, rechazo o admiración, los samuráis provocan sentimientos encontrados, una curiosa mezcla de sabor agridulce. A esta ambivalencia responde un resentimiento por parte de los miembros de la incipiente pequeña nobleza de espada, la impresión de que son víctimas de un juicio injusto; más injusto en tanto que consideran que arriesgan sus vidas para hacer triunfar la voluntad imperial y garantizar la paz del pueblo. Pero da lo mismo. La hora de resolver esta disputa llegará pronto, pues los tiempos cambian. El abad Jien lo presiente cuando escribe en 1220 que ha llegado *musha no yo*, «la era de los guerreros». Hay que decir que, entretanto, se han producido dos hechos de un alcance histórico singular: primero, la guerra de los Genji, y luego, la instauración de la primera dinastía shogunal.

§ Obra traducida en español como *Ocurrencias de un ocioso* (Hiperión, Madrid, 2009). (*N. del E.*)

Capítulo 4
Un conflicto fundacional

La cara helada de terror del niño desaparece en las oscuras olas del estrecho de Shimonoseki. ¡Al diablo la derrota que conduce a la caída del glorioso clan Taira! El joven emperador no caerá en manos de los odiados Minamoto. La abuela abraza con sus brazos nudosos al niño de seis años mientras el agua corre por los pliegues del amplio kimono, tragándose a la anciana y a su nieto en un chorro de espuma. Así desaparece Antoku, el octagésimo primer soberano del imperio de Japón, en ese día de primavera. La batalla naval de Dan-no-Ura, librada el 25 de abril de 1185 en las aguas que separan Honshu, la isla principal del archipiélago, y Kyushu, más al sur, marca el desenlace de la guerra de los Genji, el conflicto que había desgarrado el país durante cinco largos años. El poder desmoronado de la casa Taira, de cuyo difunto señor se decía que no había «bajo el cielo ni árbol ni hierba que ante él no se inclinase», no resistió al formidable dúo formado por los medio hermanos Yoritomo y Yoshitsune.[1] El olfato político y la obstinación del mayor, combinados con el carisma y los talentos militares del menor, les permitirán finalmente ganar el pulso que los Minamoto habían creído perdido durante tanto tiempo. Y, para evitar sufrir el mismo destino que sus desafortunados predecesores, los vencedores se asegurarán de que nada sea como antes, estableciendo un régimen en manos de los guerreros, vasallos de un jefe supremo personificado por el *shōgun*. Por las buenas o por las malas, y a pesar de frecuentes reveses de fortuna y desgracias, este gobierno por delegación se mantendrá durante casi siete siglos.

Una «Ilíada japonesa»

Hay en la historia de Japón una rivalidad irreparable, marcada por innumerables giros dramáticos, que culmina en un clímax trágico que evoca irresistiblemente la guerra de Troya y sus héroes inmortales. Al igual que el conflicto que enfrentó a Aquiles, Héctor y Ulises bajo los muros inexpugnables de la mítica ciudad de Asia Menor, la guerra de los Genji constituye una fuente inagotable de hazañas armadas glorificadas por generaciones de artistas y dramaturgos. Por lo tanto, no es sorprendente encontrar paralelismos que van más allá de la mera pertenecia al genero épico entre la *Ilíada* y el *Heike monogatari*, o *Cantar de los Heike*, clasificado como patrimonio mundial por la Unesco. Aunque el origen del antagonismo entre los clanes Taira y Minamoto –designados en las crónicas como Genji y Heiké–, según la lectura clásica de los *kanji*, se remonta a la época de Masakado, con quien Tsunemoto, fundador de la estirpe Minamoto, ya había tenido disputas, la lucha se vuelve despiadada a principios del siglo XII. Bajo la égida de sus sucesivos líderes, que se entrometieron en las intrigas de la corte imperial y se hicieron indispensables en ella, las dos facciones se unen inicialmente para desplazar a la influyente casa Fujiwara. Era una época de pactos circunstanciales, y, como entre griegos y troyanos, las alianzas matrimoniales no eran raras. Sin embargo, en Japón no había una bella Helena que conquistara corazones. No fue una disputa conyugal lo que encendió la mecha, sino la feroz competencia por colocar al *tennō* –rey debajo el cielo– bajo el control de un clan guerrero; tarea tanto más difícil cuanto que el emperador reinante a menudo no era más que el títere de su predecesor (y frecuentemente su progenitor), quien manejaba los hilos desde el monasterio donde pretendía haber renunciado a la vida secular, según el principio conocido como *insei*, la «ley del claustro», vigente durante las eras Nara y Heian. En este juego de engaños, los Taira demostraron ser mucho más hábiles que sus adversarios Minamoto, cuyo intento de golpe de Estado fracasó en el invierno de 1160. Kiyomori, el señor del partido victorioso, purgó la capital de sus opositores antes de hacerse con el poder. Aunque presidió los destinos del país durante más de veinte años, su compasión, sin embargo, fue su perdición. Quizá movido por la piedad, el señor de los Taira perdonó a los hijos más jóvenes de su rival: Yoritomo (1147-1199) y Yoshitsune (1159-1189). Unos veinte años más tarde, los medio hermanos emergieron de las sombras en que habían vivido y, finalmente, se encontraron. ¡El momento de la venganza había llegado! Se establecía así un escenario romántico, pero, en 1180, mientras las nubes se acumulaban, eran razones mucho más concretas las que cristalizaban la hostilidad hacia los Taira. Al comienzo de ese año, Kiyomori dio un paso decisivo: estableció bajo su gobierno un imperio comercial marítimo. Y, además, decretó el traslado de la capital a Fukuhara, su feudo portuario cerca de la actual Kobe, desde donde controlaría a sus *bushidan*, así como a la red de puestos comerciales que salpicaban las costas del mar Interior, cuya prosperidad creciente se debía a los lucrativos intercambios comerciales con la China de los Song. Si bien este proyecto demuestra que las aspiraciones que condujeron a los Minamoto a fundar un régimen militar en Kamakura no eran exclusivamente suyas, despierta además la ira de los que no tienen ningún interés en abandonar Heian-Kyo. Así, esto marca finalmente tanto el apogeo como el inicio del fin del poder de los Taira.[2] Y, entonces, se formará una vasta coalición alrededor del emperador retirado, Go-Shirakawa, encarcelado tras un levantamiento fallido contra el dominio de Kiyomori. Liderada por Mochihito, su hijo mayor, que había sido apartado de la sucesión en favor de su sobrino –el muy joven Antoku, por otro lado, nieto de Kiyomori–, la rebelión reúne en busca de venganza, además de a los Minamoto, a los Fujiwara y a las poderosas congregaciones religiosas, cuyos monasterios rodean la ciudad y cuyas milicias serán puestas al servicio de la insurrección.[3]

El conflicto estalla a comienzos del verano de 1180, el día siguiente al anuncio del traslado de la capital. Los Minamoto, que han tomado las armas junto con los monjes soldados, son, sin embargo, derrotados el 23 de junio en el puente de Uji. Mochihito logra escapar, pero es rápidamente alcanzado y asesinado. Yoritomo toma el relevo, pero también él sufre una derrota en septiembre, lo que le obliga a replegarse en el Kantó, donde los Minamoto han heredado y reforzado el antiguo vasallaje fundado Masakado dos siglos antes. Yoritomo establece su cuartel general en Kamakura, una aldea costera situada a unos sesenta kilómetros al sur de lo que tiempo después será Tokio. El sitio, destinado a un brillante futuro, acoge ahora el *bakufu*, «gobierno bajo la tienda», así nombrado por los historiadores en referencia a la existencia espartana de la que los guerreros se enorgullecen, en contraposición con las comodidades de la capital. Esta supuesta vida de placeres que se imputa a sus adversarios, cuyas cualidades marciales se habrían erosionado necesariamente al contacto de esas costumbres demasiado refinadas, es un tema que suele enfatizarse para denunciar la brutalidad de los Minamoto y resaltar su superioridad militar. Ocurre, sin embargo, que los dos clanes tienen más puntos en común que diferencias. Como las dos caras de una misma moneda, en particular, están unidos por lazos de consanguinidad, debido a matrimonios arreglados, y convergencias de intereses. El paralelismo entre las dos casas rivales encuentra eco incluso en las obras literarias, algunas inspiradas en su antagonismo; en ellas, al mismo tiempo que los protagonistas son tratados como héroes, se denuncian los horrores de la guerra, hasta el punto de evocar de nuevo en tono de tragedia los relatos homéricos. Bajo su yelmo de bronce o su casco de acero, los campeones clásicos y medievales gustan tanto de alabar sus hazañas como de maldecir a los dioses, lamentarse por la vacuidad de su destino o la muerte de sus hermanos de armas.[4] En cuanto a los diferentes clanes, los contendientes de la guerra de los Genji difieren además considerablemente de las organizaciones feudales que alcanzarán su apogeo en el periodo Sengoku, tres siglos más tarde. En este siglo XII que termina, se trata más bien de grupos con características constantemente cambiantes al vaivén de traiciones y reveses, y que no obedecen a una estricta cadena de mando. El mismo Kiyomori proporciona un ejemplo ilustrativo, ya que proviene de una rama colateral menor de los Taira, igual que Yoshinaka en el bando contrario. Este primo de Yoritomo, con quien compite por la autoridad sobre la confederación Minamoto, destacará en el paso de Kurikara el 2 de junio de 1183, cuando aplastan al poderoso ejército Taira –algunos han sugerido la cifra de cuarenta mil combatientes contra cinco mil de los Minamoto; es decir, ocho contra uno–, antes de tomar posesión de Heian. Sin embargo, es definitivamente Yoritomo quien, después de reunir bajo su estandarte todo el este de Honshu, se propone radicalizar el conflicto llevándolo a situaciones extremas.

Yoritomo cambia las reglas del juego

Siguiendo los pasos de Masakado, el líder de los Minamoto hace una oferta en el verano de 1181 para dividir el país, pero ésta será rechazada de plano a pesar de la desaparición de Kiyomori, muerto por enfermedad en marzo de ese año. Las cosechas desastrosas de las dos siguientes temporadas limitan, no obstante, el alcance de las operaciones militares; las dificultades de abastecimiento pesan mucho en el fracaso de Yoshinaka para mantener la capital, de donde es expulsado, y más tarde, a comienzos de 1184, será asesinado por los hermanastros. Libre de su principal competidor, Yoritomo puede retomar la lucha contra sus enemigos jurados, y esta vez se embarca en una verdadera campaña de aniquilación, que será llevada a cabo sobre el terreno por Yoshitsune. Éste desaloja primero a los Taira de su fortaleza de Ichino-Tani, donde el joven capitán logra una de sus hazañas más famosas en marzo de 1184, y luego perseguirá a sus adversarios hasta el invierno de 1185, en el islote de Yashima, frente a Shikoku, donde éstos se habían refugiado. Derrotados una vez más, los Taira se retiran hacia el oeste, perseguidos de cerca por las tropas de Yoshitsune, decidido a terminar la partida de una vez por todas. Lo logra en abril en Dan-no-Ura, cuando los Minamoto, envalentonados por sus éxitos, se atreven a desafiar a su enemigo en el mar, dominio exclusivo de los Taira. Al final de un primer combate que queda en tablas, la traición de un capitán inclina la balanza a favor de los Minamoto, que logran una victoria total. El glorioso clan Taira ha dejado de existir.

Sin embargo, el triunfo de Yoshitsune será de corta duración. Aunque el invencible capitán es colmado de favores por el emperador retirado Go-Shirakawa, quien planea hacer de él su campeón, la popularidad del vencedor de los Taira no es del agrado de su ambicioso hermano mayor.

La desconfianza crece entre los hermanos, además avivada por la corte, que busca enfrentarlos para mantener su poder. Yoritomo, sin embargo, toma la delantera. Después de confiscar los dominios imperiales en el Kantó, se asegura la lealtad de los guerreros apoderándose de los antiguos señoríos de los vencidos y enviando a sus cazadores tras su desgraciado hermano menor. El cazador se convierte entonces en la presa. Yoshitsune encuentra refugio en el Tohoku, la parte norte de Honshu, con los influyentes Fujiwara del Norte, quienes, sin embargo, terminarán traicionando a su incómodo huésped. Rodeado por sus últimos compañeros de armas, el héroe cae en las orillas del río Koromo el 15 de junio de 1189. Según la crónica, sus últimas palabras –«Mi suerte ha cambiado. Mañana será mi último día. Toma mi cabeza y llévala al Kantó. Cuando hayas sido recompensado por tu esfuerzo, cumple con tu deber y reza por mi salvación en el más allá»–[5] son para el coloso Benkei, su leal lugarteniente, quien, a pesar de todo, desobedece y muere junto a su líder.

Ya sin competidores, Minamoto no Yoritomo es nombrado *shōgun*, líder supremo de la clase guerrera, en 1192. El título, liquidado tras la sumisión o eliminación de los *emishi*, había caído en desuso hasta que el emperador, ¡oh, ironía!, se lo otorga en

1184 a Yoshinaka, el desafortunado candidato a la supremacía sobre la casa Minamoto. Sin embargo, es Yoritomo quien da al shogunato un carácter hereditario, rompiendo así, como en otros aspectos, con las costumbres que habían prevalecido durante el periodo Heian. Con este acto, el recién nombrado *shōgun* envía un mensaje nítido a las clases de altas y con poder: de ahora en adelante, se debía tener en cuenta la fuerza de los guerreros emancipados. A diferencia de los Taira, que habían asimilado perfectamente las reglas establecidas por sus predecesores y se habían acercado, incluso físicamente, al príncipe –al que habían casado con una esposa imperial de su propia sangre–, los Minamoto reorganizan completamente el juego. No contento con hacer la competencia a la autoridad de la capital, Kamakura absorbe los poderes regionales y locales. De hecho, en las provincias, Yoritomo nombra, junto con los gobernadores civiles, a sus partidarios como administradores, los cuales sólo rinden cuentas a su señor.

Aunque el primer mandatario de la línea Yoritomo sabe ser disruptivo *avant la lettre*, manipulando a su antojo las instituciones presentes, la instrumentalización de la fraseología del poder no siempre es obra suya. El cambio semántico del término *bakufu* lo evidencia. De origen chino, poco usado antes de la época Edo, designaba inicialmente por metonimia tanto al comandante en jefe como a su residencia. Benjamin Wai-Ming Ng ha estudiado la etimología de este término, y su teoría es prácticamente incuestionable. Puntualiza que «el *bakufu* de Kamakura, el de Muromachi y el de Edo no utilizaban nunca este término para referirse a ellos mismos o identificar su política. El significado de *bakufu* no se estableció durante los periodos medieval y premoderno [...] La definición moderna del *bakufu*, entendido como el gobierno central dirigido por un *shōgun*, sólo prosperó en las últimas décadas del régimen Tokugawa y en la era Meiji (1868-1912)».[6] Ahora bien, esta reutilización tardía del término no tiene nada de inocente: a mediados del siglo XIX, mientras Japón se enfrenta a una amenaza crucial, la ruptura del aislamiento debido a la irrupción de las grandes potencias coloniales, tanto los detractores como los aduladores del debilitado shogunato popularizan oportunamente el término: unos para llamar al poder militar al cumplimiento de sus deberes originarios, y otros para subrayar su derrumbe. Mucho más que una terminología desconocida para el profano, es el parentesco entre el feudalismo japonés por entonces naciente y el lejano contemporáneo europeo lo que va a ser objeto de una verdadera recuperación al servicio de una lectura ideológica. El parentesco entre el caballero medieval y el samurái, que alcanza plena madurez en el periodo Kamakura, se ha convertido en tal lugar común que cuesta imaginar hasta qué punto encierra numerosos obstáculos.

La comparación no es una razón

«Japón, con su organización puramente feudal y su cultura, ofrece, en múltiples aspectos, una visión más fiel de la Edad Media europea que nuestros libros de historia», escribe Karl Marx en su obra *El capital*, en el capítulo dedicado a la expropiación de las poblaciones rurales.[7] La cita, recurrente, ha hecho correr mucha tinta y da testimonio de la familiaridad de los filósofos del Viejo Mundo con el archipiélago, que lo redescubren a partir de 1860. Aunque habrá que esperar un siglo y vivir la posguerra para que se disipe definitivamente esta primera impresión, gracias al trabajo de los investigadores libres de ataduras de la historia oficial, el comparatismo es la regla en las eras Meiji y Taisho. Es el tiempo de las grandes ideologías, que contaminan el debate de ideas ocultando demasiado a menudo los legítimos interrogantes en torno a los conceptos empleados. ¿Qué abarcan realmente los términos «caballería», «feudalismo» y «nobleza» en un mundo eurasiático en el que circulan múltiples corrientes intelectuales? Para complicar las cosas, la aparición de Estados nación fuertes coincide con la escritura de la «historia nacional», un relato que, con el pretexto de dirigirse al mayor número posible de lectores, simplifica en exceso los mecanismos y celebra, mediante figuras heroicas, a las capas sociales superiores. No es sorprendente que la analogía entre caballero y samurái sea entonces reclamada como el vínculo ideal entre un Extremo Oriente percibido como atrasado, donde Japón tiende a destacar, y Occidente, que se concibe como la vanguardia de la modernidad.

El feudalismo japonés funcionará como una especie de comodín, ya que respalda las tesis más contradictorias y sirve a los intereses más divergentes, fortaleciendo las interpretaciones de los pensadores europeos y japoneses. Si bien los historiadores marxistas lo consideran como un paso obligado en el camino hacia la construcción de la economía capitalista, los teóricos innatistas y nacionalistas no se quedan atrás. De hecho, ahí encuentran su justificación y destacan que el largo periodo feudal contribuye a la singularidad nipona. Es decir, constituye el fundamento de una «excepción cultural» propia de Japón que predispone al archipiélago a llevar a cabo su modernización con más eficacia y discernimiento que sus vecinos, al tiempo que preserva sus valores intrínsecos, heredados en parte del *bushido*. De ahí a la invocación de esta singularidad para acreditar ciertas ambiciones imperialistas no hay más que un paso, que se dará rápidamente con el cambio del siglo XIX al XX. Después de un breve eclipse, el samurái y el modelo de sociedad que encarna vuelven a ser reconocidos de manera unánime como uno de los fundamentos sobre los que se construyó el éxito insólito de la empresa de actualización insular, aunque ésta se lograra a expensas de una guerra civil latente y de reformas particularmente brutales.

A pesar de que América fue la primera en torcer el brazo al *bakufu* obligándolo a abrir las puertas del país, son las potencias mundiales de la época, encabezadas por el Reino Unido, Francia y Prusia, las que ocupan el centro del escenario. Por lo tanto, cuando, contra todo pronóstico, Japón logra sus primeros éxitos diplomáticos y militares, especialmente contra Rusia en 1905

–sorprendiendo al mundo entero–, la explicación que se da es obvia: en lugar de buscar las causas evidentes en las deficiencias de la armada rusa, se alzan voces en el archipiélago y en otros lugares para recordar que el Imperio del Sol Naciente es, en última instancia, una variante de Occidente, pues finalmente ha asimilado las enseñanzas de Europa. Para retomar la fórmula de Thomas Keirstead, más acorde con las palabras de la época, el japonés proviene convenientemente de «una de las pocas razas que ha recibido la bendición de una historia feudal».[8] No es objetivo de esta obra narrar detalladamente la controversia historiográfica en torno al feudalismo japonés, que persistió durante más de un siglo y cuyos principales aspectos delineó brillantemente y con todo detalle Pierre-François Souyri.[9] Sin embargo, es necesario reconocer que se debe abordar con precaución esta larga secuencia de la historia japonesa, inaugurada por el establecimiento del *bakufu* de Minamoto no Yoritomo, al final de la guerra de los Genji. Antes incluso de alimentar la controversia, este conflicto fundacional generó, afortunadamente, una plétora de obras de todo tipo.

Una posteridad inigualable

La guerra entre los Taira y los Minamoto, además de un punto de inflexión en la historia, es también una fuente ineludible de inspiración, y hay escasos episodios en la epopeya militar insular que hayan generado tanta producción artística. Desde el siglo XIII, los narradores se apropian del tema, que adquiere una dimensión central en el siguiente siglo, cuando la guerra de los Genji se convierte en el tema de innumerables relatos y epopeyas, la mayoría compiladas en el *Heike monogatari*. Esta obra maestra de la literatura japonesa, síntesis de versiones sucesivas más que un relato emanado de un único autor, sirve a su vez como crisol para un rosario de adaptaciones dramáticas. Si bien el *no*, del que las élites guerreras aprecian el registro épico, ocupa un lugar destacado, los protagonistas de la guerra de los Genji, con los hermanos enemigos a la cabeza, también se convierten en los héroes de numerosas obras de teatro de marionetas, baladas u *otogi-zoshi*, breves relatos ilustrados particularmente populares en el período Muromachi (1336-1573). Durante el shogunato de Edo, la figura del joven Yoshitsune, general con un trágico destino caído en combate medio milenio antes, brilla en la posteridad a gran altura y es el centro de una vertiginosa colección de dramas, cuentos y estampas.[10] A pesar de la riqueza y diversidad de esta iconografía, la necesidad de permitir la identificación inmediata de los personajes provoca una cierta tendencia a congelarlos en arquetipos. Yoritomo, personificación del cinismo político, es relegado a un segundo plano en beneficio de su hermano menor, gradualmente transfigurado en un efebo etéreo, eterno adolescente casi andrógino, muy lejos del capitán «pequeño y pálido, de dientes mal alineados y ojos saltones» que nos describe la *Crónica de la grandeza y decadencia de los Minamoto y los Taira*.[11] Sin embargo, es preferible abstenerse de sacar conclusiones etnocéntricas, ya que el baño de juventud en el que la licencia poética sumerge a Yoshitsune no resta valor a sus cualidades marciales, representadas aquí por Hiroshige revoloteando alrededor del gigante Benkei en el puente Gojo, listo para enfrentarse en la famosa obra de *kabuki* titulada *Kanjincho*. Se verá, por otra parte, que la relación entre virilidad y valor militar no es en absoluto evidente en la cultura japonesa.

Verdadero ave fénix, el vencedor de la guerra de los Genji, encarnación del magnífico perdedor, del héroe desafortunado descrito por Ivan Morris en su obra *La nobleza del fracaso*, y cuya aura trágica supo conmover al pueblo japonés, no deja de renacer bajo los atuendos más inesperados.[12] Da igual si la historia ha perdido su rastro en varias ocasiones: la leyenda se encarga de iluminar esas zonas oscuras. Y aquí está, después de haber recibido en sus años jóvenes, en las laderas del monte Kurama, la enseñanza de los *tengu*, esas criaturas mágicas, mitad hombres y mitad cuervos, y de los más consumados espadachines. Yoshitsune resucita de entre los muertos para reaparecer en la otra orilla del mar de Japón. En lugar de caer en la batalla de Koromogawa, en 1189, el héroe, de hecho, habría logrado alcanzar el continente a través de Sajalín y Ezo, antiguo nombre de Hokkaido, la gran isla del norte del archipiélago donde los nativos le habrían rendido culto durante mucho tiempo. Se dice que luego marchó a las mesetas altas de Mongolia para unificar las tribus nómadas antes de lanzarlas a la conquista del imperio más extenso que la humanidad haya conocido. ¡Nada menos! Basándose en las incoherencias contenidas en el *Dai Nihon-shi* (anales históricos oficiales compilados bajo el patrocinio de los Tokugawa) y en la relativa homofonía entre Genghis Kan y Gen Gikei, según la lectura de carácter chino del nombre de Minamoto no Yoshitsune, el diplomático Kencho Suematsu afirma que ambos personajes son en realidad uno solo.[13] Aunque pueda parecer absurdo, este postulado, defendido en un libro publicado en 1879, encontró eco favorable en algunos círculos influyentes, en medio de un clima internacional tenso en el que descubrimientos arqueológicos dudosos y teorías raciales alimentaban las ambiciones imperialistas y contribuían a definir los desafíos geoestratégicos. Después de la Revolución rusa, mientras Japón expande su imperio y despliega una expedición a Siberia, la tesis de Kencho gana terreno, y su perspectiva ideológica apoya la empresa colonial nipona.

A pesar de la contundente derrota y del infierno nuclear de 1945, que socavaron los iconos del militarismo insular, empezando por la figura del samurái denunciada por las autoridades de ocupación, nada parece que pudiera afectar a la popularidad de Yoshitsune ni a expulsar la guerra de los Genji de su lugar en el imaginario colectivo japonés. Así lo evidencian las numerosas adaptaciones al mundo de los videojuegos o las pantallas, la última en 2007 con el desconcertante *Sukiyaki Western Django*, de Miike Takashi; y, sobre todo, en forma de *taiga dorama*, la imprescindible serie histórica televisiva dominical en antena desde 1963. De un total de cincuenta y nueve programas, que abarcan toda la historia del país, no menos de seis episodios narran este conflicto, sin duda inspirador, incluidos dos dedicados por completo al principal artífice de la victoria del clan Minamoto: el primero en 1966, y el más reciente, en 2005. Siete años después, Kiyomori, señor de la casa Taira, fue honrado por la venerable Nippon Hoso Kyokai (NHK), primera cadena de televisión nacional. La dimensión de mito fundacional no le ha sido usurpada.

Capítulo 5

Emperador y *shōgun*: cohabitación

Es común entender la guerra de los Genji como una forma de golpe de Estado fomentado por la casta guerrera, que habría privado de repente al emperador de prerrogativas de las que hacía siglos que disfrutaba. Sin embargo, se trata menos de una ruptura brusca que de un proceso de larga duración, del cual el conflicto marca a lo sumo el comienzo. Por lo demás, en primer lugar, conviene detenerse en la concepción japonesa del ejercicio del poder, que difiere sensiblemente de la lenta construcción de la autoridad real en las grandes monarquías de Europa occidental. En Japón, de hecho, no hay dinastías que se esfuercen, de forma continuada, en someter a los señores recalcitrantes para reforzar su poder. Si bien habrá que esperar hasta mediados del siglo XIX para asistir al regreso de la institución imperial a los asuntos del Estado, con la excepción de la efímera restauración Kenmu entre 1333 y 1336, el guante de hierro del shogunato no se cierra realmente sino bajo los Tokugawa, y aún estos últimos se rodean de órganos de gobierno colegiado. En sentido estricto, el absolutismo está, por así decirlo, ausente de la tradición política medieval insular, donde la delegación de la autoridad, incluso en lo puramente formal, es la regla. En cuanto a los contrapoderes, seguirán presentes por mucho tiempo, a imagen de los monjes budistas y sus milicias armadas, o bien de los diversos estratos de organizaciones complejas cuyos niveles de decisión se revelan a menudo difíciles de identificar. El ejemplo del *shōgun* es en este sentido muy ilustrativo, y no es casualidad que el comandante supremo de «los que sirven» esté él mismo, de derecho si no de hecho, al servicio del monarca.

El triunfo de los Minamoto no desemboca, ni mucho menos, en la expulsión definitiva del emperador, quien aún manejará numerosas palancas políticas. Aunque hay motivos para temer que los *shugo y jito*, gobernadores y recaudadores designados por Yoritomo entre sus vasallos tras su ascenso, terminen socavando la jurisdicción de los gobernadores civiles designados por la Corte, ésta no ve necesariamente con malos ojos el nombramiento de estos oficiales, que restablecen el orden en las provincias.[1] La prioridad cs entonces establecer la seguridad, garantía de una base fiscal estable y ampliada que ayudará a rellenar las arcas del Estado. Se trata más de un compromiso entre la corte y el shogunato que de un vuelco que no reflejaría la lenta evolución de las relaciones de subordinación entre la clase guerrera y la alta aristocracia. Y, sin embargo, Mikael Adolphson señala que «el primer régimen guerrero apoyó activamente una cooperación política con la corte imperial, permitiendo a esta última continuar ejerciendo su poder judicial sobre los no samuráis».[2] Si bien el fracaso del emperador Go-Daigó, que aspiraba a volver a una edad dorada del periodo Heian más de ciento cuarenta años después de la fundación del *bakufu* de Kamakura, marca un verdadero punto de inflexión, el shogunato de los Ashikaga que se estableció después supuso una vuelta a la concentración geográfica de los poderes. Desde 1378, y durante dos siglos, el gobierno militar vuelve a Kioto, más exactamente al barrio de Muromachi, que dará nombre a esa misma era (una de las catorce que componen la historia de Japón entre 1336 y 1573). Lejos de ser anecdótico, este traslado es un síntoma de la relación colaborativa, incluso simbiótica, entre el régimen y la corte, incluso en el caso de que, a partir de ese momento, el primero es lo suficientemente poderoso y experimentado para arbitrar las disputas dentro de la segunda.

Marionetas y biombos

A pesar de los indudables éxitos iniciales, con la síntesis entre el legado feudal de sus predecesores Minamotos y la burocracia civil sinófila previamente en vigor, la deriva monárquica de los Ashikaga, a la que Alan Grossberg compara con los Valois, se salda con un fracaso.[3] El restablecimiento de las relaciones diplomáticas con China en 1404 no cambia nada.[4] Si bien el emperador Ming consiente en otorgar título real al *shōgun* a cambio de la reanudación de pagos de un tributo, con lo que se reconocería la soberanía nominal del trono de Jade sobre el archipiélago, este estatus no será suficiente para proteger a los Ashikaga de la injerencia de los señores feudales. A diferencia de sus contemporáneos franceses, aureolados por su victoria al final de la guerra de los Cien Años, los príncipes del segundo linaje shogunal asisten, impotentes, al desmoronamiento de su poder en beneficio de los grandes señores feudales. Y, finalmente, en el siglo XV se desentienden de los asuntos del Estado para sumergirse en la pasión por las artes. Un siglo más tarde, los primeros exploradores llegados desde Europa no se equivocan al calificar de «rey» a quien les parece el verdadero dueño del país –en realidad, un simple señor–, y otorgar además al emperador el título de «Papa». Los viajeros portugueses pasan así por alto a un *shōgun* títere y recluido cuya existencia quizás ignoraban. El shogunato arrastra a la corte imperial en su naufragio, reduciendo a una pequeña fracción los dominios de los que ésta obtiene su sustento, debido a la pérdida de control por parte del régimen militar. A mediados del siglo XV, el debilitamiento sin precedentes de la influencia del emperador en lo político va de la mano con el de sus finanzas. La bancarrota de la casa imperial es tal que ésta sólo dispone de treinta y cuatro feudos de los doscientos cincuenta de cuyo disfrute le aseguraban los Ashikaga en su apogeo.[5]

¿Por qué los Minamoto o sus sucesores no destituyeron sin más al emperador cuando tuvieron la oportunidad y lo reemplazaron con un descendiente de su propia dinastía? ¿Cómo explicar los pocos y tímidos intentos de establecer una monarquía procedente de las filas de una casa militar? Por sagrada que fuera, la persona imperial no era en absoluto, en la Edad Media, el objeto de veneración en que se convertiría con el paso del siglo XIX al XX, y ocurrió, de hecho, que varios hombres fuertes aceptaron sin pestañear que la familia real languideciera en la pobreza de un palacio en ruinas. Será necesario esperar hasta el final del siglo XVI y del *Sengoku Jidai*, la «era de los Estados Combatientes», para que los arquitectos de la reunificación del país redoren los blasones de la corte, devolviéndoles en parte su brillo perdido. Sin embargo, a pesar de las adversidades y las divisiones, la augusta línea ha sobrevivido hasta nuestros días, de tal manera que sus supuestos orígenes divinos, que se pierden en la noche de los tiempos, no pueden ser desmentidos de forma real. Este «modelo de persistencia», por usar la frase de Lee Butler, no puede explicarse en exclusiva por una inclinación natural japonesa hacia el conservadurismo.[6] Si los samuráis eligieron mantener esta venerable institución, fue porque encontraban en ella un interés: les confería un grado de civilización, un estándar de prestigio que sólo la corte podía dar. Incluso cuando desarrollaron su propia cultura originaria, como veremos, los guerreros nunca lograron desprenderse completamente de su incurable complejo de inferioridad, y hasta los últimos días del *bakufu* de Tokugawa, nobles y *shōgunes* no cesaron de aspirar a títulos nobiliarios desprovistos de cualquier otra utilidad que no fuera aumentar la reputación de su portador. El reconocimiento entre las élites del estatus, impregnado de confucianismo y que continúa estructurando las relaciones sociales en Japón, ha rayado a veces en la obsesión. La aristocracia imperial muy pronto convirtió en un arte este desvelo por la distinción, mediante un sofisticado sistema de rangos y dignidades del que se reservaba el monopolio de las promociones. Su control sobre la asignación de estos cargos, codiciados por ser distinguidos honores, no sería cuestionado hasta mucho después por el gobierno de los Tokugawa. Preocupado, y con razón, por una recuperación política, el último régimen shogunal exigiría la potestad de sancionar cualquier concesión de nuevos rangos cortesanos.[7] Sin embargo, tras la guerra de los Genji y por mucho tiempo más, prevaleció la cooperación –*kobu*– en lugar de la competencia. El otro principio clave era la reproducción, pues el naciente shogunato, formado a la usanza de la corte, rápidamente comenzó a imitar también sus defectos. El reinado de los soberanos del periodo Heian se había corrompido por el desenfrenado nepotismo de los Fujiwara, familia de la que se elegían las esposas imperiales y cuya numerosa descendencia acaparaba muchos de los resortes de poder, empezando por la regencia y la cancillería. Hasta mediados del siglo XI, los *sessho* –administradores– de la influyente familia habían gobernado en nombre del emperador, reduciendo casi siempre a su nieto al estado de títere.

La casa imperial restablece su preeminencia simultáneamente al ascenso de los clanes guerreros, a los que instrumentaliza con habilidad. Aunque los cargos de regente y canciller –*kanpaku*– no fueron abolidos, se estableció un nuevo sistema de gobierno en manos del emperador retirado o, más exactamente, recluido. La autoridad de este régimen delegado, cuyo esquema se volvería recurrente en diversos niveles de la pirámide feudal, apenas se extendía más allá de las provincias circundantes a la capital. Debido a la falta de competencias bien establecidas, los perímetros de responsabilidad tienden a superponerse, lo que profundiza aún más la brecha entre la titularidad del poder y la realidad de su ejercicio, como recuerdan Yumiko Takagi y Michel Vié: «Porque una función, cualquiera que fuera la legitimidad de quien la ostentara, sólo derivaba en una capacidad de acción concreta cuando era respaldada y amplificada por una red de lealtades que combinaba relaciones de parentesco y clientelismo».[8] Los señores samuráis, conscientes de que la fuerza a menudo hace la ley, explotaban estas fallas, y su irrupción estrepitosa en la cima del Estado se añadió a la confusión de la organización política. Recién llegados a la fiesta del poder, los Minamoto y sus feudales no tardaron en reproducir las intrigas de sus envidiados predecesores. Irónicamente, el poseedor del mandato shogunal se convertiría a su vez en la marioneta de un regente. Así pues, al soberano, al canciller y a otros ministros, se les unía ahora un generalísimo con un director espiritual. Más allá de la diarquía encarnada por el *shōgun* y el emperador, que se basaría en la dualidad mitológica entre los dioses primordiales Amaterasu y Takagi, el gobierno del archipiélago adopta las apariencias de una verdadera hidra.[9] En cuanto a esta desconcertante captación del incipiente poder por el vencedor de la guerra de los Genji, se debía en gran parte a Masako (1156-1225), la venenosa esposa de Yoritomo.

Masako, la viuda negra

En el invierno de 1199, al final de siete años de reinado, Minamoto no Yoritomo muere a causa de una mala caída de caballo. Aunque el primogénito entre los hijos del difunto es quien toma el relevo, pronto se hace evidente que son los Hojo quienes se han hecho con las riendas del poder. Esta rama colateral de los Taira, establecida no lejos de la futura Kamakura, se había aliado con los Minamoto tras el matrimonio de Yoritomo con Masako, hija de Hojo Tokimasa.[10] Una vez desaparecido el esposo, la viuda y su padre se apoderan del *bakufu* y ejercen la regencia sobre el juvenil e impotente sucesor del primer *shōgun*, Yoriie, nacido en 1182. Menos de un decenio después de su fundación, el gobierno de los guerreros cae en manos de los *shikken*, regentes de la rama de los Hojo, quienes mantendrán el mando supremo hasta principios del siglo XIV. Así, el regente gobierna en nombre del *shōgun*, a su vez designado por el emperador, cuando éste no es marioneta de su propio progenitor, supuestamente retirado de los asuntos seculares. Despojado de su poder y luego asesinado, el segundo representante de la dinastía Minamoto desaparece en agosto de 1204, y es su hermano menor Minamoto no Sametomo quien ocupa su lugar. Sin embargo, nadie se llama a engaño: es Masako quien maneja los hilos, especialmente después de que su padre muera al año siguiente. Aquella a quien se apodará *ama-shōgun*, «monja general en jefe», tras su ingreso en las órdenes religiosas, ahora tiene vía libre. El personaje, fascinante por varios motivos, merece una atención especial.

Auténtica mujer de Estado, Masako se gana el respeto de los guerreros y aborta las intenciones del emperador, que esperaba sacar provecho de las divisiones dentro del *bakufu* para recuperar el control de los asuntos del país, o al menos desequilibrar a su favor la circunstancial alianza con el régimen militar. Fue un esfuerzo en vano: la rebelión de la era Jokyu, que enfrenta en 1221 a los partidarios del soberano Go-Toba con los del clan Hojo, resulta un fiasco para Kioto, y el emperador, derrotado, se ve obligado al exilio. El cambio tuvo lugar, sí, pero en beneficio de Kamakura. No sólo el shogunato no vaciló, sino que salió considerablemente fortalecido del pulso con la corte imperial, unido como en el primer día, especialmente gracias a un discurso antológico pronunciado por la viuda de Yoritomo. Haciendo uso de su carisma, Masako recordó a los vasallos de Minamoto sus deudas con su difunto señor, como lo relata el *Azuma kagami* –«Espejo del Este»–, crónica del primer *bakufu*: «Desde el día en que Yoritomo [...] derrotó a los enemigos de la corte y estableció el gobierno del Kantó, las obligaciones que habéis contraído por los cargos, rangos, salarios y recompensas recibidos forman una suma más alta que las montañas y más profunda que los mares. Debéis, sin duda, estar ansiosos por devolver estas generosidades».[11] Y el auditorio se derrumbó en lágrimas antes de lanzarse de lleno a la batalla. Si bien la esposa del primer *shōgun* sólo sobrevivió cuatro años a su victoria, no por ello su huella en la historia es menos imborrable.

Lejos de ser la norma, el caso de Masako no es sin embargo la única excepción, como lo demuestra la trayectoria de sus contemporáneas Hangaku y Tomoe Gozen. Esta última, una combatiente de pleno derecho al servicio del desafortunado candidato a la supremacía en la casa Minamoto, de quien el *Cantar de Heike* afirma que «era capaz de enfrentarse a dioses y demonios y valía mil hombres», destacó en varias incursiones victoriosas contra los Taira, antes de ser probablemente eliminada junto con su paladín. Paradójicamente, es en este siglo XII tardío, que inaugura el largo capítulo de la hegemonía política de los samuráis, cuando las mujeres habrían gozado de la mayor libertad de acción, hasta convertirse en soldados. Joy Paulson señala que, en los inicios de esta era de los guerreros, «se eliminaron algunas de las limitaciones culturalmente impuestas a las mujeres en sus actividades físicas y mentales. En esta sociedad, menos estructurada que la rigurosamente codificada de Heian, la libertad y el poder de las mujeres aumentaron hasta el punto de que el periodo Kamakura se convirtió en un apogeo del estatus de las mujeres».[12] La socióloga estadounidense también señala que las leyes promulgadas por el *bakufu*, que rompieron con los antiguos códigos emanados de los juristas de la corte, permitieron a las hijas o esposas acceder a la propiedad y, sobre todo, a heredar. Bajo la regencia de los Hojo, estos derechos se confirmaron en varias ocasiones, y se alentó a las mujeres a hacerlos valer ante los tribunales. Aun así, se debe mantener una prudente cautela antes de trazar paralelismos arriesgados, ya que la afirmación progresiva de los valores guerreros no necesariamente comporta una masculinización de las élites. Bajo el mandato de los Ashikaga, el debilitamiento del poder central y su consecuencia, la exacerbada actitud depredadora de los señores feudales, llevaron a los más altos señores a tomar medidas para evitar la partición de los feudos, a menudo en detrimento del bello sexo, considerado menos capaz de garantizar la seguridad del señorío. Además, en cuanto a valores, los de los samuráis aún estaban por pulirse.

¿Dos culturas concurrentes?

En el periodo Kamakura, los samuráis empiezan a desarrollar una cierta conciencia de pertenencia a una comunidad e incluso a compartir una misma cultura. Sin embargo, las habilidades marciales, muy valoradas entre los rangos subalternos, no son la prioridad de clases superiores. Al contrario, los jefes guerreros se apasionan sólo por las artes que son del agrado de la aristocracia, cuya aprobación buscan a toda costa. Aunque derrotada militarmente, la corte sigue siendo el árbitro de la elegancia y la guardiana de la cultura, por lo que el shogunato ofrece un puente de plata a los eruditos y poetas, que se resignan a dejar la capital para irse al Kantó. Naturalmente, el conocimiento académico, especialmente el de los textos chinos, que el *shikken* se compromete a estudiar bajo la guía de un tutor aristócrata, se revela como un poderoso instrumento de legitimación del nuevo régimen a los ojos de las élites. Además de las obras clásicas, están muy de moda los ensayos eruditos publicados durante la dinastía Tang, que se interesan por las ciencias políticas y métodos de gobierno, así como los concursos de poesías *waka*, compuestas por quintillas de versos con cinco, siete, cinco, siete y siete sílabas.[13] Fujiwara no Seika, el poeta más ilustre de su época, declaraba abiertamente que «la bandera púrpura enarbolada para someter a los bárbaros no le concernía en absoluto», aunque, en la época, literatura y política estaban inextricablemente unidas. Gran amigo del tercer *shōgun*, Seika llegó a compilar, con el patrocinio imperial, una antología, en la que, señal de los tiempos, contribuyeron notoriamente nada menos que catorce autores de familias militares.[14]

A pesar de las inevitables intrigas, camarillas y rivalidades, el periodo es, por tanto, propicio para cierta convergencia de concepciones entre la corte y los guerreros de alto rango, que se dedican a desempeñar el papel de eruditos. No obstante la desintegración de la autoridad shogunal, esta actitud no cesará en los siglos siguientes; por el contrario, los más prestigiosos linajes señoriales, como los Hosokawa y los Imagawa, se entregan con entusiasmo a las artes cultivadas en el entorno del emperador. A diferencia de las proezas en esgrima o manejo del arco, disciplinas en las que muchos señores sobresalen, un guerrero debe ante todo destacar en caligrafía e incluso en el *kemari*, un juego de pelota inocente con connotaciones religiosas. En el otro extremo del espectro social, al menos dentro de la clase combatiente, los más humildes, en su mayoría analfabetos, se apasionan por los *gunkimono*, cuentos y poemas épicos transmitidos oralmente. En ellos se ensalzan la abnegación, el coraje, la lealtad al señor y todo lo necesario para lograr la excelencia en el combate, valores diametralmente opuestos a los apreciados en el acogedor ambiente de los palacios de la alta nobleza. Esta dicotomía no está exenta de ciertas incomprensiones, como recuerda Mikiso Hane al citar la obra monumental de su compatriota Tsuji Zennosuke: «¿Qué utilidad hay en concentrarse en la luna o las flores, aprender a componer poemas o tocar instrumentos musicales? ¿De qué sirve puntear el *koto* o soplar una flauta en el campo de batalla? Los miembros de mi casa, incluidas las mujeres, deben aprender a montar caballos salvajes y a disparar flechas con arcos potentes».[15] La brecha comienza a ampliarse entre las élites urbanas, que viven en una relativa ociosidad, y los samuráis provincianos, en cuya imaginación todavía resuenan las hazañas de armas que ensalzan los relatos de la guerra de los Genji. Para estos hombres de ruda condición, la precariedad de la existencia es una realidad más concreta que nunca, una preocupación totalmente prosaica a la que cada uno tratará de encontrar una respuesta espiritual satisfactoria.

Capítulo 6
Domesticar a la muerte

«He descubierto que el camino del samurái reside en la muerte». Con esta famosa frase comienza el *Hagakure*, un oscuro tratado del siglo XVII que fue descubierto ciento cincuenta años después de su escritura, antes de convertirse en el libro de cabecera del controvertido Mishima Yukio, un escritor brillante pero atormentado, fascinado por un ideal samurái imaginario, que hizo la exégesis de la obra en 1967, tres años antes de quitarse la vida por evisceración, como colofón a un intento de golpe de Estado tragicómico.[1] Al igual que hombres de guerra de diferentes culturas glorifican la carrera de las armas, el guerrero japonés siempre se ha esforzado por aceptar el carácter efímero de su existencia. ¿No se lo compara, en el adagio popular, con la flor del cerezo, que cae en plena gloria, al cabo de sólo unos días? Porque, si morir no es cualquier cosa, es necesario evitar la infamia de una «bella muerte» lejos del campo del honor. Abrazar la muerte para sobreponerse al miedo: a eso es a lo que invita el autor del *Hagakure*, estableciendo, después de otras conclusiones, la de que el terror que paraliza es el camino más seguro hacia el más allá. El miedo a la muerte no es el único enemigo invisible del combatiente; el temor a no estar a la altura de sus hermanos de armas, a ser indigno de la sangre de su linaje o el miedo a la falta de coraje son estímulos igualmente poderosos. Y el antiguo coronel de la Marina, Michel Goya, cita a Paul Lintier: «No se nace valiente, se llega a serlo».[2] Ahora bien, en ausencia de una aspiración a la salvación eterna, preparar el cuerpo y la mente para una muerte prematura es un ejercicio difícil.* A falta de consuelo, el samurái recurrió a su propio sistema de creencias, desarrollando al mismo tiempo una espiritualidad única.

La fe del guerrero

Desde las primeras etapas de su odisea milenaria, repitámoslo, el guerrero japonés se ha enfrentado a una contradicción fundamental con sus convicciones espirituales. El samurái, que abraza la carrera de las armas y derrama sangre, incluso mata, desafía un tabú mayor común al sintoísmo y al budismo. Esto no le impide tener fe en las supersticiones, en particular en las relativas al contacto con la suciedad, tales como la prohibición de cualquier relación sexual en vísperas de una batalla o la obligación de mantenerse alejado de las mujeres embarazadas o durante la menstruación. Es igualmente fundamental obtener la aprobación de los *kami* antes de entrar en combate, y las narraciones abundan en invocaciones y ofrendas dirigidas a obtener la aprobación de las divinidades. Uno de los episodios más famosos que ilustra esta práctica describe el gesto, inmortalizado muchas veces por los artistas, de Nitta Yoshisada, quien se levantó contra el *bakufu* de los Hojo en 1331. Ardiendo en deseos de apoderarse de Kamakura, rodeada de colinas custodiadas por las fuerzas leales al régimen militar, el capitán rebelde, según el *Taiheiki*, la mal llamada «Crónica de la Gran Paz», habría lanzado su espada adornada con oro a las olas del océano Pacífico para atraerse los favores del poderoso Ryujin, dios del mar con apariencia de dragón. ¿Fue escuchada la oración de Yoshisada? El ataque sorpresa que lanzó el piadoso general

* Si bien la idea de salvación no es ajena al budismo, éste la concibe de forma muy distinta a las llamadas religiones reveladas, ya que el creyente debe romper primero el *samsara*, el ciclo de las reencarnaciones, antes de alcanzar una forma de gracia.

tuvo, en todo caso, una marea tan favorable que abrió a los atacantes un camino costero abandonado por las centinelas. La capital shogunal cayó como fruta madura y fue rápidamente saqueada.

Desde la fundación de Kamakura, los clanes guerreros habían invocado el patrocinio de Hachiman, deidad guerrera protectora de la casa Minamoto y emblema del sincretismo naciente. El culto a esta deidad permitió a los samuráis subrayar su diferencia con la corte imperial, que veneraba en Ise, en el oeste, a la diosa solar y nutricia Amaterasu.[3] Sin embargo, aunque los *kami* puedan ofrecer protección en la batalla, no dan mucha seguridad en cuanto a la salvación del alma de los caídos en el campo de honor. Aquel que aspire a la vida eterna, a pesar de sus pecados mortales, debe, por lo tanto, encomendarse a otros dioses, en este caso mejor a los budas. Inicialmente reservado a las élites urbanas y letradas, las únicas capaces de leer los textos sagrados de China y de comprender las sutilezas teológicas, el budismo, aunque declarado religión de Estado a finales del siglo VI, tardó en ganar adeptos fuera de Nara y Heian-kyo. Con excepción de los más altos rangos de la nobleza guerrera, que ya formaban una comunidad de intereses con el alto clero, a menudo procedente de las mismas capas sociales, esta fe de origen extranjero fue durante mucho tiempo ignorada por la mayor parte de los guerreros, a quienes repele su dogma pacifista y desanima su compleja doctrina. El giro del año mil no hizo nada para reconciliar a los samuráis con el budismo, ya que el aumento de poder de éstos y el caos generalizado parecían confirmar las profecías que anunciaban la inminencia del apocalipsis.[4] La escolástica budista distingue tres «edades de la ley», de mil años de duración cada una, siendo la primera de ellas –*shobo*– la correspondiente a la transmisión de los cánones. La idea del declive se introduce durante el periodo siguiente, denominado *zobo*, durante el cual la iluminación se vuelve inaccesible. Finalmente, llegan las horas escatológicas del *mappó*, el «fin de la ley», cuyo comienzo los teólogos sitúan en 1052, a mitad del siglo XI, marcado por el ascenso de los samuráis y el aumento de unas tensiones políticas interpretadas como signos de los tiempos.[5] La destrucción dantesca del Todaiji, uno de los edificios de madera más grandes del mundo, incendiado por los Taira en 1181, al comienzo de la guerra de los Genji, confirma este sombrío presentimiento.

La situación cambia, sin embargo, al comienzo del periodo Kamakura con la aparición del monje Honen (1133-1212), quien comienza una obra de divulgación y propone una práctica accesible. A diferencia de todas las demás escuelas, él sostiene que con sólo el recitado incansable del *nembutsu*, una forma de profesión de fe budista, es suficiente para que al creyente se le abran las puertas de la «Tierra pura».[6] Se gana algunas enemistades, razón por la cual elige mantener un perfil bajo por un tiempo. Pero el daño ya está hecho: los guerreros se van convirtiendo poco a poco, aunque esta conversión se limita a menudo a la dimensión esotérica. Dos prevenciones valen más que una, y es habitual colocar un talismán en la manga en forma de una figurita de Buda o adornar la hoja de la espada con un carácter sánscrito que invoca, por ejemplo, los poderes del formidable Fudo-Myoo, que blande una espada vengadora, o de Marishiten, el de los seis brazos, que decide el destino de las batallas.[7] Estas dos divinidades serán, por tanto, algunas de las más populares entre la clase guerrera. El verdadero cambio ocurre, sin embargo, con el regreso a Japón del monje Eisai (1141-1215), tras un largo viaje por el continente en 1191. En su morral, el bonzo trae un tesoro inestimable: las enseñanzas de los maestros chinos de la escuela Chan, que conocerán la posteridad en tierras japonesas con el nombre de «zen».

Guerra y paz interior

Pocas creencias son tan mal entendidas como el zen, que hoy en día se ha convertido en un argumento comercial infalible. Desde el vagón de tren hasta la estancia en un *resort* de vacaciones, pasando por una cura termal, esta extraña corriente del budismo, adaptable a todo tipo de contextos, se ha convertido en sinónimo de bienestar y relajación. Sin embargo, nada hay más alejado de la doctrina zen que la idea de relajación. Esta doctrina se relaciona, más bien, con la ascesis rigurosa, exigente y físicamente desafiante, especialmente con la postura meditativa sentada con las piernas cruzadas, que a veces se mantiene durante largas horas. Pero la estricta disciplina del cuerpo y del espíritu cautivó de inmediato a las élites guerreras, que la adoptaron con entusiasmo, comenzando, desde mediados del siglo XIII, por los propios regentes Hojo. Así, construyeron grandes templos, a imagen del Tofuku-ji en Kioto y el Engaku-ji en Kamakura, erigido por orden de Tokimune, vencedor de los invasores mongoles.[8] Su padre y predecesor había tomado los hábitos monásticos ya en 1256, optando por vivir una existencia frugal para predicar con el ejemplo.

Mucho antes de ser absorbido y vaciado de su esencia por el *marketing*, el zen permaneció ligado a la práctica de las artes marciales japonesas, como lo demuestra la obra fundacional de Eugen Herrigel, autor en 1948 de un breve ensayo titulado *El zen en el arte caballeresco del tiro con arco.* Además de los malentendidos y confusiones inherentes a su naturaleza inaprehensible, la introducción de esta corriente del budismo en el escenario intelectual europeo debió de ocurrir en medio de una atmósfera sulfurosa: desde muy pronto, el joven filósofo alemán había mostrado simpatías por el nazismo, llegando incluso a unirse al partido nazi. Además, no era el único, entre los miembros del infame Partido Nacionalsocialista Obrero Alemán, en idolatrar la figura del samurái, o al menos la idea que se tenía de ella conforme a su ideología. Heinrich Himmler en persona había escrito un prólogo para un libro que alababa el sentido del honor y el mérito de los antiguos guerreros japoneses, en cuyas cualidades el líder supremo de la SS invitaba a sus seguidores a encontrar una fuente de inspiración.[9]

Con todo, Herrigel, que enseñó filosofía en Japón de 1924 a 1929, no estaba descaminado al destacar la relación entre la práctica del zen y la de las artes marciales, en particular el tiro con arco y la esgrima, disciplinas en las que el dominio del flujo respiratorio y del gesto instintivo brinda innegables ventajas tácticas. Sin embargo, lejos de adherirse sin reservas a esta escuela de aforismos enigmáticos, los guerreros de menor rango probablemente se guiaban por consideraciones más prácticas y encontraban su alimento espiritual en corrientes más accesibles. A principios de los años ochenta del siglo pasado, el vínculo hasta entonces percibido como indisoluble que unía al zen con el samurái fue cuestionado por los historiadores. Así, el académico estadounidense Martin Collcutt sostiene que la afirmación que lo presenta como una «religión de los samuráis» es un sofisma basado únicamente en el hecho de que la mayoría de los adeptos provenían de la nobleza de espada.[10] Por su parte, su colega británico Oleg Benesch denuncia el carácter interesado de los *shikken* Hojo, que se beneficiaban de la red construida por los bonzos que habían permanecido en China para aumentar su prestigio y desarrollar un comercio especialmente lucrativo.[11] Al ser los únicos conocedores de las sutilezas de la etiqueta diplomática china, los prelados poseían, de hecho, el monopolio de las relaciones con el continente hasta principios del siglo XV, y, por extensión, el de los bienes de lujo traídos en la bodega de los barcos autorizados a anclar en los puertos del mar Amarillo.

En realidad, aparte de algunos aspectos secundarios como la ceremonia del té, la caligrafía o el arte paisajístico, la contribución del zen en términos doctrinales parece que fue muy limitada hasta los inicios del periodo Edo. Y, aun así, sólo era uno de los movimientos que fertilizaban el *bushido*, todavía en proceso de cristalización, al igual que el taoísmo y especialmente el neoconfucianismo. Si bien algunas figuras carismáticas parecen ocupar un lugar prominente, como Suzuki Shosan (1579-1655), uno de esos guerreros que adoptó la tonsura más tarde, o el ilustre Takuan Soho (1573-1645), director espiritual de los primeros maestros de armas de la dinastía Tokugawa, la amplitud de la difusión de sus enseñanzas no está comprobada. Según Benesch, la popularidad tardía de Soho podría deberse principalmente al colorido personaje que apareció en 1935 bajo la pluma de Yoshikawa Eiji en su biografía picaresca de Miyamoto Musashi.[12] En cuanto al primero, confiesa abiertamente buscar en el budismo zen una escapatoria a su cobarde debilidad. Escribe las siguientes líneas: «En lo único que supero a los demás es en el odio a la muerte. En verdad, es debido a mi propia cobardía, que tanto tiempo me ha durado».[13]

Es importante destacar que la relación de los samuráis con el zen sigue una trayectoria sorprendentemente paralela a su relación con la muerte. Y no es casualidad que el renovado interés por esta escuela coincida con el fin de una guerra civil. Los guerreros profesionales pierden su función primaria, pero también están, en gran medida, preservados de una muerte prematura en combate, para la cual ya no es tan necesario preparar el alma. Los escritos de Takuan son, en este sentido, reveladores. A diferencia de Yamamoto «Jocho» Tsunetomo, que dictaría el *Hagakure* casi un siglo más tarde, el ilustre bonzo insiste en el apego a la vida, despreciando de manera velada a aquellos que pretenden sacrificar su existencia en nombre de una causa justa al mismo tiempo que actúan por orgullo. Él prefiere ofrecer consejos útiles al espadachín que se esfuerza por alcanzar el estado mental adecuado, y acompaña, así, la mutación de las prácticas marciales japonesas hacia una forma de desarrollo personal, una preocupación que se refleja tanto en la correspondencia del monje zen como en los escritos de sus discípulos, en particular los de los líderes de la prestigiosa casa Yagyu.

La tentación de Cristo

El cuadro del paisaje espiritual de los samuráis no estaría completo sin otra deidad venida de lejos. Un milenio después de que se introdujera el culto de Buda en el archipiélago, aparece otro nuevo, que, más allá de los anatemas contra la violencia, propone un camino inédito hacia la salvación. Es a mediados del siglo XVI cuando los jesuitas llegan a Japón, siguiendo la estela de los primeros exploradores portugueses. Fieles a la misión evangelizadora encomendada por el papado y a su acostumbrado buen juicio, los buenos padres no tardan en identificar a aquellos a quienes deben dedicar sus esfuerzos proselitistas. Tras unos inicios tibios, se centran en los representantes de la clase guerrera, quienes a su vez muestran cierto respeto hacia estos «soldados de Dios» de costumbres frugales y valor inquebrantable. Además de los innumerables pecados de los que no dejan de acusar a los prelados budistas, los jesuitas aprovechan la oportunidad para prometer la inmortalidad del alma a los conversos, recordando de paso que «los monjes zen niegan todo esto y dicen que no hay nada más que el nacimiento y la muerte».[14]

Para ganarse los corazones y convencer a los grandes señores feudales, pues conocen que son ellos quienes detentan el verdadero poder en este periodo de debilitamiento del shogunato, los jesuitas elevan la lealtad a la cima de los valores católicos. La fe ciega y el horror a la mentira ¿no son acaso virtudes esperadas del samurái? Aunque sutil, el argumento acabará por volverse contra sus promotores.[15] Porque, en cuestiones de lealtad, es mejor saber de qué señor se habla, y los señores del país pronto comenzarán a preocuparse por el hecho de que el deber del vasallo pueda inclinarse ante el señor de los cristianos.

La primera medida dirigida a prohibir la difusión del cristianismo es obra de Toyotomi Hideyoshi (1536?-1598), quien en 1587 promulga el *Bateren Tsuihorei*, «Edicto de los padres», que, en un principio, es aplicado con laxitud. El tono se endurece diez años más tarde, cuando desafiar la prohibición se castiga con la muerte. Así comienza un ciclo de persecuciones, iniciado con la ejecución en 1597 de los veintiséis «mártires de Nagasaki», seis hermanos franciscanos y veinte conversos insulares crucificados cerca de la ciudad portuaria cuyo usufructo había sido otorgado a la Compañía de Jesús en concesión perpetua unos veinte años antes.

El alcance de la evangelización es materia de debate. Aunque un misionero entusiasta estima que alcanzó las setecientas mil almas a principios del siglo XVII, la marginalidad del fenómeno se compensa con la calidad de los conversos. Varios *daimyo*, los grandes señores feudales, reciben de hecho el bautismo, lo que genera temores por la emergencia de una quinta columna favorable a la conquista española, ya que en el otro extremo del mundo las Coronas española y portuguesa se unen en manos de la poderosa familia Habsburgo, lo que favorece la llegada de los «hermanos mendicantes» franciscanos, mayoritariamente de origen español, a diferencia de los jesuitas, que eran sobre todo portugueses. Para colmo, algunos altos señores japoneses convertidos al catolicismo se emplean con celo en atormentar a sus súbditos paganos, derribando aquí un templo o masacrando más allá a los internos de un monasterio, para luego ofrecérselo a los recién llegados. Naturalmente, la alta nobleza supo negociar una adhesión superficial a cambio de ventajas materiales, empezando por el acceso a las armas de fuego y la pólvora. Oda Nobunaga, que comenzó el proceso de reunificación durante la declinante era Sengoku (1477-1573), utilizó a sus protegidos de piel clara para limitar la influencia del clero budista. Sin embargo, no es correcto concluir que la extraña doctrina importada de Europa no tuviera ningún apóstol sincero. El mejor ejemplo es sin duda Takayama Ukon (1552-1615), bautizado como Justo, que prefirió el exilio en Filipinas a abjurar de su fe, y que posteriormente, en 2017, fue beatificado bajo los auspicios del papa Francisco. ¿Cómo no pensar también en Konishi Yukinaga, llamado Agustín por sus confesores, que se negó a suicidarse tras su derrota en Sekigahara en 1600 porque su fe se lo prohibía? Fue ejecutado como un criminal común.

Aunque es imposible medir la penetración del catolicismo –los sucesores protestantes se mantuvieron sabiamente en el ámbito comercial– entre las clases populares y los guerreros de extracción más humilde, han llegado hasta nosotros reliquias que testimonian la piedad de los *kirishitan*, los conversos insulares. En la primavera de 2016, el memorial Sawada Miki, situado en la costa al sur de Tokio, exhibía una serie de trescientos sesenta y siete *tsuba*, o vainas de sable, entre las cuales cuarenta y ocho mostraban algún símbolo cristiano, en particular un crucifijo, a veces hábilmente oculto para escapar a la represión. Según los expertos, una treintena de estas piezas datan de la era Edo; por tanto, de un periodo en el que practicar el cristianismo podía conllevar la pena de muerte. Tanto como sus compatriotas, los samuráis supieron acoger las creencias extranjeras para enriquecer un sincretismo religioso cuya singularidad quizá no tenga paralelo en el mundo. Pero aún no ha llegado la hora de llamar a las puertas del paraíso mientras en el declinante siglo XIII Kamakura alcanza el cénit de su gloria. El *bakufu*, sin embargo, está a punto de enfrentarse a un peligro mortal como Japón no volverá a conocer hasta el siglo XX.

Capítulo 7
El kan y el tifón

Ochenta años han pasado desde los días gloriosos de la guerra de los Genji. Hojo Tokimune, el octavo *shikken* (regente), es un hombre inquieto. No sabe qué hacer con los molestos enviados que sus hombres han capturado en Dazaifu, el punto de intercambio con el continente situado al sur de la actual Fukuoka, en Kyushu. ¿Qué decisión tomar sobre estos extraños embajadores venidos de China, que tienen la audacia de reclamar la sumisión incondicional de Japón al gran kan de los mongoles? Si sólo dependiera de Tokimune, sus cabezas ya habrían rodado. Pero su majestad imperial está turbada. La amenaza es grave. Nadie creía en ese rumor distante que venía de las estepas hasta que se convirtió en clamor, antes de que el tsunami arrasara el mundo, inundándolo todo a su paso. En toda China, las legiones imperiales retroceden ante los ejércitos del todopoderoso Kublai (1215-1294), nieto de Gengis Kan. Por primera vez en la historia, el imperio del Medio está a punto de ser sometido por un pueblo nómada surgido de las altas mesetas del norte, mientras que, en la Corea vecina, los últimos grupos de resistencia finalmente han sido reducidos.

Iniciada en 1231 durante el reinado de Ogodei (1186-1241), tercer hijo y sucesor de Gengis Kan, la conquista de la modesta península repleta de montañas y bosques profundos supuso un desafío para los mongoles. Les costó nada menos que nueve agotadoras campañas hasta la capitulación final de la corte coreana, sancionada por el matrimonio del heredero con una princesa de la línea gengiskánida. Agotado, el País de la Mañana Tranquila se vio obligado a someterse a los dictados del gran kan. A pesar de la constante amenaza de la división de su inmenso reino, éste gobierna, al menos nominalmente, un territorio que se extiende desde las fronteras de Europa hasta el océano Pacífico. Cierto es que los príncipes de su linaje apenas reconocen su soberanía y que recurren a menudo a las armas para afirmar sus pretensiones al trono imperial o resolver disputas fronterizas, pero Kublai sigue siendo el «gran señor», como lo describe Marco Polo en su *División del mundo.*

La ola rompe

¿Quién es este conquistador que pretende cumplir así el destino de su abuelo y someter a todas las naciones de la tierra a su voluntad? Impresionado, el famoso viajero veneciano lo describe como «el hombre más poderoso en gentes, tierras y tesoros que jamás haya existido en el mundo».[1] Marido satisfecho, general consumado y político brillante, aún faltan algunas joyas en su corona, y Kublai mira ahora de reojo hacia esas islas distantes, última frontera oriental que sabe que rebosa de oro. Aparte de la fidelidad a las ambiciones hegemónicas defendidas por su ilustre ancestro, las expediciones ultramarinas promovidas por el fundador de la dinastía Yuan están dictadas por una búsqueda de prestigio que tiene su origen en la disputa que rodea su coronación. Cuando Kublai accede al kanato en 1260, evade el proceso electivo en uso desde la fundación del imperio a principios del siglo XIII. Sin esperar la celebración del Qurultay, la asamblea plenaria de príncipes y generales mongoles con voz en el asunto, se hace proclamar emperador, y sale victorioso de la disputa sucesoria con su hermano. Aunque su legitimidad sufre, el archipiélago parece ser precisamente una presa fácil cuya conquista impondría respeto a los miembros de la casa gengiskánida, tentados por tendencias secesionistas.

El arqueólogo estadounidense James Delgado considera, con pragmatismo, que la presión ejercida sobre Japón tiene como objetivo, principalmente, interrumpir el comercio marítimo con China, la cual financia a través de impuestos una guerra cuyo resultado es por entonces incierto.[2] Dominique Farale hace hincapié en los daños que durante mucho tiempo causaron en Corea los *wako*, los «hermanos de la costa» japoneses. Así, al atacar la plaga de la piratería, Kublai habría dado un doble golpe, demostrando, por un lado, la amplitud de su poder, y fortaleciendo, por otro, la soberanía mongola sobre la península.[3] El monje Togen Eian, bien informado sobre la situación gracias a las relaciones que mantenía su congregación con el continente, afirma en una carta al *bakufu* –no sin chovinismo– que el gran kan pretende reclutar a los invencibles samuráis a su servicio: «Porque las habilidades militares japonesas superan a las de todas las demás naciones, nuestros arcos y flechas son utilizados maravillosamente y nuestras armaduras hacen temblar incluso a los dioses [...], los mongoles desean conquistar Japón. Una vez que los guerreros japoneses estén bajo su control, serán capaces de conquistar China y la India. Los mongoles dirigirán la estrategia desde su país, mientras que, en el campo de batalla, Japón luchará por su victoria. Con estas fuerzas combinadas, ningún país podrá resistir. Es por eso por lo que los mongoles desean ahora someter a Japón».[4]

Respetando el protocolo, al principio Kublai reclama el homenaje de Japón por vía diplomática. Sin embargo, sus emisarios son rechazados, debido a una formulación torpe que califica al emperador simplemente como «rey», lo cual éste entiende como una falta de respeto, ya que pretende ser igual a su interlocutor. Esta negativa, percibida como un insulto, hace inevitable la guerra. En dos ocasiones, el gobernante del imperio más grande que la tierra haya conocido lanzará sus ejércitos hasta entonces invictos al asalto del archipiélago, sin lograr nunca conquistarlo. Con el tiempo, la leyenda crecerá, atribuyendo al *kamikaze* –literalmente, «viento de los dioses»– una oportuna tormenta, y, por tanto, la paternidad de la derrota mongola. En 1945, los ataques suicidas de los pilotos de la marina imperial rescatarán esa palabra, exclusiva de la historia del Japón medieval, para lanzarla a la historia mundial. Convertida en sinónimo de «bomba humana», casi podríamos olvidar la etimología del término, que originalmente se refiere al tifón que habría devastado la flota de los invasores, salvando al archipiélago de un peligro mortal. ¿Y si este milagro hubiera eclipsado a los samuráis? Entre errores tácticos, sospechas de sabotaje, la desmesura del proyecto y la recuperación ideológica, todo sugiere que la amarga derrota sufrida por el gran kan se debió más a los hombres que a los dioses.

En el otoño de 1274, una flota que las crónicas dicen que constaba de novecientos barcos zarpa de la bahía de Happo, cerca de la actual Busan, al sur de Corea. A bordo, quince mil guerreros chino-mongoles y ocho mil coreanos. El ejército del kan ha cambiado mucho desde los inicios de su epopeya: la síntesis entre las culturas nómada y sedentaria, que Kublai tanto se esforzó por lograr, también se aplica ya al ámbito militar. Además de los contingentes propiamente mongoles, robustos arqueros montados que operan alrededor de un núcleo de caballería pesada, también hay masivas formaciones de infantería china. Se trata de oficiales con una experiencia sin igual, almirantes que cambiaron de bando e ingenieros expertos en asedios, de manera que las habilidades aprehendidas a lo largo de las conquistas junto con la formidable capacidad de adaptación de los mongoles, clave de su rápida expansión, hacen del ejército de Kublai una máquina de guerra invencible.

Pero, en este siglo XIII que termina, ninguna fuerza en el mundo es realmente capaz de concebir un asalto anfibio de tal envergadura, aún menos en esos mares donde los huracanes a menudo azotan. Además, los defensores deben crear unas condiciones que les permitan aprovechar los caprichos del clima. Precisamente, en el lado japonés, la supremacía del duelo predomina en la práctica militar. Si bien la equitación con arco está en el corazón de ambas tradiciones, los samuráis carecen cruelmente de una disciplina colectiva, sacrificada en el altar de los hechos de armas que les valdrán honores y recompensas.

¿Un Día D prematuro?

El 19 de noviembre, el cuerpo expedicionario desembarca en Hakata, hoy Fukuoka, después de haber tomado las islas de Tsushima e Iki. Protegiéndose con una lluvia de flechas envenenadas y bombas, los mongoles y sus aliados eliminan a los defensores, en principio en clara desventaja numérica. Dueños de esta cabeza de puente, avanzan hacia Dazaifu, pero este próspero pueblo nunca será atacado. Estupefactos, los defensores, que se disponían a salvar su honor en un último combate a la deseperada, ven que los atacantes se repliegan hacia sus barcos. Al amanecer, descubren, incluso, que la flota ha desplegado velas; algunos cadáveres y restos de naufragios cubren la bahía, pero la escuadra parece haberse desvanecido por completo. Primera anomalía en lo que parece ser un relato reconstruido a posteriori: aunque los *Yuanshi*, crónicas de la dinastía Yuan, fundada por Kublai, mencionan ciertamente una «gran tormenta» que habría causado enormes pérdidas, un cortesano japonés, que no fue testigo de los hechos, se limita a mencionar un «viento contrario». En cuanto al general chino que vuelve para rendir cuentas, afirma rotundamente el éxito de la operación sin detenerse en los contratiempos climáticos (cabe señalar que el periodo más propenso a la formación de ciclones corresponde al final del verano, cuando la humedad debida a las lluvias estivales es más alta). ¿Fue la resistencia más fuerte de lo esperado o, como el historiador británico Stephen Turnbull tiende a pensar, se trató simplemente de una prueba preliminar, uno de esos ensayos de fuerza tan habituales entre los hijos de la estepa?[5]

Nos sentimos aún más tentados de creerlo dado que las tropas de Kublai volvieron cinco años después. Esta vez, el gran kan no escatimó recursos. Dos flotas gigantescas, encargadas de transportar a ciento cuarenta mil hombres desde los puertos de China y Corea, debían reunirse en Iki en julio de 1281. Incluso con los prodigiosos recursos de que disponía el emperador mongol, la empresa suponía un desafío casi irrealizable. Los recursos supuestamente movilizados por Kublai dan vértigo. A pesar de las reservas sobre la veracidad de los números presentados, Thomas Conlan adopta la tesis que aparece en la odisea de las campañas mongolas como una especie de guerra mundial *avant la lettre*. Profesor en la Universidad de Princeton, y sin duda el experto más eminente sobre el conflicto, compara los desembarcos en las costas de Kyushu con los de la operación Overlord: «Si las cifras son correctas, indican que los mongoles lograron una hazaña logística que en varios aspectos superó la invasión de Normandía en 1944. Hay que señalar que las fuerzas aliadas sólo habrían tenido dieciséis mil soldados más que el segundo cuerpo expedicionario Yuan, procedente de Corea. Además, sólo tenían que cruzar unos cuarenta kilómetros en el canal de la Mancha, mientras que las dos flotas de la segunda armada mongolas lograron navegar 187 kilómetros de océano, la de Corea, ¡y casi 800 la que partió de las costas chinas!».[6] A diferencia del asalto aliado, sin embargo, éste terminaría en fracaso y se estrellaría contra un «muro del Pacífico»: el *genko borui* o «muralla de los piratas mongoles».

En el intervalo entre las dos invasiones, el shogunato, alertado por el aviso de invasión, no se quedó inactivo. Kamakura puso a Kyushu en estado de defensa gracias a una vasta movilización, complementada por la construcción de poderosas fortificaciones costeras, cuyos vestigios aún son visibles. Impacientes por entrar en combate y poco dispuestos a compartir la gloria de una victoria segura, los capitanes de la flotilla coreana se lanzaron solos al asalto de las playas a finales de junio. Atacando de manera dispersa, desconcertados por la resistencia tenaz con que se encuentran, privados de su principal ventaja táctica y dada la ausencia de grandes unidades montadas que los pudieran dotar de mayor movilidad, los invasores son derrotados. Entonces, despreciando el peligro, los guerreros japoneses suben a bordo de los enormes barcos y derriban a hachazos los mástiles. Una vez que logran entablar un combate cuerpo a cuerpo, los samuráis causan una masacre con su afilada espada en mano. En todas partes, el enemigo, rechazado, debe resignarse a volver al mar esperando refuerzos. El 12 de agosto, la flota, formada por coreanos y mongoles, avista el islote de Takashima, a tres días de marcha al oeste de Hakata. Los comandantes del cuerpo expedicionario confían en rodear las defensas japonesas aprovechando la posibilidad de anclar que les ofrecen las aguas del golfo de Imari. Enardecidos por la victoria previa, los defensores compiten en audacia para evitar que el enemigo, al borde de la sublevación, desembarque. Durante todo el día, el combate causa estragos; se dibuja un cuadro dantesco sobre un fondo de incendios que arrasan los barcos amarrados entre sí para prevenir el mareo de las tripulaciones, poco acostumbradas a la mar. ¡Imposible desembarcar! Y, entonces, la tarde del 13 de agosto, las olas se agigantan. Gruesas nubes oscuras giran sobre las vergas. Helados de espanto, los oficiales intentan contener el pánico y liberar los juncos para hacerse a la mar. Es en vano: el huracán se abate sobre la escuadra amontonada en la bahía. Cientos de barcos se estrellan contra los arrecifes, colisionan o se hunden en un abrir y cerrar de ojos. El diluvio termina con una espantosa carnicería; al menos la mitad de los invasores perece durante la catástrofe. La flota ha quedado aniquilada. Aunque Kublai se niega a admitir la derrota y considera de inmediato un tercer intento, diversas desgracias lo desvían de los asuntos de este mundo, hasta desaparecer en febrero de 1294. Japón está a salvo, pero ¿a quién debe realmente su salvación?

Hombres y dioses

En esto, tanto las fuentes chinas como las japonesas coinciden y detallan minuciosamente los efectos devastadores del tifón, aunque el término «kamikaze» extrañamente no aparece en los textos. ¿Debemos concluir que los samuráis no consideraban la intervención divina como un apoyo absolutamente fundamental? Cada templo, cada santuario ha rezado con fervor por la victoria, y abundan los testimonios que describen a los *kami* o divinidades budistas fulminando desde los cielos los barcos enemigos. Ambos bandos tienen, por lo demás, todo el interés en destacar la intervención de las potencias celestiales. Por un lado, el clero japonés pretende ver recompensados sus esfuerzos y, de hecho, serán los primeros en obtener beneficios, incluso antes que los guerreros, cuya lealtad el *bakufu* considera fuera de duda.[7] Por otro lado, los generales del gran kan se apresuran a salvar la situación y sus cabezas invocando a un adversario sobrenatural, cuyos poderes superarían incluso a los de su omnipotente señor. Al mismo tiempo, evitan mencionar sus propios errores o cuestionar los deseos quiméricos de Kublai. Hay que decir que el emperador no recibió toda la ayuda que esperaba. Para inflar artificialmente el número de barcos disponibles, los funcionarios chinos declararon aptos para el servicio navíos fluviales de fondo plano, a merced del menor contratiempo en el mar.

Las recientes excavaciones arqueológicas llevadas a cabo en Takashima también han revelado que otras embarcaciones, calafateadas apresuradamente, sufrían de graves defectos de fabricación. ¿Sabotaje deliberado por parte de hombres poco dispuestos a luchar o incluso deseosos de arruinar las ambiciones de un nuevo señor odiado? La hipótesis no se descarta. A esto se suman las rivalidades internas y la presunción de un mando que cometió múltiples errores. En su estudio de 2009 sobre la dimensión militar de este hecho, el mayor Adams no se equivoca y emite un veredicto muy severo sobre los generales mongoles, culpables a sus ojos de haber subestimado gravemente la determinación de los defensores y de haberse metido literalmente en la boca del lobo al desembarcar dos veces en el mismo lugar. El oficial estadounidense concluye que la victoria de los samuráis no deja lugar a dudas, independientemente de las circunstancias climáticas.[8] Al final, entre la desmesura del proyecto y el valor de los combatientes nipones, parece que el tifón sólo asestó el golpe de gracia a una armada incapaz de superar tamaño desafío.

Queda por entender cómo se forjó el mito del «viento de los dioses», en detrimento del recuerdo de las hazañas de armas, sin embargo muy reales, realizadas por los samuráis. Sin ser conscientes de que esto perjudicaría su causa en la memoria colectiva, los samuráis se enorgullecieron del nuevo estatus de que disfrutaría el archipiélago: de nación periférica dentro de un universo centrado en China, tanto en el plano político como religioso, Japón se eleva al rango de *shinkoku*, autoproclamado «país de los dioses».[9] Muy posteriormente, también atraviesa una fase decisiva: la restauración Meiji, en 1868. Ésta comportó el restablecimiento del primado político del emperador y puso fin al dominio de la nobleza de espada sobre el imperio. Es durante este periodo turbulento cuando las tentativas de invasión mongolas, tema prohibido de estudio bajo el shogunato, son oportunamente redescubiertas.

Al regente Hojo Tokimune, personaje determinante del conflicto, se lo borra en favor de la figura de Kameyama, soberano por entonces, erigido en símbolo de la resistencia espiritual del archipiélago, mientras que los teóricos del régimen se esfuerzan en rehabilitar más ardientemente que nunca la creencia en un país protegido no sólo por la fuerza de sus armas, sino también por una multitud de deidades tutelares. El kamikaze acaba de hacer su entrada en escena.

Traumatizada ante el despiece de China y confortada por sus triunfos contra Rusia y en el continente a principios del siglo pasado, la sociedad japonesa, adoctrinada por los ultranacionalistas, dejará que esta idea cale en ella y le produzca amnesia, modificando profundamente la percepción que existía sobre esta página de su historia. No es de extrañar que, durante la Segunda Guerra Mundial, la fe ciega en un último impulso salvador, alimentado por esta ideología, llevara a cientos de jóvenes aviadores a sacrificarse en la vana esperanza de encarnar al viento divino, como recuerda Stephen Turnbull: «Finalmente, en 1945, cuando Japón se enfrentó por segunda vez al riesgo de una inminente invasión extranjera, el último baluarte formado por los pilotos suicidas retomó el espíritu y la letra del kamikaze. La defensa de su tierra natal quedó así firmemente asociada a la resistencia a las invasiones mongolas, un episodio durante el cual algunos creyeron que la última hora de Japón había llegado».[10] Irónicamente, dos años antes del ataque contra la base aeronaval estadounidense de Pearl Harbor, el ejército imperial sufrió uno de los reveses más contundentes de su desastrosa aventura colonial, frente a Mongolia. En el verano de 1939, sus fuerzas fueron aplastadas en Khalkhin Gol por los soviéticos y los partisanos mongoles a las órdenes del futuro mariscal Georgi Zhukov.

Una victoria engañosa

Aunque las repercusiones del fracaso de Kublai son estruendosas en el continente, pues la reputación de invencibilidad de los mongoles se ve afectada, no son necesariamente favorables para los vencedores, a quienes, paradójicamente, la victoria apenas beneficia. En términos tácticos, los samuráis aprenden poco, ya que la suerte de las armas se inclinó a su favor. La infantería, por su parte, tendría que esperar aún dos siglos y la llegada del combate de masas para convertirse en la reina de las batallas.[11] Tokimune deja este mundo en 1284, y el cargo de *shikken* pasa a su hijo, quien no tiene el temple de su difunto padre. A principios del siglo XIV, el descontento crece contra la regencia de los Hojo, ciertamente recubiertos de gloria, aunque sus decisiones hayan generado descontento. Al día siguiente de su triunfo, los samuráis exigen una retribución a la altura de su valentía, como también lo exige Takezaki Suenaga, patrocinador de un rollo que ilustra sus hazañas y que constituye una de las fuentes iconográficas más valiosas.

Ahora bien, a diferencia de conflictos anteriores, no se arrebató ni un acre de tierra al enemigo durante esta batalla puramente defensiva, y el botín fue muy escaso. El temor a un regreso del invasor exige, además, no bajar la guardia, por lo que el shogunato mantiene numerosas huestes en pie de guerra. Las finanzas de los feudos de Kyushu, sobre los cuales el *bakufu* finalmente ha extendido su imperio, están agotadas. El régimen, al borde de la quiebra, podría haber decretado una cancelación general de deudas en 1290, pero no lo hizo, especialmente porque el decreto provocaría la desconfianza de sus financiadores, amenazados de bancarrota.[12] La tensión también crece entre los sacerdotes sintoístas y los prelados budistas, todos pretendiendo atribuirse el mérito del milagro. Cuando, una mañana de mayo de 1293, un potente terremoto sacude el Kantó, seguido de inmediato por un tsunami, muchos piensan que los dioses han abandonado Kamakura. La purga que sigue simplemente añade más leña al fuego.

Aunque el shogunato y la corte imperial hayan trabajado en buena armonía y movilizado a los recursos militares y espirituales del país, el primero sale debilitado del pulso con el gran kan. Para la corte, por el contrario, el momento no podría ser mejor para intentar recuperar su preeminencia, y el ambicioso soberano Go-Daigo, que accede al trono en 1318, planea sacar el mejor partido de la situación.

Capítulo 8
Un paréntesis imperial

Turistas de paso o ciudadanos ocupados, todos los que recorren las amplias avenidas del centro de Tokio reparan en la imponente estatua ecuestre –cuatro metros de altura sobre un pedestal de otros tantos metros– que hace guardia ante los restos del castillo convertido en palacio imperial. Sobre su montura relinchante, no lejos del mausoleo de Masakado, un guerrero de bronce verde grisáceo observa a los caminantes. El monumento, que rinde homenaje al valiente Kusunoki Masashige, evoca más el realismo grandilocuente de los hermanos Rochet* que al estilo austero de los últimos resplandores del periodo Edo, y esto no es una coincidencia. Porque en el umbral del siglo XX –terminada en 1896, la estatua fue erigida en 1900–, el héroe de la restauración Kenmu, que vio la efímera vuelta del emperador a los asuntos medio milenio atrás, es objeto de una oportuna rehabilitación. Hay que decir que el personaje encarna a la perfección el espíritu de la época, incluso si eso significa pasar por alto las zonas oscuras que rodean sus orígenes. De hecho, da igual si Masashige, probablemente nacido a finales del siglo XIII en la provincia de Kawachi, cerca de la actual Osaka, estaba al frente de un *akuto*, uno de esos

* Durante la segunda mitad del siglo XIX, los hermanos Charles y Louis Rochet se especializan en esculturas ecuestres monumentales del estilo de la de Guillermo el Conquistador, que preside la plaza del mismo nombre en Falaise, o la de Carlomagno y sus siervos, que campea en la explanada de Nôtre-Dame de París. (*N. del A.*)

grupos armados que se dedicaban al bandolerismo, como algunos historiadores tienden a pensar.[1] La leyenda le atribuirá un nacimiento más apropiado, dentro de una familia al servicio de la emperatriz, y asociará su apellido –«Kusunoki» significa alcanforero– con la premonición del soberano a quien se le apareció en sueños la imagen del trono imperial casi oculto bajo el follaje de este árbol con propiedades curativas.

Durante la era Taisho, que siguió a la era Meiji en 1912, y la Showa, a partir de 1926, el culto al campeón de la causa imperial alcanza su apogeo. Un manual escolar publicado antes de la guerra exalta a aquellos escolares que sigan los pasos del valiente abrazando la muerte por el emperador ahora divinizado: «En verdad, Kusunoki Masashige es un modelo de lealtad eterna. Nuestro pueblo debe tener una devoción similar para servir bien al país».[2] Como modelo de lealtad, es elevado al rango de samurái ideal, «símbolo de la virtud patriótica y de la ética del *bushido*», para el japonólogo británico Ivan Morris; es decir, una figura insuperable que se convierte lógicamente en un ícono del nacionalismo japonés.[3] *Shichisho Hokoku* –«¡Siete vidas por la patria!»–, últimas palabras en forma de desafío que su hermano Masasue y él habrían pronunciado antes de hacerse el *seppuku*, se convierten así en el grito de batalla de los movimientos de extrema derecha, como el de Yamaguchi Otoya, asesino de un líder socialista en 1960, que se ahorca en su celda después de escribir con pasta de dientes el lema de Masashige. Diez años más tarde, Mishima Yukio se hace a su vez el *seppuku*, luciendo una banda en la que se muestran con tinta china las despedidas de los hermanos Kusunoki.[4] Esta lectura anacrónica, de la que procede la representación moderna del guerrero tradicional japonés, constituye, sin embargo, un verdadero contrasentido histórico, ya que el gran ganador del conflicto que enfrenta a Kamakura con Kioto en la década de 1330 no es otro que Ashikaga Takauji, némesis de Kusunoki Masashige. Aficionado a los cambios de bando, este último traicionará la causa imperial que inicialmente había abrazado para convertirse en el enemigo jurado de Masashige, modelo de devoción hacia el emperador. Talentoso y oportunista, es Takauji, y no el leal Masashige, quien reunirá a los samuráis que sirven ante todo a sus intereses personales o de clan y se llevará la victoria antes de imponer su propia dinastía shogunal. Y lo menos que se puede decir es que el honor tan alabado del combatiente insular tiene dificultades para encontrar su lugar en este asunto.

El valiente y el traidor

Todo comienza en marzo de 1318, con el ascenso al poder de Go-Daigo. El nonagésimo sexto emperador de Japón tiene la intención de liberarse del molesto tutelaje de los *shikken* Hojo, y se sacude el yugo a partir de 1324. Sin embargo, esta primera conjuración se ve frustrada, al igual que la segunda, cinco años más tarde. Esta vez, la llamada al orden ya no es aplicable, y el vacilante monarca es exiliado a la isla de Oki por su sucesor, un títere mejor dispuesto hacia el *bakufu*. Es durante la fuga de Go-Daigo en 1333 cuando Kusunoki Masashige y Ashikaga Takauji entran en escena. Mientras el primero desafía victoriosamente al shogunato desde los nidos de águila de Kawachi, en las laderas del monte Kongo, donde mantiene a raya a los asediadores (en clara superioridad numérica), el segundo, enviado por el regente para tomar Kioto, se declara a favor del emperador y luego toma la capital en su nombre. Esto supone un duro golpe para Kamakura, que pierde un importante apoyo, pues la casa vasalla de los Ashikaga se pasa al enemigo. Sacudida en sus cimientos, la regencia pronto colapsa bajo la presión combinada de estos enemigos internos junto con la amenaza externa personificada por el emperador, hasta la caída del bastión shogunal en manos de los partidarios de Go-Daigo.[5] Kamakura es saqueada bajo las miradas impotentes de los miembros del clan Hojo, que se suicidan en masa.

El samurái, entonces, cambia de equipamiento; evoluciona y cambia su atuendo de arquero montado por un arsenal más adecuado para asedios en montaña, guerrillas y combates urbanos.[6] Surgen también nuevas armas de empuñadura que mejoran las capacidades ofensivas. El *nodachi*, un sable desmesurado que puede igualar la altura de su portador, se populariza, como lo testimonian estas líneas del *Taiheiki*: «Un guerrero originario de Tanba llevó su montura de lado frente a la puerta oeste, y fácilmente desventró a tres enemigos con su lama de cinco pies de largo, como nunca se había visto antes».[7]

Sin embargo, la victoria de Go-Daigo será de corta duración, lo mismo que la luna de miel con los combatientes unidos bajo la bandera imperial. En apenas tres años de reinado, logra la hazaña de ganarse la hostilidad de la mayoría de los linajes guerreros, que no tienen nada que ganar con el retorno al antiguo orden dominado por la aristocracia civil y habían abrazado la causa imperial sólo con la esperanza de echar a los Hojo. Incapaz ya de mantener el orden público, la corte también atrae la ira del pueblo, irritado por el aumento de los impuestos.

Ashikaga Takauji aprovecha el pretexto del desaire infligido por el emperador, que prefiere a un príncipe de la familia imperial, al que se le otorga el mandato shogunal para liderar la revuelta. Después de haber servido al *bakufu* y luego a Go-Daigo, aquí tenemos al felón enarbolando la bandera de la rebelión. Asistido por su hermano menor, apaga las últimas convulsiones de la agonizante regencia y se establece en Kamakura, donde reclama el mando supremo. Aunque las tropas imperiales no logran desalojar a los Ashikaga del Kantó, éstos fracasan en su intento de controlar Kioto, de donde son expulsados en el invierno de 1335. Takauji se ve obligado a retirarse al oeste, a Kyushu, para reorganizar sus fuerzas. Sin embargo, retoma la ofensiva el verano siguiente, y obtiene una victoria aplastante en las riberas del río Minato, cerca de la actual ciudad de Kobe, contra el ejército lealista bajo el mando de Kusunoki Masashige. El inquebrantable escudo del emperador, a quien, sin embargo, se le había ordenado no librar esta batalla perdida de antemano, se suicida el 4 de julio de 1336. El sacrificio definitivo, la última resistencia, la estoica aceptación de una muerte inevitable delinean el contorno de un destino conformado para la leyenda, que aseguraría al fallecido paladín un legado sin igual. Quien finalmente prevalece es Ashikaga Takauji, a quien sus cambios de lealtad no lo han desacreditado a los ojos de los principales jefes guerreros, que, por el contrario, juran en su mayoría la lealtad a los Ashikaga. Su líder obliga a Go-Daigo a marchar al exilio y luego se apodera del shogunato. Su dinastía se mantendrá en el poder, aunque experimentará un lento declive en los dos siglos posteriores. El tercer potentado del linaje, nieto de Takauji, pronto abandona las ruinas de Kamakura a favor del distrito de Muromachi en Kioto, que dará su nombre al periodo (que durará hasta 1573). La reconciliación entre Kantó y Kinai no beneficia a la corte, que sale del conflicto derrotada y dividida, y cuyas antiguas prerrogativas son ahora más que nunca usurpadas por el *bakufu*.

Refugiado en las montañas al sur de Nara, Go-Daigo continúa la lucha contra el antiemperador designado por el nuevo hombre fuerte, y el cisma entre las dos ramas de la casa real mantendrá el país en un estado de alta tensión hasta finales del siglo XIV. Ni siquiera la muerte del combativo soberano el 19 de septiembre de 1339 provocará la capitulación de sus partidarios, quienes se retiran al monte y establecen en Yoshino una «corte del sur». Habrá que esperar hasta 1392 para que el shogunato logre poner fin a este cisma dentro de la casa imperial. Más aún que con anterioridad, la clase combatiente, que ahora lleva las riendas del poder político, pretende estar en pie de igualdad con las instituciones imperiales en el plano cultural.

En cuanto a Masashige, considerado un rebelde por el nuevo régimen militar, tendrá que esperar hasta 1563 para finalmente recibir, a título póstumo, el perdón oficial del emperador Ogimachi, gracias a un resurgimiento del interés por el *Taiheiki*, según el cual Masashige es el verdadero héroe.[8] La obra incluso sería adaptada en una versión ilustrada que se convertirá en el capítulo más popular de la despedida del héroe a su hijo. Eliminando la reverencia a la figura imperial, los ideólogos favorables a los Tokugawa enfatizarían más tarde la abnegación de Masashige, y especialmente la piedad filial –un valor cardinal del neoconfucianismo entonces en boga– que el valiente samurái demuestra hacia su señor como un eco de la mostrada por el hijo de Masashige, mudo de admiración ante el acto sacrificial de su glorioso padre. Desde comienzos del siglo XIX, el gran hombre se convierte en el ídolo de los opositores al shogunato que, provenientes de los feudos del sur del archipiélago, comienzan a reunirse en Kioto para hacer frente al poderoso Edo.[9] La veneración por Kusunoki Masashige, modelo para las clases populares, alcanza su cénit en 1871, tras la restauración Meiji, cuando se erige un santuario en las orillas del Minatogawa.

Conflictos de lealtad

A la luz de las trayectorias de estos dos hombres, uno podría sentirse tentado a condenar a un vencedor demasiado inclinado a mostrar realismo político. Pero sería algo precipitado y se correría el riesgo de otorgar demasiado crédito al relato nacional japonés, que con gusto viste a Takauji con los ropajes de un villano para mejor exaltar la grandeza de Masashige. El primero, a quien Ivan Morris describe como un líder militar generoso, cálido, devoto y aficionado a la poesía, es, sin embargo, un hombre de su tiempo, que se esfuerza por navegar en aguas turbulentas. ¿Qué palabras usar para describir los cambios de lealtad del señor de los Ashikaga? «Traición», «felonía», «perfidia» son términos con carga muy negativa que no podrían captar las singularidades insulares. Mientras en la Europa medieval el vasallaje feudal podía tener una dimensión sagrada, en Japón no es más que una relación contractual, mutuamente beneficiosa pero poco exigente. Más que en su estricto sentido feudal, la comunidad guerrera integrada por los clanes del siglo XIV recuerda a la clientela, en el sentido romano del término,* de tal manera que incluso los más poderosos señores japoneses resultan incapaces de convocar a sus vasallos, quienes no dudan en declararse enfermos o en rechazar la convocatoria. Takauji no tiene mejor suerte, ya que, en el momento de convocar a las tropas para Kyushu, sólo dos de unos sesenta feudatarios responden a la llamada, con lo que los ejércitos podrían literalmente desintegrarse al día siguiente de un fracaso en el campo de batalla.[10]

En los distintos niveles sociales de la nobleza de espada, la principal preocupación es la supervivencia del linaje, pues los enemigos no dudarán en exterminar hasta el último descendiente en caso de matrimonios desiguales o de reveses de fortuna. Sin embargo, conviene matizar: a diferencia de la caballería europea, que desarrolló un consenso en torno a la obligación de clemencia hacia un par vencido con lealtad, susceptible de ser liberado a cambio de un jugoso rescate, los prisioneros capturados en las guerras en Japón estaban sujetos al derecho común, dado que se consideraba que se habían rebelado contra el Estado. En consecuencia, en general eran ejecutados en el acto o tras un interrogatorio, estando los oficiales completamente sujetos a la discreción del vencedor. Paradójicamente, este clima de violencia, que se intensificará considerablemente los siguientes dos siglos debido a las guerras civiles, tiende a favorecer un oportunismo sin escrúpulos. Según Karl Friday, los generales «acogen de buen grado

* En los primeros tiempos, la sociedad romana estaba dividida en patricios, clientes, plebeyos y esclavos. Los patricios eran los más poderosos, grandes propietarios de tierras, los únicos «ciudadanos» romanos que podían votar y ser elegidos para cargos públicos y religiosos. Los clientes eran extranjeros que se ponían bajo la protección de un patricio, de quien recibían ayuda económica y protección judicial. El cliente pagaba estos servicios con trabajo y participando en la guerra junto a su protector. Las familias patricias se enorgullecían de tener grandes clientes. (*N. del T.*)

a desertores y tránsfugas. Los guerreros, que capitulaban o cambiaban de bando antes incluso de que comenzaran las hostilidades, en particular los más poderosos, tenían derecho a esperar un tratamiento generoso y a que se les confirmara la propiedad sobre todas o parte de sus tierras por su nuevo soberano».[11] Mientras avanza hacia la capital, Takauji incluso se atreve a distribuir entre sus aliados circunstanciales dominios que aún no han caído en sus manos.[12] Si los grandes señores feudales del Sengoku Jidai y luego del shogunato Tokugawa no cesaron de proclamar la lealtad como la virtud suprema del samurái, es precisamente porque no había consenso sobre ello. El temor a la traición era tal que el recurso a la toma de rehenes se generalizó. La práctica de retener a la esposa y la descendencia de un señor feudal de lealtad dudosa al soberano se institucionalizaría en el periodo Edo. ¿Cómo reprochar tal desconfianza a un poder militar que, a lo largo de sus ocho siglos de ejercicio, casi siempre se impuso gracias a una oportuna alianza?

Desde el capitán Taira, que traiciona a los suyos en favor de los Minamoto en las aguas de Dan-no-Ura, hasta la espectacular traición que condujo a la victoria de los Tokugawa en Sekigahara, pasando por los vaivenes de Takauji, ninguna de las tres dinastías shogunales se queda atrás. Lejos de limitarse a los lazos de sangre, su parentesco real o reivindicado también se manifiesta en una actitud que aclara las costumbres de la aristocracia militar japonesa. Sería un error imaginarla menos inclinada al cinismo y más dispuesta a conjugar su proclamada ética caballeresca con las necesidades políticas.

La restauración Kenmu, de 1333 a 1336, breve experiencia sin grandes consecuencias y que aparta a lo largo de más de medio milenio la perspectiva de un restablecimiento de la primacía imperial, se va a convertir, según la historiografía oficial, en la matriz del régimen que derriba el shogunato en la década de 1860. Los intelectuales al servicio del nuevo poder hacen del fiasco de Go-Daigo un momento fundacional, lejano presagio precursor de un inexorable retorno al orden natural con el dominio del emperador. El desarrollo de la ideología, incluso del culto imperial, que los promotores pretenden que se base en las élites guerreras, necesita tanto de un héroe como de un heraldo, y Kusunoki Masashige está especialmente destinado a desempeñar este papel. Paradójicamente, la complejidad del personaje se desvanece por su carácter ejemplar e intemporal, aun cuando su trayectoria revelaba las singularidades de los últimos destellos del periodo Kamakura. Estos tiempos turbulentos, marcados por los inicios de una contestación social característica del siglo siguiente, son de hecho propicios para la diversificación de las comunidades guerreras que florecen al margen de las estructuras feudales. En el cambio de los siglos XIV y XV, el rostro del samurái deja ver nuevas facetas, tan desconcertantes como fascinantes.

Capítulo 9
Los rostros del samurái

Seguro de su fuerza, convencido de su superioridad, el guerrero observa despectivamente a los curiosos con una mirada feroz y una mano firmemente apoyada en la empuñadura de su katana, insertada en el cinturón de seda, junto al sable corto. El *hakama*, falda-pantalón, está cuidadosamente almidonado, el moño engrasado roza una tonsura impecable, mientras que la chaqueta de tela ligera luce, a ambos lados de un pecho poderoso, el *kamon* –emblema de clan–, que denota su lealtad al señor del castillo vecino. Esta es la imagen que, alimentada por las pinturas históricas de los maestros del cine japonés, viene espontáneamente a la mente cuando se piensa en el samurái. Ahora bien, aunque esta representación tiene algún fundamento, no refleja la multitud de rostros que el samurái ha adoptado a lo largo de los tiempos. Heredado del periodo Edo, este arquetipo elude a una infinita variedad de trayectorias y se inscribe principalmente en un contexto en el que la casta militar goza de un estatus de contornos bien definidos. Esto, lejos de la realidad, no siempre fue así, ya que hubo que esperar hasta el otoño de 1591 y la promulgación del edicto de separación de clases para que el poder reconociera la singularidad y los privilegios de los guerreros.[1] Mucho antes de constituirse en una comunidad de intereses, la clase combatiente se definía más bien como una nebulosa dispersa en la sociedad, dispuesta tanto a aceptar soberanías verticales como a tejer solidaridades horizontales. Los antepasados de los samuráis no esperaron a que se les garantizara el derecho a la violencia para ejercerla en el seno, e incluso en contra, de una sociedad civil en las márgenes de la delincuencia a la que no siempre eran ajenos.

Los señores del mar de China

La historia de la relación entre la élite guerrera nipona y la piratería es muy antigua. Desde principios del siglo IX, mientras Taira no Masakado se rebelaba, el oeste ardía, como hemos visto.[2] Fujiwara no Sumitomo, gobernador de la provincia de Iyo, en Shikoku, puso como excusa los disturbios habidos en el Kantó para rebelarse a su vez al frente de una vasta flota de gente de mar. Al igual que Masakado, crea su propia clientela distribuyendo títulos y tierras a los guerreros que aceptan reconocer su soberanía. En el periodo dos años, sus hombres saquean el mar Interior y asaltan Dazaifu en dos ocasiones, hasta que el renegado es derrotado y decapitado por un veterano de las guerras del Este enviado a Iyo. Los Taira se esforzarían luego por afianzar la seguridad de su red de puestos comerciales, que conectaban el continente con la capital, capturando nada menos que a setenta piratas, que serían ejecutados en Heian-kyo en 1135. Sin embargo, los hermanos de las costas insulares estaban lejos de haber dicho su última palabra.

Antes de proseguir, debemos señalar que los piratas japoneses no tienen nada en común con sus lejanos parientes caribeños, en cuyos barcos ondeaban banderas con calaveras y se lanzaban tras los galeones españoles cargados de oro en el siglo XVI. En lugar de fragatas y goletas, operan a menudo a bordo de grandes barcazas, a veces acompañados de samuráis a media jornada, y se centran en atacar flotillas que transportan las cosechas por vías fluviales o marítimas. Más que la codicia, su motor era el hambre, por lo que los picos de actividad pirata correspondían lógicamente a años de sequía y escasez, como subraya Stephen Turnbull.[3]

Su compatriota Peter Lehr, por su parte, a menudo compara a los saqueadores nipones con sus contemporáneos escandinavos: al igual que los vikingos, estaban motivados por la búsqueda de mejores condiciones de vida y preferían los ataques costeros rápidos, aunque no descartaban reunir impresionantes flotas que podían agrupar a cientos de barcos, principalmente *kobayas*, chalupas rápidas e inaprensibles.[4] Desde el siglo xv, entraron en escena los *sekibune*, unos barcos de mayor tonelaje, equipados con uno o dos mástiles y posiblemente coronados por estructuras defensivas de madera.

Envalentonados por el debilitamiento del poder imperial y por la incapacidad del régimen guerrero establecido en Kamakura para garantizar el orden en el otro extremo de un archipiélago lleno de calas e islas hospitalarias, los piratas japoneses inician las incursiones en Corea a principios del siglo xiii. Las reanudarán otro siglo y medio más tarde, tras la ocupación mongola, de tal manera que la nueva dinastía que gobierna la península consideró honorable mostrar su poder liderando una ambiciosa campaña de represalias contra Tsushima, la gran isla del estrecho de Corea donde abundaban los piratas. En 1389, doscientos barcos llevan a la isla un poderoso cuerpo expedicionario de diecisiete mil guerreros y causa su devastación. El gobernador de la isla sólo recobrará su autoridad al anunciar, con astucia, la inminente llegada de un tifón, fenómeno cuya potencia destructora sigue presente en la memoria colectiva. Sin embargo, no ocurre nada, y entonces vuelven los saqueos, que experimentan una edad de oro en el siglo xvi. Las razias aumentan en frecuencia y alcance, intensificándose hasta convertirse en verdaderas campañas militares. La costa china quedará devastada, los puertos, atacados, y los aldeanos que huyen son perseguidos tierra dentro. En la primavera de 1556, el anterior bonzo Xu Hai da rienda suelta a los bajos instintos de sus miles de seguidores, que aprovechan el despliegue de las tropas imperiales regulares en las fronteras del norte para saquear el estuario del Yangzi Jiang. Se borra la frontera entre depredación y expedición comercial, incluso cuando los patrocinadores de estas últimas están claramente identificados. Esto se evidencia en la lucha que, en 1523, acometen las tripulaciones de barcos fletados por los clanes samuráis Ouchi y Hosokawa, que se disputan el monopolio del comercio con China bajo la forma de misiones tributarias debidamente acreditadas. El motín degenera y culmina con el saqueo del puerto de Ningbo, un centro neurálgico del comercio nipón.

La llegada de los portugueses a Filipinas, al sudeste asiático y al imperio del Medio atiza la codicia de los merodeadores, que prefieren fondear a resguardo o establecer cabezas de puente en tierra, en lugar de atacar en alta mar a esos convoyes lusitanos formidablemente armados. Tras la negativa de las nuevas autoridades de Manila a pagar un rescate por los rehenes, el asunto termina en Cagayan de Oro, en 1582, en uno de los pocos enfrentamientos documentados entre combatientes que utilizan en gran medida armas y tácticas japonesas y tropas regulares hispanas, las cuales logran una clara victoria[5].

Los *wako*, gente del país de Wa, como las élites chinas solían llamar a Japón en la antigüedad –el término, peyorativo, podría traducirse por «bandido enano» y tiene la intención de burlarse de la pequeña estatura de los isleños–, forman por aquel entonces un grupo muy heterogéneo cuyo denominador común es entregarse sin vergüenza a la piratería. Aunque muchos entre la tripulación provienen de todos los rincones del Extremo Oriente, son numerosos los capitanes de origen japonés que conformarán casas guerreras tras el proceso de pacificación del país y el desarme de la población civil llevado a cabo por Toyotomi Hideyoshi, señor del archipiélago y gran artífice de su reunificación durante los años 1590. Tal es el caso de los famosos Murakami, que se integrarán a la sociedad antes de gobernar su dominio en Bungo, o de los Matsuura, señores de las costas occidentales de Kyushu hasta mediados del siglo XIX. Y así como el samurái sabe hacerse pirata, también sabe hacerse bandido.

Cincuenta matices del samurái

Si las recortadas costas del mar Interior son el terreno de caza de los temibles *wako*, los caminos por tierra no son más seguros, y el peregrino imprudente bien podría ser víctima de otro tipo de depredador: los siniestros *akuto*, «malas personas». Aunque el término abarca un amplio espectro de grupos y actividades delictivas, el prefijo *aku* no parece tener necesariamente una etimología despectiva. Al igual que nuestro epíteto «formidable», que originalmente se refería a lo que es muy temible e infunde asombro y miedo, antes de adquirir un sentido positivo –magnífico, excelente–, *aku* puede aplicarse a aquellos cuya temeridad los distingue del resto, a personajes fuera de lo común. Takezaki Suenaga, héroe del *Rollo de las invasiones mongolas* se enorgullece de tener este temple.[6] Estas «malas personas» ya daban que hablar en el siglo XIII, como relatan las crónicas del templo Todai-ji en Nara, cuyos monjes se mostraban indignados: «Los *akuto* han cometido actos malvados como el bandolerismo, asaltos nocturnos, robos, disturbios y asesinatos, pero también han multiplicado los crímenes contra el propietario [de las tierras] obstruyendo y entorpeciendo los caminos, erigiendo barricadas y provocando desorden, delitos que no deben quedar impunes».[7]

El fenómeno gana en amplitud en el siglo siguiente, favorecido por el caos político que se sucede tras el colapso del régimen de Kamakura. Si bien al principio eran bandas heterogéneas, los *akuto* se organizan en comunidades más estructuradas, a menudo reuniendo a guerreros provinciales bajo la autoridad de un líder que a veces reemplaza al aristócrata local. Estas compañías armadas tienden así a establecer bases en sus lugares, a veces fortificadas, que niegan las estructuras de vasallaje y territoriales en las que no logran insertarse. El equipamiento, la disciplina colectiva y las habilidades militares de los *akuto* mejoran hasta el punto de que algunos grupos llegan a ofrecer ocasionalmente sus servicios como mercenarios. Más que simples bandidos, el término caracteriza, así, a los fuera de la ley, en el sentido más literal. El *modus operandi* de estas «malas personas», que se eximen de toda obligación fiscal, violan los privilegios de caza y confiscan las cosechas, confirma su disidencia declarada. «Cuando los bandidos *akuto* se sitúan abiertamente fuera de la ley al elegir la violencia declarada y presentan, sin dudarlo, un síntoma del profundo malestar de la sociedad nipona de esa época –expone Pierre-François Souyri–, están contribuyendo a la desregulación de las costumbres tradicionales y de la evolución de las costumbres característica del cambio de siglo XIV».[8] Las proporciones de la militarización de los *akuto* son difíciles de cuantificar, aunque será la causa de su perdición, al menos de su eclipse en las crónicas. En uno y otro bando, numerosos *akuto* participan de hecho en el conflicto que enfrenta primero a Go-Daigo con el *bakufu* de los Hojo agonizantes, y luego con los partidarios del primero contra los Ashikaga. Una vez estos últimos en el poder, se esforzarán en integrar a sus propias fuerzas en los grupos más experimentados, al menos para lograr establecer un equilibrio mutuamente beneficioso entre aquellas malas gentes libres, por un lado, y los líderes y gobernadores enviados por el nuevo régimen, por el otro.

Además del recurso a la violencia, la marginalidad se manifiesta también en el atuendo. Tal es el caso de los *basara*, gentes excéntricas que se visten con atuendos tan extravagantes como provocativos. La moda, cuya popularidad alcanza su apogeo con la caída de Kamakura, es adoptada por los *akuto*, quienes encuentran en ello otro medio para mostrar su singularidad y su desprecio por las convenciones.[9] El autor del *Mineaiki*, documento que relata la historia de la provincia costera de Harima, describe así a estos audaces: «Llevaban túnicas de un naranja brillante y sombreros de seis lados, o bien el *eboshi* y el *hakama*,* y tenían como

* El *eboshi* corresponde a una familia de sombreros, invariablemente de color negro, que ha evolucionado con el tiempo desde el sombrero de corte original, hecho de gasa o tela. En cuanto a la *hakama*, designa la falda pantalón tradicional, todavía en uso en la práctica de muchas artes marciales japonesas. (*N. del A.*)

armas sables y lanzas de madera o bambú». El color elegido tiene en este caso no sólo un carácter llamativo, sino también, y sobre todo, transgresivo, pues está estrechamente asociado al estatus de *hinin*, no humano, uno de los más despreciados de la sociedad japonesa.[10] Los *basara* se burlan así de los códigos sociales, e incluso de los atributos de sexo, ya que algunos llevan la audacia hasta el punto de lucir peinados femeninos, lanzando desafíos al orden establecido, que se inscriben en la larga tradición de insubordinación de los combatientes japoneses. En muchos aspectos, la protesta encarnada por los *akuto* y *basara* prefigura las ligas populares o hermandades guerreras que se desarrollarán en el siglo siguiente. Y a nadie sorprenderá que causas idénticas –en este caso, el absentismo de los representantes de la autoridad y su incapacidad para asegurar el primero de sus deberes feudales, a saber, la seguridad de bienes y personas– produzcan los mismos efectos.

La ascensión de los «pies ligeros»

A diferencia de las categorías sociales estrictamente delimitadas vigentes en la Europa medieval, hay que esperar a los últimos años del siglo XVI para que lo militar llegue a caracterizar en Japón a una casta verdadera. Durante todo el periodo del Alto Medioevo, la porosidad social es la norma, y, en ausencia de un rito de investidura propiamente dicho, el nacimiento no asigna un destino predeterminado, fuera de las capas superiores. Aún es necesario aventurarse, voluntariamente o por fuerza, a recorrer los campos de batalla con la esperanza de obtener una promoción. En el archipiélago, la guerra desempeña un papel de poderoso ascensor social, y pocas vocaciones ofrecen tantas posibilidades como la carrera de las armas. Naturalmente, los principales beneficiarios son los estratos más modestos, donde se distinguen los *ji-zamurai*, guerreros campesinos libres y pequeños propietarios de tierras, así como los *ashigaru*. Más que un mismo estatus, como lo delata ese apodo poco halagador, estos «pies ligeros» tienen en común ser infantería. Y, si bien la mayoría está compuesta por campesinos reclutados temporalmente en el tiempo entre de dos cosechas, no es raro encontrar mercenarios o aventureros en busca de gloria. Los contornos de este grupo son, aun con todo, más difusos, dado que numerosos *ashigaru* ocupan funciones logísticas, como escuderos, portadores, mozos de cuadra o simples trabajadores encargados de erigir fortificaciones provisionales. Cuando Toyotomi Hideyoshi emite el edicto de separación de clases, cuyo objetivo declarado es disociar a la clase campesina de la clase combatiente, los «pies ligeros» son sin embargo reconocidos como guerreros de pleno derecho, estipendiados por su señor, quien además les garantiza alojamiento y sustento. Cabe mencionar que los *ashigaru* lograron ganar títulos de nobleza durante la época Sengok: los primeros tiempos de la guerra de los Genji o de las invasiones mongolas, durante las cuales la infantería se limitaba a papeles secundarios, habían quedado definitivamente atrás. Entre 1467 y 1477, los protagonistas de la terrible guerra de Onin, que desestabiliza de manera duradera el shogunato de Ashikaga y desemboca en el fraccionamiento del país, movilizan ejércitos numerosos. El círculo vicioso de la anarquía proporciona a los más beligerantes el acceso a un inagotable reservorio de nuevos reclutas: ha llegado la hora de los infantes. Además, el arsenal a su disposición se adapta y diversifica, en primer lugar gracias a las armas de fuego individuales, mucho más fáciles de usar que el arco, arma destacada durante el periodo Kamakura.[11]

Más aún que por sus equipos, el reconocimiento de los *ashigaru* llegará por su profesionalización, que se acompaña de un refuerzo indispensable de la disciplina colectiva. En el siglo XVI, los saqueos y deserciones masivas ya no son comunes, y los capitanes que sepan sacar el mejor partido de la infantería serán los más inclinados a delegar, utilizando alternativamente el premio y el castigo. En este sentido, a Ukita Naoie se le considera un precursor. Si bien era un modesto hidalgo que comandaba unos treinta hombres en 1545, estimulará tanto a sus lugartenientes que, en 1577, la mitad de ellos se habrán convertido en señores con sus propios dominios que rendirán homenaje al señor de los Ukita, que por entonces reinaba sobre toda la provincia de Bizen, de la cual había expulsado al antiguo señor feudal.[12] Los tres unificadores promoverán la táctica que combina destacamentos de lanceros y arcabuceros, el eje central de los ejércitos de la época, al apogeo su eficacia táctica. Una vez incorporados definitivamente a la clase combatiente, los *ashigaru* no la abandonarán jamás, como lo testimonian las innumerables estampas que los muestran escoltando a su señor por los caminos de Edo y luciendo con orgullo su *jingasa* –un casco cónico característico–, adornada con las armas de su clan.

Monjes soldados y prelados belicosos

El panorama de las múltiples facetas del guerrero feudal japonés quedaría incompleto sin hacer una visita a las celdas monacales, o al menos a lo que hace las veces de una celda en sus templos. Hemos mencionado brevemente la toma de órdenes de los poderosos señores deseosos de organizar de esta manera su sucesión mientras hacen profesión de fe. La historia de Japón está, de hecho, repleta de líderes militares cuyo nombre budista llegó a confundirse con el de pila. Así sucede con Takeda Harunobu, mucho más conocido como «Shingen», al igual que con su acérrimo enemigo Uesugi Kagetora, llamado «Kenshin», o incluso con Hosokawa Fujitaka, que se convirtió en «Yusai» en 1582, cuando adoptó la tonsura, para luego dedicarse enteramente a la poesía y al estudio. Sin embargo, esta pacífica retirada es más bien la excepción, ya que las tardías vocaciones no solían apartar en lo más mínimo a estos belicosos *daimyo* de la «senda del guerrero».

Menos célebres, aunque su figura adorne los rollos pintados medievales, son los monjes soldados japoneses: los *sohei*. Los maestros del grabado han representado en muchas ocasiones su reconocible silueta, de pie sobre el tablado tambaleante del puente de Uji durante la guerra de los Genji, con la frente ceñida con un turbante o una banda blanca. Estos hombres no son combatientes ordinarios, sino el brazo armado de las grandes congregaciones budistas, que mantuvieron durante siglos verdaderos ejércitos privados. Grandes propietarios, celosos de sus privilegios fiscales y deseosos de influir en el juego político frente a una administración civil debilitada, los monasterios no dudan en recurrir a la fuerza de las armas y promover verdaderas expediciones hacia la capital desde sus bastiones situados en los suburbios.

La presión es tal que habría llevado a la corte a considerar dejar Nara por Heian en 794.[13] Con sus cuatrocientos pronunciamientos registrados por los historiadores hasta finales del siglo XVI, los *sohei* defienden incansablemente sus intereses sectoriales, al igual que los samuráis, de quienes no son tan diferentes como los artistas tardíos han querido mostrar. A diferencia del arquetípico infante armado con su *naginata* –la gran guadaña japonesa– y calzado con altos zuecos, el examen del *Kasuga Gongen Genki-e*, un rollo que relata los milagros atribuidos a las deidades veneradas en el famoso santuario, no revela ninguna distinción entre *sohei* y samuráis. El historiador sueco Michael Adolphson sugiere, por ello, que el arsenal a disposición de un monje soldado era probablemente tan variado como el de cualquier otro guerrero profesional.[14] Y destaca la aparición tardía del término «sohei», que no emerge en la literatura hasta el periodo Edo, mientras que los relatos anteriores se limitan a mencionar a guerreros u hombres de armas al servicio de un establecimiento religioso como podrían haber rendido homenaje a algún noble.[15]

Los *sohei* comienzan a hacerse notorios alrededor del año mil. Por entonces, estallan riñas que enfrentan entre sí a miembros de las escuelas budistas más influyentes, sobre todo Kegon, Shingon y Tendai. Cuando se producen las primeras muertes, es el abad del templo Enryakuji, erigido en las alturas que dominan Kioto y perteneciente a la tercera escuela, quien toma la decisión de levantar una milicia permanente. Al igual que las organizaciones que pronto surgirán en Tierra Santa tras la primera cruzada (1095-1099), la mayoría de los hombres no ha recibido la ordenación, aunque se espera que cada hermano laico, al menos sobre el papel, respete la regla monástica. A los *sohei*, equivalentes nipones de las órdenes caballerescas, se les reprocha, especialmente por parte los primeros misioneros lusitanos, ser agitadores, interferir en las combinaciones políticas y no dudar en cruzar el hierro. Los jesuitas portugueses Gaspar Vilela y Luis Frois informan, así, de que «nuestros religiosos siempre desean la paz, y las guerras les repugnan más que nada, mientras que los monjes del Negoro-ji hacen profesión de guerra y sus servicios son alabados por los señores en el combate».[16]

De hecho, la comparación termina ahí, ya que en Japón no hay necesidad de combatir al infiel. Sin adversarios exteriores, las corrientes principales del budismo, importadas al archipiélago a partir del siglo VI, se pierden en anatemas y disputas parroquiales. Al igual que ocurre con los Papas que promulgan bulas polémicas, esto no impide que los teólogos desarrollen complejos sofismas que justifican la violencia contra los herejes y los infieles, definidos por el término sánscrito *icchantika*. Los preceptos del *Mahāparinirvāṇa* se invocan convenientemente: se proclama que «quien mata a una hormiga comete un pecado, pero quien mata a un *icchantika* no comete ninguno».[17] Enredados en sus intrigas fratricidas, los dignatarios del clero permanecen ciegos ante el ascenso de los samuráis. Los Minamoto, vencedores en el conflicto con los Taira, se imponen y orillan durante un tiempo al poder eclesiástico (la popularidad de Benkei, coloso y compañero de armas de Yoshitune, no disminuye por ello). Los prelados budistas no renuncian, sin embargo, a mezclarse en asuntos temporales. Mal le fue, por ejemplo, al poderoso abad de Enryakuji, bastión de la escuela Tendai, quien en 1570 eligió apoyar a un grupo de príncipes que rechazaban la supremacía de Oda Nobunaga, el nuevo hombre fuerte del país. Grave error, pues el poder del primer unificador no tolera ninguna oposición. Y, después de haber sometido a los *daimyo* hostiles a su ascenso, éste decidió lanzar, en el otoño de 1571, a sus tropas sobre el Enryakuji rebelde. Frente a las numerosas y experimentadas fuerzas de los Oda, los *sohei* nada podían hacer, y serán exterminados metódicamente, junto con mujeres y niños, al final de una operación que sembró el terror en todo el imperio. Las demás congregaciones tal vez criticaran al blasfemo y gritaran maldiciones, pero se acabó el poder militar clerical. Unos treinta años después, el naciente shogunato de Edo puso el último clavo en el ataúd del monje soldado japonés al ordenar el desarme completo y definitivo de todas las instituciones religiosas.

Figura múltiple y proteica, el samurái fue pirata, bandido, mercenario, e incluso monje a lo largo de su historia milenaria. Antes incluso de abandonar la carrera de las armas y anclar su hegemonía no sólo en su fuerza, sino también en el ideal que se jactaba de encarnar, supo también ser protector de las artes.

Capítulo 10

Constructores, estetas y mecenas

El 2 de julio de 1950, una de las joyas de Kioto se convierte en cenizas. Movido por el odio hacia la belleza del «pabellón dorado», un joven monje incendia el maravilloso edificio, que, sin embargo, sería reconstruido cinco años más tarde. No obstante, si el Kinkaku-ji, ante el cual se agolpan diariamente miles de turistas asombrados, todavía se erige en el recinto de un templo desde hace mucho desaparecido, no se debe a un esteta eclesiástico. El constructor del Rokuon-ji, antiguamente un vasto complejo religioso del que sólo sobrevive hoy el famoso pabellón adornado con brillantes hojas doradas, es en realidad un samurái; más aún, el comandante supremo, ya que se trata de Ashikaga Yoshimitsu, nieto de Takauji, el fundador del linaje shogunal. En el poder durante casi tres décadas y con varias victorias políticas a su nombre, incluido el regreso de la disidente corte del sur a las instituciones o la mudanza del *bakufu* a la capital, el tercer *shōgun* de la dinastía Ashikaga se distingue especialmente por su perspicaz mecenazgo. Más que cualquier otro líder militar antes que él, Yoshimitsu logra elevar la cultura guerrera a un rango que le permitiría, de ahora en adelante igualarse, con la de la corte, hasta ese momento considerada como un horizonte insuperable. Además del Rokuon-ji, se hace construir una segunda residencia en Kioto, el palacio de las Flores, *hana no gosho*, que, a pesar de ser de dimensiones modestas –menos de 1,5 hectáreas–, servirá en adelante como modelo de arquitectura palacicga, en particular para las numerosas y amplias propiedades paisajísticas que proliferarán durante el periodo Edo.[1] Al privar a la aristocracia y al alto clero del monopolio que hasta entonces habían sostenido sobre el patrocinio de las bellas artes, Yoshimitsu y sus sucesores contribuyeron a cimentar la legitimidad política del régimen militar.

Sin embargo, existe un lado negativo, ya que, mientras que los Ashikaga se establecen como protectores de las artes, los herederos de Yoshimitsu mostrarán menos interés por la política, hasta el punto de convertirse poco a poco en muñecos de los ambiciosos aristócratas que actúan como titiriteros manejando el poder entre bastidores. El gobierno de Muromachi, ese barrio de Kioto, donde Yoshimitsu decide establecerse en 1378, será testigo del nacimiento de las brillantes culturas Kitayama y luego Higashiyama, caracterizadas por el auge de la pintura con tinta china, el arreglo floral, la jardinería paisajística y la poesía *renga*, a la que se entregan los favoritos del *shōgun* en frenéticos concursos.[2] Sin embargo, es en las tablas donde el tercer potentado Ashikaga cimenta su reputación de pigmalión, dando a conocer los muchos talentos de Zeami, futuro genio del teatro *no*, del que codifica las reglas antes de elevarlo al género preferido de la élite guerrera. Este dramaturgo y filósofo, autor de numerosas obras –se le atribuyen más de un centenar–, realiza la síntesis entre las danzas populares importadas en el siglo VIII y el repertorio épico, principalmente heredado de eruditos zen, para crear un arte dramático auténtico.[3] Entusiasmado por una actuación del futuro Zeami y de su padre, Kanami, en 1374, a pesar de la humilde condición de estos artistas ambulantes, Yoshimitsu toma bajo su protección a ambos hombres, quienes disfrutarán del patrocinio de los Ashikaga durante toda su larga carrera, al igual que sus sucesores.[4] Desafortunadamente para la dinastía fundada por Takauji, esta pasión devoradora por las artes se pagará a un alto precio. El formidable auge cultural del siglo XV se fomentará de hecho en detrimento de los asuntos seculares, de los que el régimen de Muromachi se desinteresa, lo que debilita su autoridad en beneficio de los grandes vasallos, que se cuelan por la brecha.

En busca de una doble senda

Aunque alcanza su apogeo bajo el shogunato de Muromachi, el interés de los grandes guerreros por las bellas artes viene de lejos. Ya en el periodo Heian, los señores de los clanes, a menudo descendientes de la estirpe imperial, se enorgullecían de componer poesía, un signo indispensable de distinción. Más allá del mero peso político, la integración en las más altas esferas de poder está condicionada por el dominio de los códigos intelectuales aristocráticos, así como por el conocimiento de la literatura clásica china. Aunque no se espera que un líder militar muestre erudición, la inspiración poética es altamente apreciada, y los samuráis de alto rango aprenden a beneficiarse del prestigio que les confiere mostrar una fibra artística. Todavía en gestación en la época de Kamakura, la cultura de los guerreros florece plenamente bajo el patrocinio de los Ashikaga. Convertido en mecenas, el *bakufu*, además, inspira a sus vasallos. El clan Asakura erige en 1471, en la provincia de Echizen, cerca de la actual Fukui, un *yakata* –una residencia palaciega– cuyos restos, hallados en una excavación comenzada en 1967, han revelado numerosas pruebas de una notable actividad cultural, especialmente en el ámbito del jardín ornamental. Mientras que la augusta capital está sumida en el caos a finales del siglo xv, muchos artistas encuentran refugio en estas «pequeñas Kioto» –salvando las distancias– que comienzan a proliferar a través del archipiélago. Desde Yamaguchi, situada en el extremo oeste de Honshu, hasta Nakamura, en la isla de Shikoku, pasando por el pueblo montañoso de Hida, la cultura de los guerreros se descentraliza primero, para luego alcanzar un espectro social más amplio.[5] Aunque esta cultura sigue siendo patrimonio de los grandes señores, la idea de seguir un doble camino que abarque, e incluso trascienda, las artes marciales y las bellas artes está latente, y se encuentra en los caracteres chinos que forman el *bunbu ryodo*. Este concepto dual, de hecho, tiene su origen remoto en la antigüedad china, bajo la dinastía semilegendaria de los Zhou. Éstos se esforzaron en basar su poder en la complementariedad entre el *wen* (*bun*, en japonés), lo que pertenece a la esfera civil, y el *wu* (*bu*, en japonés) o asuntos militares.[6] El confucianismo adoptará la idea, que finalmente cruzaría el mar Amarillo para florecer en el archipiélago. Ya a principios del siglo XV, el poeta y hombre de guerra Imagawa Sadayo (1326-1420), conocido como «Ryoshun», condestable de Kyushu entre 1371 y 1395, recordaba: «Está escrito, tanto en la obra de Confucio como en los tratados militares, que, incluso queriendo proteger el país, aquel que ignora la literatura será incapaz de gobernar bien».[7]

Esta búsqueda de un equilibrio entre el cuerpo y el espíritu, entre la función primaria del samurái y su desarrollo personal, por usar un anacronismo, está lejos de ser unánimemente aceptada. No cesará de provocar críticas, desde el siglo XVII hasta la mitad del periodo Edo, durante el cual esta búsqueda será alentada por el régimen de los Tokugawa, que busca moldear un ideal caballeresco que justifique la hegemonía de la casta guerrera sobre una sociedad no obstante pacificada. Hay un Hosokawa Yusai, distinguido letrado de una familia guerrera, que destaca al servicio de los Ashikaga por sus habilidades como poeta y consejero político; pero también un Kato Kiyomasa que condena sin rodeos cualquier desviación del ámbito estrictamente militar. Representativo de una generación de samuráis que debe su ascenso a sus habilidades como guerrero –más buscadas que nunca durante el *Sengoku Jidai*, como veremos–, el «general demonio» no disfruta del capital cultural atribuible a la familia Hosokawa. Sin embargo, el shogunato de Edo decidió desde el principio, proclamando en el primer artículo de los *Buke Shohatto*, las «Leyes que rigen las familias guerreras» promulgadas en 1615, que «la práctica de la literatura y las artes militares debe ser diligentemente cultivada».[8] Bajo la influencia del emergente poder de Edo, el deseo de conseguir el *bunbu ryodo* se democratiza, pues alcanza incluso a los guerreros de condición humilde, como lo demuestra, por ejemplo, el caso de un samurái destinado a convertirse en uno de los más populares de la historia, aunque proceda de las capas modestas de la clase guerrera: Miyamoto Musashi. En la introducción a su *Tratado de las cinco ruedas*, redactado en 1643, el ilustre espadachín, como hombre de su tiempo, escribe: «En primer lugar, los samuráis están familiarizados con las dos sendas, las letras y las artes militares».[9] No podría ser más claro. Musashi se esforzó, con talento, en unir la acción a la palabra, entregando algunas bellas acuarelas y caligrafías después de interesarse por la arquitectura militar. Sin embargo, las voces discordantes continúan haciéndose oír, aunque sólo sea de manera velada, como la del autor del famoso *Hagakure*, compilado a principios del siglo XVIII, que simplemente insta a «desconfiar de hablar de temas como el conocimiento».[10] Para los que piensan que la «senda del guerrero» debe estar exclusivamente orientado hacia la práctica marcial, sólo hay un arte digno de un samurái: saber morir.

El arte del bien morir

El 4 de junio de 1615, la larga rivalidad entre las casas Toyotomi y Tokugawa llega a su fin con la conquista de la poderosa fortaleza de Osaka, hasta entonces considerada inexpugnable. La víspera, las vanguardias de los defensores de la fortaleza, enviadas a luchar contra las columnas del inmenso ejército shogunal, fueron todas derrotadas. Entre los capitanes caídos ese día de primavera se encontraba Kimura Shigenari, cuyo último gesto se ha convertido en legendario dentro de la sombría etiqueta del guerrero japonés. Antes de partir a su última batalla, en la que tenía pocas esperanzas de sobrevivir, Shigenari tuvo la delicadeza de quemar incienso en el hueco de su casco para que, a su vencedor, al ver su cabeza cortada, la sutil fragancia le hiciera sentirse menos incomodado. Habría sido mejor impedir al enemigo hacerse con tan siniestro trofeo, pero eso no siempre era fácil. Sin embargo, este gesto conmovió tanto a Tokugawa Ieyasu, vencedor de la campaña, que el venerable fundador del *bakufu* de Edo recomendó después la práctica a sus feudatarios y subordinados. Se dice incluso que recompensó generosamente con cinco monedas de oro al campeón que había derribado a Shigenari.[11] La escena fue inmortalizada dos siglos después por Yoshitoshi, maestro del género *musha-e*, la estampa de guerrero.

Si bien el *seppuku*, el suicidio ritual del samurái por desentrañamiento, está documentado desde el final del periodo Heian, el primer texto conocido se atribuye a Minamoto Yorimasa, quien se quitó la vida en el templo Byodo-in en Uji, no sin haber compuesto un poema de despedida, después de su derrota a manos de los Taira en 1180. Desde el principio, la práctica estuvo rodeada de una estética que se fue refinando con el tiempo. En esto, la influencia china es evidente, ya que en el pensamiento del Extremo Oriente se consideraba que el abdomen alberga el alma, por lo que la evisceración servía para exponer, literalmente, la pureza de las intenciones.[12] Para el samurái, para quien la decapitación es la norma, lo que guiaba la mano del guerrero suicida no era tanto el miedo a una captura vergonzosa –lo que era excepcional– como el deseo de preservar el honor y demostrar su integridad. Inicialmente improvisado, a menudo en el campo de batalla tras un revés militar, el *seppuku* puede adoptar una forma colectiva, como en el caso de los Hojo, que se suicidaron por cientos junto al regente durante la caída de Kamakura en 1333, o servir como último recurso para convencer a su señor, como en el caso de Hirata Masahide, tutor de Oda Nobunaga, que se abrió el vientre en 1553 para obligar a su joven señor a moderar su temperamento rebelde. La restauración de la paz civil tras el advenimiento de la dinastía Tokugawa, a principios del siglo XVII, institucionaliza y judicializa una práctica desde entonces estrictamente regulada. Como sanción señorial, o incluso shogunal, el suicidio se cometía ya no frente al enemigo o el leal lugarteniente testigo de la valentía de su señor, sino más a menudo bajo la mirada de magistrados y emisarios, lo que llevó a la necesidad de desarrollar un estricto protocolo. La terrible sentencia, conocida como *tsumebara*, se llevaba a cabo a puerta cerrada. Después de beber una copa de sake y componer un *jiseiku*, poema de despedida, el condenado, vestido con un kimono blanco, color asociado al luto en el archipiélago, tomaba asiento sobre una estera. Luego, con la hoja desnuda de un puñal envuelto en tela, se realiza la incisión en forma de cruz, a la espera de que el *kaishaku*, una especie de verdugo, ponga fin a su sufrimiento: decapitaba al desgraciado antes de que se le escapara un estertor de agonía que pudiera arruinar la ceremonia. Además de su carácter definitivo por esencia, la ceremonia es tan compleja que, como indica Françoise Biotti-Mache, «se escribieron tratados sobre las diferentes maneras de realizar el *seppuku*, la gestualidad y la estética que convenía respetar, y los *bushi* (guerreros) aprendieron el ritual, al igual que las otras convenciones del arte de vivir japonés».[13]

Morir dignamente es un arte en el que los samuráis, atentos hasta el más mínimo detalle, se convirtieron en maestros. Y el autor del *Hagakure* aconseja al valiente que piensa cada mañana en la muerte y se prepara para ella en todo momento pulirse diariamente las uñas con hierba *kogane* mientras se pone un poco de polvo en la manga para cubrir cualquier signo de fatiga inoportuna. Edo prohibirá desde 1663 el *junshi*, el suicidio de acompañamiento, una costumbre que impulsaba a los vasallos de un señor a seguirlo en la muerte, privando al clan de sus sirvientes más experimentados, pero no sirvió de nada, ya que los samuráis entendieron bien la contradicción en la orden. Y, a pesar del anatema inscrito en la ley veinte años más tarde, el *seppuku* todavía fue altamente valorado por los guerreros. Para estos hombres de acción, que encontraban en este ritual una manera de exaltar la belleza singular del gesto último y supremo, el suicidio por evisceración sirve de testamento, porque, como escribe Maurice Pinguet en la obra maestra que dedica a *La muerte voluntaria en Japón*, «no soy ni lo que digo, ni lo que pienso, ni lo que creo ser [...] Lo que soy es lo que hago, lo que soy capaz de hacer, la suma siempre inacabada de mis actos».[14]

El equilibrio como ideal

Arquitectura, poesía, evisceración... Todo es cuestión de armonía, de control, de equilibrio entre la contingencia de la materia y el poder del espíritu. Sin duda, éste es el legado de los samuráis en el campo estético, que continúa imprimiendo su huella en la identidad cultural japonesa. Muy lejos de nuestras concepciones judeocristianas, que enseñan la supremacía absoluta del espíritu sobre el cuerpo, la metafísica insular sostiene que el verdadero arte nace de un equilibrio entre ambos, reflejo de una unidad entre lo humano y lo divino, *shinjin ichinyo*.[15]

A caballo entre los siglos XIX y XX, esta búsqueda estética, ritualizada hasta el punto de volverse espiritual y que renuncia simultáneamente a toda racionalización intelectual, florece especialmente en la literatura. La posibilidad de una muerte magnificada nunca queda lejos, tampoco la del samurái. Kawabata Yasunari, premio Nobel de Literatura en 1968 y uno de los más fervientes partidarios del *geido*, la augusta «senda de las artes» impregnada de pensamiento zen, se establece tempranamente en Kamakura, donde se suicida por intoxicación el 16 de abril de 1972. Dos años antes, su discípulo Mishima Yukio se había abierto el vientre en Tokio. Tras varios años de deriva nacionalista, el prodigioso escritor se había introducido en el cuartel general de las fuerzas de defensa japonesas (*jieitai*) acompañado de algunos cómplices de su milicia privada: la Tatenokai, una organización de propósitos confusos y sin base ideológica clara. Mishima, reacio a intelectualizar su filosofía de la acción, se proponía restaurar el «espíritu del samurái» en un Japón occidentalizado, en declive. Tras una vana arenga ante unos atónitos soldados, los golpistas de opereta se atrincheran en las oficinas del Estado Mayor, donde Mishima, finalmente y con dificultad, ejecuta ese *seppuku* de gran estilo con el que tanto fantaseaba, al punto de haberlo simulado en repetidas ocasiones ante una cámara de vídeo o fotográfica. La fascinación morbosa se extiende ampliamente fuera de las fronteras del archipiélago, difundiéndose entre las élites culturales mundiales, especialmente las francesas. Así, Marguerite Yourcenar expresa su emoción en *Mishima o la visión del vacío*, mientras que André Malraux, iniciado en la mística japonesa en los caminos del monte Kumano por su traductor Tadao Takemoto, confía a su compañero de marcha: «Me siento más cómodo con el suicidio de Mishima que con el tubo de gas. Lo repito: no defiendo nada. Pero, en definitiva, me siento familiarizado con un revólver. ¿Por qué? Quizá porque marca un carácter de voluntad en la muerte. El revólver, hoy en día, es el antiguo puñal romano, que no está tan lejos de su sable».[16]

Capítulo 11

Gekokuj, el mundo al revés

Después de tres siglos y medio marcados por el auge del poder guerrero en manos de los samuráis, el régimen militar comienza un largo declive que no concluirá hasta el fin del periodo medieval japonés, el *Chusei*. Antes de resurgir, más poderoso que nunca, a principios del siglo XVII bajo la égida de los Tokugawa, el shogunato de los Ashikaga habrá bebido el cáliz hasta las heces. Este segundo Medioevo, que se extiende desde 1467 hasta el comienzo del proceso de reunificación un siglo después, se caracteriza por una gran movilidad social, de la que la clase combatiente es ciertamente la principal beneficiaria, pero no la única.

La «horizontalización» de las relaciones entre guerreros

En el verano de 1441, Yoshinori, nieto de Yoshimitsu, muere por la espada del samurái Akamatsu Mitsusuke. Éste, sexto *shōgun* de la dinastía Ashikaga, había sido elegido por sorteo en 1429 tras la muerte de su predecesor, Yoshimochi, sin heredero designado. El gusano anida en la fruta, y el régimen militar ya está considerablemente minado por las querellas internas cuando estalla la guerra de Onin en 1467. A la creciente rivalidad que enfrenta al representante del poder militar en Kantó con su soberano por derecho en Kioto, nuevo capítulo del conflicto secular entre los dos principales polos políticos del país, se añade ahora una disputa en torno a la cuestión de la sucesión.[1] Los señores de los clanes Hosokawa y Yamana, que figuran entre los vasallos más eminentes del shogunato y se habían distinguido por vengar al asesinato de Yoshinori, apoyan cada uno a su candidato, hasta que la disputa degenera en conflagración.

Lo mismo que en el primer acto de la guerra de los Genji, las hostilidades comienzan en las calles de Kioto. Se lanzan proyectiles de una residencia a otra y las barricadas obstruyen las avenidas de la capital. La situación, a medida que se deteriora, se convierte en un leviatán insaciable, devorando masas cada vez mayores de mercenarios al servicio de los dos bandos. Las crónicas hablan de ejércitos nunca antes vistos en el archipiélago, compuestos por más de ochenta mil hombres que transforman la ciudad en un campamento fortificado. Tras diez años de guerra implacable, la gloriosa ciudad imperial queda medio reducida a cenizas por las llamas de los proyectiles incendiarios, arruinada por los estragos de los soldados.

Ante este espectáculo desolador, y mientras el caos se propaga por todas las provincias del imperio, muchos se sienten entonces con derecho a cuestionar la legitimidad del orden feudal, deshonrado por aquellos que debían de ser sus valedores. En todos los niveles de la sociedad japonesa, una vez desmoronados el sistema de protecciones tradicional, surgen nuevas organizaciones que se esfuerzan en proteger a la comunidad contra la anarquía. En eso consiste el *gekokujo*, un término que describe un mundo al revés, donde «el subordinado derroca a su superior». Los samuráis no son una excepción: disgustados por la conducta de sus señores, a menudo prefieren confiar en pares con los que comparten una base común de valores, aspiraciones y motivaciones. Dentro de la pequeña nobleza de la espada, es el momento de una «horizontalización» de las relaciones, materializada por las ligas guerreras, los *ikki*. Si bien el origen de estas fraternidades marciales no está claramente establecido, su existencia está atestiguada desde el período Kamakura (1185-1333). Durante la «guerra de las dos cortes»,* los grandes vasallos del shogunato alquilan los servicios de estos grupos, con habilidades militares muy apreciadas, quienes, sin embargo, se abstienen de jurar lealtad y permanecen obstinadamente libres. El *ikki*, por principio, rechaza la jerarquía del vasallaje, a la que la sustituye por una estricta igualdad entre sus miembros –*kokujin*–, simbolizada por las firmas colocadas en círculo en el contrato que firman las partes.[2] Al hacer esto, las ligas también profundizan la brecha que los separa de los samuráis feudatarios de un líder. De ahí a ser considerados como simples campesinos rebeldes, instigadores de revueltas a los que tratar como tales, según las implacables leyes de la guerra, sólo hay un paso. Y será Oda Nobunaga, el primero de los unificadores, quien lo dé con ligereza.[3] En el siglo XVI, de hecho, el fenómeno no ha hecho más que amplificarse. El renacimiento incipiente del poder central se acomoda mal a estos elementos libres, que, aliados con los acólitos de las nuevas sectas budistas milenaristas, se apoderan a veces de una provincia entera. Éste es el caso de Kaga, al norte de Kioto, donde los súbditos descontentos de la familia Togashi expulsan a su señor en 1488, antes de fundar un *Hyakusho no motaru kuni* –«reino de los campesinos»–, que se mantendrá casi un siglo. Tres años antes del levantamiento de la provincia de Kaga, la mitad meridional del Yamashiro había caído en manos de una coalición de campesinos y samuráis que impondrían su ley durante casi un decenio.[4]

A la conjunción de la religiosidad y las reivindicaciones temporales, el *ikki* ofrece una alternativa política poderosa y subversiva que «sobrepasa en su resolución jurada la fuerza del clan familiar

* El «periodo de las cortes del norte y del sur», o *Nanboku-ch. Jidai*, se extiende desde 1333, comienzo de la restauración Kenmu, hasta 1392, año de la abdicación de Go-Kameyama, cuarto y último emperador del sur, que, finalmente, reconoce la soberanía de sus parientes del norte. Al final de este conflicto fratricida en la cima del estado, la corte del sur deja el Yoshino para volver a Kioto. Paradójicamente, esta corte del sur es la que hoy parece legítima para los historiadores de Japón, porque ha estado durante más de medio siglo en posesión de los tres emblemas imperiales. (*N. del A.*)

de la casa guerrera, la de los monjes agrupados en su monasterio y la de los campesinos agrupados en su villa o su aldea».[5] Una experiencia social fascinante que convive con otras formas de organizaciones sociales horizontales, como la ciudad libre de Sakai, administrada por un consejo de comerciantes enriquecidos por el comercio marítimo, o con las comunidades aldeanas autónomas. Sin embargo, esta liga guerrera ha sido largamente ignorada por la historiografía oficial, siempre preocupada por adherirse a la ortodoxia política. Cierto es que el *ikki* será por mucho tiempo visto como una anomalía libertaria, por decirlo de algún modo; una herejía permitida únicamente por la descomposición del régimen de Muromachi, y que desaparece de manera natural con el retorno de la paz civil y la autoridad del Estado en los albores del siglo XVII. Es bajo la influencia de los historiadores marxistas del primer siglo XX, quienes redescubren tardíamente las conjuraciones guerreras, cuando Shizuo Katsumata devuelve a los *ikki* su importancia en el periodo Sengoku Jidai. El medievalista recuerda, así, que el sentimiento de pertenencia a la clase combatiente no implica por necesidad, al menos hasta la llegada del período Edo, un vínculo de vasallaje señorial. Para describir a estos *ji-samuráis*, guerreros del campo celosos de su libertad, John Whitney Hall invoca incluso a la *yeomanry* británica, esa pequeña nobleza terrateniente de antiguas tradiciones germánicas que mantuvo durante mucho tiempo su autonomía frente al poder feudal.[6]

Los *ikki* subrayan igualmente la imposibilidad de definir los contornos de un verdadero estatus del combatiente profesional en el Japón medieval hasta las reformas emprendidas por Toyotomi Hideyoshi y consolidadas por los Tokugawa. Hay que recordar, a pesar de las evidentes similitudes, especialmente en términos de cierta ética distintiva, que el guerrero japonés abarca un espectro muy amplio: se asemeja más al hombre de armas que al caballero, cuya posición social se aproximará más o menos a la del samurái cuando éstos se hayan subdividido en estratos netos. Ocurre, sin embargo, que el caos característico del período Sengoku no es compatible con las estructuras rígidas: la guerra endémica constituye un trampolín formidable que proporcionará a los capitanes más ambiciosos innumerables oportunidades de destacar.

La guerra, motor del ascenso social

Aunque la liga de los guerreros ofrece garantías de seguridad apreciables en estos tiempos turbulentos, algunos de ellos prefieren confiar en su propio talento y actuar solos. Porque la anarquía también es una poderosa palanca de ascenso social de la que un rosario de aventureros sacará el máximo provecho. Estos *sengoku-daimyo,* que forjarán principados gracias a la punta de su espada, se encuentran entre las figuras más fascinantes del Japón medieval. Implacables y sin escrúpulos, también son iconoclastas e innovadores. Mayoritariamente provenientes del primer círculo de vasallos de un señorío, tienen un perfil sorprendente, como es el caso de Saito Toshimasa, conocido como Dosan y apodado «la víbora de Mino». Probablemente nacido en 1494, este novicio renuncia a los votos monásticos, se convierte en comerciante de aceite y utiliza sus relaciones para entrar al servicio de un señor feudal del clan Toki que controla la provincia como *shugo* o gobernador. Ambicioso y con talento, el joven no tarda en eliminar a su bienhechor para convertirse en protegido del nuevo gobernador, a quien ayuda al frente del feudo. El inevitable conflicto entre los dos hombres estalla en 1542, iniciado por Dosan, quien sale victorioso del enfrentamiento. En cuanto a los Toki, quedarán definitivamente apartados de la arena política. Sus sucesores Saito apenas los sobrevivirán, ya que serán a su vez desplazados por Oda Nobunaga en la década de 1560.

Más espectacular aún es la carrera de Hojo Soun, nacido Ise Shinkuro en 1432. Aunque los cronistas, deseosos de resaltar sus méritos, tendieron a embellecer los orígenes del héroe describiéndolo como un caballero andante, no carecía totalmente de ventajas. De buena cuna, Shinkuro creció en una familia de terratenientes vinculada a los Ashikaga y lejanamente emparentada con los Taira. Su hermana mayor se casó con un excelente partido, el señor feudal de los Imagawa, en la provincia costera del Suruga.[7] Ahora bien, no tarda el cuñado en morir en combate, dejando el feudo en manos de su joven heredero. Mostrando una valentía notable al frente de un modesto contingente de seis combatientes, Shinkuro acude en ayuda del amenazado niño, que lo agradece nombrándolo señor de un castillo en 1493. A diferencia de Dosan, el futuro Soun –que adopta este nombre al tomar los hábitos religiosos– sirve lealmente a su bienhechor hasta que se retira pacíficamente. A su muerte, en 1519, es señor *de facto* de las provincias costeras de Izu y Sagami. Él, que se había apoderado de los restos de Kamakura y establecido cerca de allí, detrás del paso de Odawara, ambicionaba redorar los blasones de la antigua casa Hojo, de cuyo apellido se apropió.[8] Sus epígonos lograrán, más allá de lo esperado, hacer del clan uno de los más influyentes del país. Cuando Toyotomi Hideyoshi, que logra eliminar a este último rival en 1590, antes de completar la reunificación del archipiélago, ofrece las cinco provincias conquistadas a su aliado Tokugawa Ieyasu, éste elige un modesto pueblo para construir su fortaleza. Ésta se convertirá en Edo, la más grande metrópolis de su tiempo, y sigue siéndolo hoy con el nombre de Tokio.

Los *sengoku-daimyo*, temidos jefes guerreros, también son visionarios estadistas cuya condición original los libera a veces de los obstáculos que ciegan a sus contemporáneos. Advertidos por el ejemplo lamentable de lo sucedido en la guerra de Onin, estos señores feudales de nueva estirpe se preocupan por construir su poder sobre una base sólida y arraigarlo firmemente. En este sentido, muestran más pragmatismo, e incluso audacia política, que los condestables shogunales –*shugo*–, atrapados entre el deseo de mantenerse al tanto de las intrigas de Kioto y la incapacidad consiguiente para controlar los dominios sobre los cuales el *bakufu* les ha otorgado autoridad. Para resolver esta disyuntiva, hombres como Hojo Soun o Saito Dosan eligen redefinir las reglas y volver a lo fundamental: dotarse de poderosos instrumentos militares a la vez que fomentan el comercio y la agricultura para desarrollar un arraigo territorial que les permita emprender campañas de conquista.[9] Preocupados por la fidelidad de sus turbulentos vasallos feudales, los *sengoku-daimyo* también son autores o promotores de códigos que reafirman los derechos y deberes de sus vasallos en una época en que es mejor no dar por sentada la lealtad.

Imagawa Sadayo se erige en precursor cuando redacta, ya en 1412, sus recomendaciones. Le sigue los pasos Soun, a finales del siglo XV, con sus *Veintiún artículos*, eco de los *Diecisiete artículos* dictados unos años antes por Asakura Toshikage, perfecto ejemplo de esas estrellas ascendentes dentro de la clase militar que alcanzarán su momento de gloria en el siglo siguiente.[10] Dado que la lealtad basada únicamente en la consideración moral (el *chu*) ya no es suficiente, es necesario formalizarla mediante un rito de lealtad, e incluso reforzarla con una dimensión contractual, aunque el término «homenaje» sea refutado por Olivier Ansart. El historiador argumenta que la redefinición de las relaciones de vasallaje en el periodo Edo, caracterizado por su estabilidad y una tasa de desempleo muy alta entre los guerreros, que tienden a convertirse en una categoría parasitaria, introducirá, a pesar de las protestas, consideraciones triviales pecuniarias muy alejadas del desinterés alabado por los adalides de la casta combatiente.[11]

Sin embargo, en la época Sengoku, mientras las organizaciones militares ganan poder y se extienden mucho más allá de la mera parentela directa, el *ichizoku*, el homenaje al señor, que no se limita al servicio guerrero, compromete a los futuros jefes de familia, sucesores de aquellos que han prestado juramento.[12] La fidelidad no puede ser negada, bajo pena de ver desaparecer el capital simbólico acumulado durante generaciones, hasta el punto de que, bajo el régimen de los Tokugawa, habrá pensadores nostálgicos que se congratularán de servir a un amo injusto o cruel, ocasión ideal para demostrar una verdadera lealtad, totalmente ciega y que culmina, idealmente, con el sacrificio en vano de la propia vida.

Es muy probable que tal desperdicio de valiosos recursos humanos no hubiera sido del agrado de los *sengoku-daimyo*. Además de las recomendaciones prácticas y los estímulos para la asiduidad en la práctica de las artes marciales, los tratados de los Imagawa, Asakura, Hojo y sus numerosos seguidores tienen en común la insistencia en el imperativo dictado a los samuráis de permanecer leales en todas las circunstancias. Ahora bien, si la lealtad, convertida en un valor cardinal, al igual que el honor, se erige como piedra angular del *bushido*, es precisamente porque es un bien escaso. Preocupados por protegerse contra la traición, los señores ya no se conforman con una promesa solemne, ni siquiera aunque esté sellada con la sangre del vasallo. Recurren a otros recursos, como tomar por rehén a un pariente cercano de entre sus próximos, según la práctica del *hitojichi*, sin lograr poner fin, no obstante, al clima de inseguridad y traición generalizadas.

La hora de los felones

Si bien los grandes servidores del poder shogunal decadente son, sin duda, los principales perdedores del *gekokujo,* hay un pocos de los antiguos linajes que logran salir airosos. El ejemplo más elocuente en este sentido es el de la casa Shimazu, que ya se había distinguido en la época Kamakura y sobrevivirá hasta la caída del régimen guerrero en el siglo XIX, del cual serían los últimos representantes. Como señores de la provincia de Satsuma en el extremo sur de Kyushu, los daimyo Shimazu logran mantenerse al frente de su dominio, desde donde emprenden una empresa de conquista que los lleva a gobernar la mitad de la gran isla meridional al final de la era Sengoku. Sin embargo, son una excepción, y, como si la competencia de los ajenos no bastara, es desde dentro del propio clan, de los próximos, de donde surge con mayor frecuencia la amenaza más peligrosa. Una vez desembarcados en Japón, siguiendo los pasos de los primeros exploradores portugueses a mediados del siglo XVI, a los misioneros jesuitas les conmueven las felonías que, según ellos, son moneda corriente. Alessandro Valignano, futuro embajador del virrey de las Indias y organizador de la primera embajada diplomática del archipiélago a Roma, advierte a aquellos de sus correligionarios tentados por una aventura colonial: «Por extraordinario que parezca, aunque Japón fuera sometido, sus conquistadores no podrían mantenerlo, ya que con gobernantes insulares, y con mayor motivo si son extranjeros, la traición y la revuelta son tan comunes que la estabilidad es cosa desconocida».[13] El padre Luis Frois, compatriota y colega de Valignano, confirma en su *Tratado sobre las contradicciones y diferencias de costumbres [entre europeos y japoneses]*: «Entre nosotros, la traición es rara y condenable; en Japón, es algo tan común que casi nunca sorprende».[14]

Los ejemplos abundan, hasta el punto de que sería fastidioso enumerarlos. Por lo tanto, nos limitaremos a dos casos emblemáticos de personajes, entre los más ilustres de su tiempo, que alcanzaron la cima en detrimento de su señor legítimo. Nacido en 1497 en el castillo familiar de Koriyama, en Chugoku, Mori Motonari hereda el clan tras la muerte de su hermano mayor. En ese momento, el poder local reside en los Ouchi, una familia enriquecida por el comercio con el continente y que pretende rivalizar con la dinastía Ashikaga. Mientras los Ouchi tienen la mirada puesta en Kioto, apenas recuperada de la guerra de Onin, de la que habían sido protagonistas, los Mori, nobles provincianos que han puesto el destino de su heredero en manos de los Ouchi como signo de lealtad, no son una preocupación. Y, cuando este modesto vasallo sufre el ataque de sus vecinos en 1540, el benevolente señor interviene. El audaz Motonari logra la atención de su señor y se convierte así en uno de sus lugartenientes. Tan hábil en el terreno político como en el campo de batalla, el señor de los Mori hace que sus hijos varones sean adoptados por otros vasallos de los Ouchi. Más adelante, sólo cuando estos últimos son depuestos por un ambicioso traidor a principios de la década de 1550, Motonari sabe que ha llegado su momento. Él, que se ha vuelto indispensable, elimina al traidor en la batalla naval de Itsukushima en octubre de 1555, y entonces se apodera de las tierras de su difunto señor. Ahora se ha convertido en *daimyo* de pleno derecho. Sus sucesores continuarán sin falta la obra del fundador de la dinastía, hasta gobernar nada menos que cinco provincias.

La trayectoria de Uesugi Kagetora, más conocido por su nombre monástico de Kenshin, es parecida. Cuando nace, en el invierno de 1530, nada indica que ese niño, el benjamín de una familia de cuatro hermanos, feudataria de una rama colateral de la casa Uesugi, se convertirá en uno de los astros más brillantes de la época Sengoku. Inicialmente destinado al sacerdocio, en la adolescencia es sacado del templo por vasallos de su padre, fallecido en combate poco tiempo antes y sucedido por el impopular hermano mayor de Kagetora, Nagao Harukage. Kenshin sobresale sin esfuerzo, gracias a sus habilidades innatas y a las enseñanzas impartidas por el abad del monasterio donde ha residido. El *Hokuetsu Taiheiki* refiere que «tiene una disposición innata inclinada a la valentía y dedicada a las artes marciales. Y, cuando en alguna reunión se trata de temas militares, no puede abandonar el lugar y escucha con gran atención».[15] No es de extrañar que sus hazañas militares le ganen el favor de su señor, Yamanouchi, quien, al ser derrotado por sus rivales Hojo en el 1551, encuentra un refugio oportuno en su protegido. Sin embargo, la hospitalidad del «dragón del Echigo» tiene un alto precio: una adopción del joven en la casa Uesugi, a la que devuelve su esplendor. Aunque el nuevo hombre fuerte del norte nunca haya atentado contra la vida de su señor, que lo sobrevivió un año y falleció en 1579, está claro que Kenshin se arroga todas sus antiguas prerrogativas, y con la bendición del shogunato, que sanciona oficialmente la transferencia de poder a partir de 1561. Menos brutal que algunos de sus contemporáneos, el «dragón» encarna igualmente a esta nueva generación de hombres hechos a sí mismos, forjados tanto por sus cualidades naturales como por un agudo sentido de la oportunidad.

Aunque el dicho pretenda que la fortuna sonríe a los audaces, más vale mostrar algunos talentos militares y políticos si se pretende brillar en estas arenas pobladas de fieras peligrosas. Y el dominar a la perfección las reglas del nuevo arte de la guerra es algo que tienen en común los *sengoku-daimyo*.

Capítulo 12

¿Una revolución militar?

En 1988, Geoffrey Parker publicó una obra iconoclasta que proponía nada menos que repensar la entrada en la premodernidad con un nuevo enfoque. Frente a la Revolución Industrial, a la que la historiografía atribuye hasta entonces el avance determinante y la hegemonía occidental, el historiador británico contrapone una revolución anterior, de naturaleza militar, que habría precedido a aquélla en varios siglos. Al inaugurar la era de las armas llamadas «sabias», especialmente la artillería, las naciones europeas no sólo se habrían dotado de un arsenal temible, sino también de un verdadero ecosistema capaz de asegurarles una dominación exclusiva.

Además de ser la *ultima ratio regum*, el «último argumento de los reyes», como decía Richelieu, el cañón que derriba las fortalezas medievales del poder feudal requiere, de hecho, la emergencia de un Estado moderno. Finanzas saneadas, base impositiva estable, red de carreteras o reforma de las fortificaciones son condiciones indispensables tanto para la adquisición como para el buen uso de un costoso parque de artillería. Este movimiento va de la mano con una democratización de la guerra, algo posible por la difusión de las armas de fuego individuales, que a su vez comporta una masificación y profesionalización de los ejércitos. En resumen, el tiempo de los guerreros ha pasado; ahora es el momento de los soldados, seguidos o precedidos por una cohorte de oficiales e ingenieros, y pronto por cirujanos y logísticos.

Esta revolución militar, cuyos preludios algunos observan durante la guerra de los Cien Años, alcanza su masa crítica en el siglo XVI, cuando los navegantes españoles se abalanzan al asalto del mundo, exportando al mismo tiempo el arte de la guerra occidental.[1] Sin embargo, este periodo coincide en Japón con el Sengoku Jidai, escenario de importantes transformaciones que podrían sugerir un impulso global que va mucho más allá del marco definido por Parker. Esta coincidencia no deja de sorprender, hasta el punto de que en 2008 su compatriota Peter Lorge se preguntaba sobre la globalización de la revolución militar, ampliando el espectro de sus investigaciones a Asia. Al no dejar de señalar los aspectos siempre controvertidos de esta tesis, especialmente el sentido de las relaciones de causalidad entre la innovación tecnológica y las transformaciones sociales, el profesor de la Universidad de Vanderbilt destacaba tanto la innegable anterioridad del fenómeno en China como la singularidad del camino japonés.[2]

Japón, un microcosmos en ebullición

Su naturaleza insular y su estado de conflicto permanente durante más de un siglo convierten al Japón de la época Muromachi tardía en un verdadero laboratorio militar a cielo abierto. Las mejoras de las comunicaciones en el campo de batalla, del suministro y de la protección individual, un entorno competitivo llevado al extremo y una racionalización incipiente de los útiles de producción son factores que contribuyen a fabricar herramientas militares cada vez más efectivas. Naturalmente, el guerrero japonés desempeña el papel principal en este escenario tumultuoso, y su arsenal experimenta cambios importantes. La armadura tiende a reforzarse y a mejorar su ergonomía, y la espada y especialmente la lanza de hierro recto, *yari*, comienzan a sustituir al arco. Estas evoluciones revelan una inclinación hacia el combate cuerpo a cuerpo, que definitivamente reemplaza al duelo con arco a caballo. Aunque el honor exige al caballero valentía, ser el primero en cruzar el hierro o en escalar una muralla sigue siendo la garantía de una recompensa lucrativa o, de manera menos prosaica, de un aumento del «capital simbólico».* Se impone la disciplina colectiva, y la mayoría de los guerreros ahora actúan dentro de unidades identificadas por sus *sashimono*, estandartes dorsales, en formaciones hábilmente articuladas para realizar maniobras cada vez más complejas.

En este juego con reglas nuevas, el coraje físico ya no es suficiente. La erudición se convierte entonces en un arma por derecho propio, y los estrategas letrados que han estudiado los antiguos tratados chinos son contratados a precio de oro por los señores de la guerra. En lo sucesivo, los más poderosos de entre ellos serán capaces de reclutar fuerzas importantes, más allá de los diez mil hombres, e incluso el doble para los clanes principales. El grueso de las tropas está formado por *ashigaru*, que disfrutan de mejores condiciones de vida en campaña. Lo testimonia el *Zohyo monogatari*, un manual ilustrado de mediados del siglo XVII que detalla la vida cotidiana de los infantes, desde las tareas auxiliares hasta los cuidados para los heridos.[3] Tales fuerzas, situadas a medio camino entre el ejército feudal y el profesional, están bien entrenadas y a veces equipadas uniformemente gracias a los avances de una incipiente industria armamentística. Estas huestes no tienen nada que envidiar a las que las naciones europeas contemporáneas son capaces de desplegar. Sin embargo, el Japón del periodo Sengoku, con su galaxia de principados beligerantes en manos de príncipes mecenas y hábiles *condottieri*, no deja de recordar en miniatura el Renacimiento en Europa. El aislamiento

* El concepto de capital simbólico, desarrollado por el sociólogo Pierre Bourdieu (1930-2002), designa el conjunto de conocimientos y atributos culturales que permiten determinar la posición social de una persona y, por extensión, el prestigio individual que obtiene de ello. (*N. del A.*)

nipón, sin embargo, induce a una endogamia de las prácticas militares, lo que no impide acoger con los brazos abiertos cualquier aporte externo que pueda proporcionar una ventaja táctica.

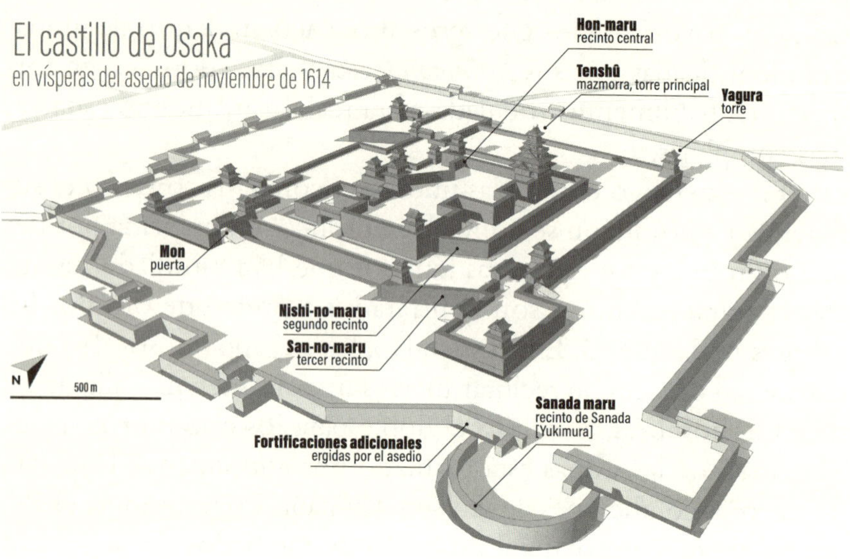

El cambio más espectacular, sin embargo, se da en el ámbito arquitectónico, con la aparición del castillo japonés. Aparte de los antiguos trabajos costeros de inspiración coreana, la emergencia de métodos de fortificación elaborados es bastante tardía en el archipiélago. Durante el primer Medioevo, apenas hay una ciudad digna de tal nombre; Kioto-Nara y Kamakura funcionan, más bien, como pueblos organizados alrededor de centros administrativos y religiosos. Ahora bien, la capital nunca estará realmente rodeada de murallas permanentes. En este país, que tiende al ideal de un orden social confuciano considerado natural, la élite aristocrática urbana y los jefes guerreros dependen del mundo rural, con el cual pretenden mantener una relación simbiótica que se refleja incluso en el urbanismo. Sin embargo, en el periodo Sengoku, las constantes guerras civiles llevan a los grandes feudales a fortificar sus dominios. Además de los innumerables fortines fronterizos relativamente rudimentarios, llamados *shijo*, que Jennifer Mitchelhill cifra en más de cinco mil, las ciudadelas, *honjo*, se multiplican a partir de la década de 1570. A los pies de estos colosos que proclaman la gloria del señor local, prosperarán pronto los *jokamachi*, ciudades castrenses destinadas a convertirse en las capitales de las provincias modernas.

A menudo rodeados por amplios fosos, los lienzos de la muralla en ángulo recto están reforzados con gruesos terraplenes de tierra apisonada, revestidos con trabajados sillares o con rocas talladas groseramente, más expuestas a la escalada. La construcción de Himeji habría requerido ciento tres mil toneladas de piedra, y aún más la de Osaka, donde los muros, de 14 kilómetros de perímetro, se alzaron con enormes bloques procedentes de todo el país. Estas sólidas formaciones de sección trapezoidal sirven de glacis y están cubiertas por bastiones que sobresalen. El recinto queda realzado con un entramado de madera o yeso que se cubre con una rejilla de cuerda y bambú, extremadamente resistente, y todo él coronado por un techo de tejas. Esta cortina perforada con troneras circulares o triangulares albergará a arqueros y arcabuceros. A diferencia de las edificaciones europeas, que obligan a los constructores a llevar a cabo una verdadera revolución conceptual frente al avance de la artillería, las japonesas son virtualmente invulnerables a socavamientos y bombardeos. Como observa Geoffrey Parker, «las dimensiones de las fortificaciones en el Extremo Oriente asiático hacían inútiles los cañones de asedio. Tal vez ésa sea la razón por la cual nunca se desarrolló allí una artillería pesada».[4] Una ciudadela bien abastecida de alimentos y municiones es virtualmente inexpugnable, por lo que la astucia o la negociación son preferibles a los asaltos sangrientos. Para el historiador John Whitney Hall, estas fortalezas ciclópeas «no tienen igual en el mundo al principio de la era moderna, tanto por sus dimensiones como por su inviolabilidad».

Aunque casi fortuitamente, ya que no fueron concebidas en absoluto para defenderse, la notable resistencia de las plazas fuertes japonesas a la artillería merece ser destacada aún más debido a su persistencia en el tiempo. Así, dos siglos y medio separan el interminable asedio a Osaka, en invierno de 1614, del de Kumamoto. La primera ciudad no caerá hasta ser despojada de sus murallas, mientras que la segunda resultará ser una presa fuera del alcance de las piezas de campaña desplegadas por los sitiadores durante la guerra de Seinan, debida a la rebelión de Satsuma en 1877. Nueve años antes, la poderosa fortaleza de Aizu, en el norte de Japón, también resistió con tenacidad el bombardeo de las tropas hostiles al shogunato Tokugawa. Un fotógrafo sensible al romanticismo del momento se apresuró a inmortalizar el imponente torreón que, aun acribillado por los impactos, permanecía orgullosamente erguido. Sin embargo, estos gigantes no habrían sido capaces de resistir a una verdadera artillería pesada moderna.[5] El régimen era muy consciente de esta obsolescencia, ya que ordenó, aunque tardíamente, a mediados del siglo XIX, la instalación de baterías costeras para desalentar un desembarco, así como la construcción de algunas ciudadelas bastionadas, de las que el mejor ejemplo sigue siendo hoy en día la de Hakodate, al sur de Hokkaido.

Eso es todo sobre los cañones, pero ¿qué hay de las armas de fuego individuales? Los arcabuces y otros mosquetes se multiplican tan rápidamente en el archipiélago a lo largo del siglo XVI que los ejércitos que combaten en el valle de Sekigahara en el otoño de 1600 alinean veinticinco mil bocas de fuego, ¡un tercio del total estimado de arcabuces existentes en el planeta en ese momento![6] En su ensayo sobre la revolución militar mundial, Jacob Frank y Gilmar Visoni-Alonzo nombran a Japón como el primer productor mundial de armas, posición que habría logrado en unos pocos decenios.[7] En el seno de una sociedad dominada por los guerreros, tal hazaña no habría sido posible sin la adhesión entusiasta de la élite militar. Lejos de ser seguidores del señor de Bayard, el famoso caballero que lamentaba que un «hombre de gran corazón estuviera expuesto a perecer por una miserable *friquenelle* [«elegante», en referencia al atuendo colorido de los arcabuceros] de la cual no puede defenderse» y que, por cierto, fue asesinado de un disparo en la cadera, los samuráis del periodo Sengoku, como hombres pragmáticos, se apresuraron a integrar esta nueva arma en su ya abundante arsenal.

Finos gatillos

Aunque se acepta comúnmente que el arcabuz se introdujo fortuitamente en el archipiélago a partir del naufragio de un barco en el que viajaban un puñado de aventureros portugueses, hoy en día está establecido que las armas de fuego individuales se conocían allí desde hacía mucho tiempo. De hecho, los japoneses habían tenido su primera y amarga experiencia con los invasores mongoles a finales del siglo XIII, y de estas rudimentarias granadas, conocidas en las diferentes fuentes con el término genérico de *teppo*, proviene el nombre de toda la familia de armas de pólvora. Casi un siglo antes de la irrupción de los exploradores portugueses, en 1468, se emplearon ciertos tipos de falconetes originarios de Ryukyu en la defensa de fortalezas, mientras que otras bocas de fuego primitivas procedentes de China estaban en uso a principios del siglo XVI.[8] Por su relativa facilidad de uso y su poder, el arcabuz europeo cambió ciertamente las reglas del juego, pero sin impulsar un fenómeno de masificación militar que ya estaba bastante avanzado. Con la paz restablecida a principios del siguiente siglo, los samuráis se burlarán de esta arma: habían superado a aquellos que podrían haberla utilizado para imponer una mutación social. Sin embargo, persisten interrogantes sobre la naturaleza exacta de esta nueva arma. Según el *Teppoki*, la «Crónica del arcabuz», escrita a principios del período Edo por Tanegashima Hisatoki, nieto del señor de la isla donde naufragaron los portugueses, el barco sólo transportaba dos de arcabuces. En la década de 1990, el historiador japonés Udagawa Takehisa, basándose en una cuidadosa observación de los libros ilustrados que han llegado hasta nosotros, plantea la hipótesis de un origen híbrido. Los arcabuces podrían haber sido diseñados, o al menos modificados, en Asia por los piratas –*wako*–, que probablemente constituían la mayor parte de la tripulación del barco naufragado.[9] Se entiende que la intención no carece de connotaciones ideológicas en estos tiempos de «fin de la historia» en los que se entabla un feroz debate historiográfico para determinar a quién atribuir la paternidad de la revolución militar y, por consiguiente, la de una hegemonía europea percibida en ciertos círculos como resultado de una superioridad intrínseca del modelo occidental. Una vez que el prototipo fue copiado por un herrero local, quien, según la leyenda, habría intercambiado a su propia hija por los secretos del armero de a bordo, el arcabuz no tardó en difundirse por todo el archipiélago.[10] Ya en 1544, los monjes del Negoro-ji, un importante complejo religioso situado al sur de la actual Osaka, adquirieron un ejemplar, mientras que hacia finales de esa década los *teppo* se utilizaron en combate en el sur de Kyushu. Enseguida, en la década, 1550, se extendieron por todo el país, desempeñando un papel militar cada vez menos marginal, hasta ocupar el centro del escenario en la célebre batalla de Nagashino. Librada en el verano de 1575, esta batalla enfrenta al temible clan Takeda y a Oda Nobunaga, quien fue asistido por su lugarteniente Hashiba –futuro Toyotomi– Hideyoshi, antiguos unificadores del país, que acudieron en ayuda de su aliado Tokugawa Ieyasu, quien sería el tercer artífice principal del proceso de reunificación. Además de la ayuda prestada a los leales Tokugawa, Nobunaga aprovecha la ocasión que le brinda este enfrentamiento para acabar de una vez por todas con la casa Takeda, uno de los principales actores políticos del país. Según el relato canónico, sublimado por Akira Kurosawa en su película *Kagemusha, la sombra del guerrero*, en 1980, las sucesivas cargas de la caballería Takeda fueron destrozadas por la lluvia de balas disparadas por los tres mil arcabuceros que luchaban bajo las órdenes de Nobunaga.

Geoffrey Parker acredita que el disparo en salvas el vencedor ya había inventado dos décadas antes de que Mauricio de Nassau teorizara la doctrina, logrando así una victoria abrumadora que se convertirá en una de las más icónicas de la historia militar japonesa. Es cierto que la representación clásica que muestra a los valientes cargando sin inmutarse contra empalizadas que escupen un diluvio de fuego, víctimas expiatorias de nuevos tiempos en los que la tecnología obliga al honor a rendirse, lo tiene todo para entrar en el panteón de los mitos. Sin embargo, estos mitos han sido cuestionados por varios autores, empezando por Peter Lorge, quien estima que los tiradores probablemente no eran más que un millar.[11] Más recientemente, su ilustre compatriota Stephen Turnbull establece que las armas de fuego no desempeñaron un papel significativamente superior en Nagashino, donde la táctica ofensiva de los Takeda fue desbaratada sobre todo gracias a las fortificaciones de campaña cuidadosamente erigidas por sus enemigos. El historiador británico utiliza como prueba el comportamiento expectante de Toyotomi Hideyoshi y Tokugawa Ieyasu, veteranos de Nagashino, que se convierten en adversarios durante una campaña en Komaki en 1584, y que prefieren adoptar una estrategia defensiva y mantener la mayor parte de sus fuerzas a salvo, pues incluso optan por un prudente armisticio.[12] Finalmente, no fue en suelo insular, sino en Corea, durante las desastrosas invasiones lanzadas por Hideyoshi a finales del siglo xvi, cuando el arcabuz proporcionó una ventaja decisiva frente a ejércitos peninsulares muy mal equipados en este sentido. Cuando solicitan refuerzos, los capitanes japoneses insisten en el número de mosqueteros: «Proporcionen a sus tropas tantos arcabuces como sea posible, ya que no se requiere ningún otro equipamiento». Arma popular de eficacia apreciada, tampoco parece ser desdeñada por los guerreros de grado superior. Ciertamente, su facilidad de uso y el poco entrenamiento que requiere la destinan prioritariamente a los *ashigaru*, pero la cantidad de obras representando héroes y campeones portando armas de fuego de impresionante diámetro –símbolos viriles claros– atestiguan que los samuráis de alto rango no dudaban en utilizarlas. Basta ver el famoso retrato de Matsumoto Mokosuke realizado por Utagawa Kuniyoshi, el maestro del grabado guerrero, para convencerse de ello.[13] Si bien la proporción de arcabuceros tiende a declinar en el cambio de siglo hasta alcanzar el 15% de los combatientes,[14] la eficacia de esta arma no disminuye, ya que es responsable del 44% de las heridas, muy por delante de la espada, que sólo representa el 4%.[15] El arcabuz sigue siendo también un motivo presente en la artesanía de lujo, especialmente en los lacados.[16] Por lo tanto, surge la pregunta de cómo se ha formado la idea de un samurái protector de los valores tradicionales y que rechaza la modernidad encarnada por el arma de fuego, hasta el punto de encontrar reminiscencias de esta idea incluso en la obra de Kurosawa o, más recientemente, en producciones de Hollywood como *El último samurái*, de Edward Zwick...

Guerreros ambivalentes frente a las mutaciones sociales

La perspectiva de un pronto fin de las guerras civiles y, por ende, el horizonte de una sociedad pacificada llevan al poder militar a apoyarse en sus aliados para desarmar a las poblaciones civiles, pero también para desmovilizarlas intelectualmente. No son tanto los arcabuces como el arsenal completo de guerra –con la notoria excepción del sable, elevado a insignia distintiva– lo que caerá en desuso en el transcurso de dos décadas. Como han señalado numerosos historiadores, el estadounidense Noel Perrin se equivoca al escribir en 1979, en su famoso y controvertido ensayo, que Japón «renunció» a las armas de fuego.[17] Cierto es que se trata de un caso atípico, quizás único en la historia, de renunciar a una ventaja tecnológica militar. Desde el segundo concilio de Letrán, en 1139, donde se promulgó la prohibición del uso de ballestas contra cristianos –con resultados bien conocidos–, no es exagerado decir que la mayoría de las iniciativas para excluir del campo de batalla, e incluso de la sociedad civil, armas consideradas desleales o inmorales ha resultado papel mojado.[18] Por otro lado, no es casualidad que el trabajo de Perrin haya tenido más repercusión entre los partidarios de revisar la famosa segunda enmienda de la Constitución estadounidense que entre los lectores familiarizados con la historia de Japón.* Si bien los arcabuces desaparecieron del país, en realidad fue bajo el shogunato Tokugawa cuando se propuso reservar para los samuráis el privilegio exclusivo del ejercicio de la violencia.

Antes de lograr este gran éxito, los guerreros, como hemos visto, contaron entre los principales beneficiarios de la movilidad social propia del Sengoku Jidai. Una demostración palmaria de este mecanismo, y sin embargo el último de su especie, es el caso de Toyotomi Hideyoshi, quien percibe la necesidad de desarmar masivamente a la población. Al decretar la «caza de espadas» –*katana-gari*– en 1588, el segundo unificador se apodera de miles de armas de todo tipo hasta entonces en manos del pueblo y las clases sociales intermedias, propensas al bandolerismo o la piratería. Además de la ofrenda al Buda en forma de una estatua gigante hecha con el metal requisado, la intención es, naturalmente, garantizar la seguridad de los súbditos de su majestad imperial. Si bien esta tarea está lejos de encontrar un éxito inmediato y se enfrenta en algunos lugares a una fuerte resistencia, el impulso está dado. Sin embargo, de lo que se tratra al final de este proceso es de recuperar el control sobre la fuerza armada. Cuestionando la tesis generalmente aceptada, la historiadora japonesa Tama-

* La segunda enmienda de la Declaración de Derechos del 15 de diciembre de 1971 dispone que «siendo necesaria una milicia para la seguridad de un Estado libre, no se puede quebrantar el derecho del pueblo a poseer y portar armas». Los que se oponen a la prohibición de portar armas invocan esta enmienda para hacer valer lo que consideran su legítimo derecho a la autodefensa, tanto contra un individuo como contra una hipotética deriva tiránica del Estado. (*N. del A.*)

ra Enomoto insiste en la dimensión normativa de estas medidas que, según ella, buscan diferenciar sin ambigüedades a los miembros de la clase guerrera, ahora poseedores del monopolio de la violencia legítima. «La limitación del derecho a portar sables cortos y largos no tenía como objetivo desarmar completamente a los pueblos. La intención era más bien fortalecer la estratificación social y, en consecuencia, evitar que los *hyakusho* (campesinos) recurrieran a la violencia privada».[19] Ya ganadores en más de un aspecto y en diversos niveles de la sociedad, los samuráis sacan todavía más ventajas del nuevo paradigma, y entonces se esfuerzan por cultivar una mística de la espada que sirva a sus intereses categoriales. Y, cuando los Tokugawa completan el cuadro a principios del siglo XVII, simplemente insisten en consideraciones morales que desacreditan definitivamente al arcabuz como un arma «inhumana y deshonrosa», aún más repulsiva por ser de origen exógeno en un periodo de repliegue identitario.

Así concluye la revolución militar nipona. La trayectoria de Japón, hasta entonces relativamente paralela a la de Europa, emprende entonces una clara divergencia. La masificación y la urbanización no producen en absoluto los mismos efectos y no serán en el archipiélago elementos que favorezcan una redistribución progresiva del poder. Los compromisos entre el poder shogunal, la autoridad señorial y las organizaciones de aldeanos permanecerán vigentes durante dos siglos más. Contenida por los samuráis, la extensión a las capas populares del «privilegio guerrero» no ocurrirá hasta finales del siglo XIX.

Capítulo 13
El cuenco y el sable

¡Que así sea! Puesto que Hisahide no puede conservar su preciosa araña de metal, nadie la tendrá, especialmente ese demonio de Nobunaga. Hiragumo perecerá en el fuego junto a su maestro. Ebrio de ira, el anciano agarra la tetera y sube las escaleras de cuatro en cuatro hasta la cima de su torreón, cercado por todas partes. Una vez en la sala más alta, Hisahide llena el utensilio de polvo negro y, luego, le prende fuego. La enorme explosión arrasa con vigas y armazón, engullendo en un torbellino de llamas el objeto codiciado y el cuerpo maltrecho del señor del lugar. Gracias a este último acto de desafío, ni Hiragumo ni la cabeza de Hisahide se sumarán a la colección de trofeos de los que Nobunaga se enorgullece.

El epílogo de la leyenda que narra la caída del castillo de Shigisan, ubicado en una prominencia que domina Nara, presenta múltiples variantes, pero ésta es sin duda la más dramática.[1] También es la más sintomática de la importancia otorgada por Oda Nobunaga a los *meibutsu*, los preciados objetos de té, en este periodo Azuchi que comenzó en 1573 con el exilio del último *shōgun* Ashikaga. Después de su resonante victoria en la hondonada de Okehazama en 1560, Nobunaga extendió gradualmente su poder sobre las provincias vecinas de su Owari natal, antes de tomar Kioto en 1568. Conocido por sus arrebatos de furia y su gusto por la novedad, el nuevo hombre fuerte del país también lo es por su pasión por las artes del té, que utilizará de manera temible con fines políticos.

La bebida de los guerreros

Fue durante el siglo XII cuando el té llega al archipiélago en el equipaje de unos monjes que volvían de China, donde aprendieron los rituales del budismo zen, incluido el consumo de esta bebida propicia para la meditación.[2] Si bien algunos regentes Hojo se aficionan a esta práctica, son sus sucesores Ashikaga quienes codifican las reglas. Inicialmente fastuosas y diseñadas para demostrar la cultura clásica china de los comensales, las degustaciones se vuelven más refinadas e íntimas bajo la dirección del monje Murata Shuko, el protegido de Yoshimasa, el octavo *shōgun* de la línea Ashikaga y conspicuo mecenas. Pero la figura imprescindible de la ceremonia del té, que lograría inscribir esta práctica en el ámbito político, fue el famoso Sen no Rikyu, el «maestro de té»,[3] a quien el novelista Inoue Yasushi (1907-1991) dedicaría un libro. Nacido en 1522 en el seno de una próspera familia de comerciantes de Sakai, ciudad franca que desempeña un papel central en el comercio marítimo con el continente e incluso con las lejanas tierras hispanas, el futuro Rikyu llega a Kioto con diecinueve años y se une al Daitoku-ji, bastión de la escuela Rinzai adepta al zen, donde el joven, ya iniciado, continúa su educación en el *chanoyu*, el arte del té, junto con los más eminentes preceptores. Es el momento de la estética *wabi-sabi*, concepto difícil de traducir, que recomendaba practicar las virtudes de la sencillez, la humildad e incluso la melancolía como una forma de abrazar la imperfección del mundo y la impermanencia de todas las cosas.

Rikyu se convierte en un experto reconocido, pero no olvida sus orígenes y permanece estrechamente vinculado a las grandes familias de Sakai, varios de cuyos jefes son también maestros de renombre. Nada hay en ello de sorprendente, dado el valor que algunos señores de la guerra otorgan, seducidos por la ceremonia del té, a las antigüedades provenientes de China. Los comerciantes son los únicos proveedores y pueden, por lo tanto, actuar como árbitros de la elegancia. Dado que los ricos comerciantes de Sakai se cuentan igualmente entre los principales proveedores de armas de fuego y pólvora, es normal sospechar que los belicosos *daimyo* desearan unir lo útil a lo agradable. Para Béatrice Bodart, la resolución pacífica del conflicto entre Oda Nobunaga y el Egoshu, consejo de la ciudad, se debe a esta convergencia de intereses, al haberse percatado el ambicioso Nobunaga de su apasionado interés por el *chanoyu*.[4] En 1569, ordena que todos los *meibutsu* del país, es decir, los de Sakai, donde se concentra la mayoría, le sean entregados. Si bien los despojados son compensados, Nobunaga ha logrado su objetivo: doblegar a la orgullosa ciudad portuaria, que nunca recuperará la independencia de la que había disfrutado durante casi un siglo.

Al igual que muchas de las artes tradicionales japonesas, la ceremonia del té la practican varias escuelas diferentes, e incluso competidoras, pero es Rikyu, el más popular entre los grandes señores feudales, quien además está bien relacionado, especialmente con Nobunaga –ya que se adapta muy bien a sus intereses–, quien impone su estilo. Un modesto pabellón, que a menudo tiene el aspecto de una choza de barro lo suficientemente grande como para albergar a un puñado de invitados estrictamente seleccionados, proporciona el entorno ideal y discreto para forjar alianzas secretas o intercambiar confidencias. Rikyu, finalmente, cae en desgracia y paga con su vida el pecado de orgullo de que lo acusa Hideyoshi, el segundo unificador, quien exige al maestro que se suicide en la primavera de 1591. No obstante, su legado perdura.

El té, herramienta de ascenso social

Si bien la carrera militar constituye de manera natural el camino más seguro para que un guerrero logre destacar, el té juega un papel tan importante durante el periodo Azuchi-Momoyama que esta bebida tan apreciada puede, casi por sí sola, traer buena suerte a cualquier adepto. Más allá de ser una simple distracción, aunque sea propicia a las intrigas, el *chanoyu* supone una manera completamente honorable de mejorar la propia situación, hasta el punto de que varios *daimyo* se labrarán una reputación como maestros del té. Los registros de Furuta Oribe, discípulo y sucesor de Rikyu, quien también provenía de la clase combatiente, revelan que aproximadamente la mitad de los participantes en las ceremonias organizadas por el maestro eran guerreros. Aunque no fueran asiduos, poderosos señores de Tohoku, como Satake Yoshinobu o el famoso Date Masamune, mantuvieron una correspondencia regular con Oribe, con el fin de obtener sus valiosos consejos sobre la adquisición o el mantenimiento de utensilios para el té, que entonces eran atributos de poder, al igual que los sables caros o los caballos de raza.[5] Artífice de una conspiración contra los Tokugawa por parte de los partidarios de los Toyotomi, Oribe también se vio obligado al suicidio en julio de 1615.

Hay un episodio bien conocido que narra las circunstancias que rodean el encuentro entre Hideyoshi y el joven Ishida Mitsunari, entonces novicio en un monasterio en las orillas del lago Biwa. El recién nombrado señor de Nagahama cabalgaba por su feudo, y decidió hacer una parada en el templo de Kannon, diosa de la misericordia, para refrescarse. Un monje corrió a servirle tres tazas de té, e Hideyoshi, sediento, vació de un trago la primera taza, apenas tibia. Satisfecho, sorbió la segunda, ya caliente, antes de saborear pacientemente la tercera, humeante. Impresionado por el talento del joven monje, que resultaba ser Mitsunari, decide tomarlo a su servicio, papel en el que su nuevo protegido destacaría durante su larga carrera como ministro.[6] Se cuenta, por otra parte, que fue en memoria de una degustación cuando su gran amigo Otani Yoshitsugu, enfermo de lepra, solventó una situación embarazosa gracias a un bello gesto de Mitsunari: éste aceptó, a regañadientes, batirse en la batalla de Sekigahara, en octubre de 1600, en la que encontraría la muerte. Mitsunari, por su parte, derrotado y capturado poco después de esa misma batalla, fue ejecutado en Kioto el 6 de noviembre siguiente. Lejos de ser anecdóticos, e incluso suponiendo que hayan sido embellecidos por la tradición, estos relatos dan testimonio de la considerable importancia del *chanoyu* en la vida social de los guerreros. Al igual que otras prácticas inicialmente apreciadas por las élites, el consumo de té se democratizará a lo largo del periodo Edo. En el siglo XVII, el aislamiento del país, que detiene durante un tiempo los intercambios comerciales con el continente, fomenta la producción y el consumo locales, lo que contribuye al desarrollo de la economía.[7] A finales de siglo, el té consumido como infusión, tal como lo conocemos hoy en día, se convierte en una bebida popular, como señala el médico y samurái Hitomi Hitsudai en su *Honcho Shokkan* publicado en 1697.[8] Pero, aunque la clase militar utiliza el té como «ascensor social», no es, paradójicamente, la mayor beneficiaria: más que los guerreros o los ciudadanos de condición modesta, son los comerciantes quienes sacan mayor provecho del entusiasmo por esta ceremonia. Rikyu y sus seguidores, a menudo procedentes de familias de comerciantes, codifican este arte para tomarse la revancha contra una sociedad confuciana que menosprecia su papel como intermediarios. Incapaces de disfrutar de una prosperidad que los excesivos edictos les prohíben mostrar, los adeptos del *chanoyu* crearán un entorno que sutilmente abole las jerarquías. Incluso el orgulloso *daimyo* debe inclinar la cabeza y desprenderse de sus armas distintivas al deslizarse dentro del *sukiya*, el exiguo pabellón de té. Como destaca el arquitecto Anoma Kumarasuriyar, «los maestros del té niegan las barreras y estructuras sociales que les habían sido impuestas mediante una inteligente manipulación de la arquitectura y del propio ritual».[9] Y el historiador nipoamericano Isaac Kikawada resume: «La sala de té proporcionaba precisamente ese lugar neutral aceptado por las dos partes. Era lo suficientemente honorable para los señores de la guerra y los samuráis, y al mismo tiempo lo bastante cómodo a los ojos de los artesanos y comerciantes».[10]

Sin embargo, esta empresa de legitimación social se habría revelado desprovista de sentido si los grandes señores, encabezados por Oda Nobunaga, no hubieran elevado el té a herramienta y atributo del poder. Durante el periodo Azuchi-Momoyama (1573-1603), mientras el archipiélago recupera poco a poco la unidad, la pasión de los samuráis de alto rango por este arte alcanza tal grado de frenesí que algunos lo pagarán con su vida.

Un poderoso instrumento de poder

En junio de 1560, el señor del clan Oda, a quien algunos despectivamente motejaban como Owari no utsukemono –«el gran idiota de Owari»–, por el nombre de su provincia natal, logra, contra todo pronóstico, una victoria resonante sobre la poderosa casa Imagawa, potencia regional muy temida. En una proporción de uno contra diez, mostrando una audacia considerable y aprovechando al máximo el terreno ventajoso, los hombres del joven Nobunaga sorprenden y aniquilan al enemigo en el valle de Okehazama. Algunos meses más tarde, los Imagawa son expulsados de la carrera por el poder. En cuanto al vencedor, le tomará cerca de una década más hacerse con el vasto dominio costero de Mino, en el corazón mismo del país. Nobunaga se convertirá entonces en el hombre más poderoso del momento, por lo que Ashikaga Yoshiaki, el decimoquinto y último potentado de la línea Ashikaga, fundada dos siglos y medio antes por Takauji, vuelve la mirada hacia él para que lo vuelva a posicionar en sus usurpadas funciones de *shōgun* por un pariente ambicioso. En 1568, el *daimyo* de los Oda marcha hacia Kioto, dispersa a los opositores al shogunato y toma la capital sin encontrar resistencia. El hombre que entrará en la historia como el primero de los tres unificadores inicia así el proceso de restauración de un poder central que se había desmoronado bajo el mandato de la dinastía Ashikaga. Enérgico, brutal y decidido, Nobunaga gobierna ciertamente mediante la fuerza, pero también con otros medios más inesperados, sobre todo el té, del que se servirá como de una verdadera herramienta política. En primer lugar, está la participación en el ritual, que usa para otorgar favores o, por el contrario, señalar la desgracia a los excluidos. Pero Nobunaga es sobre todo un adorador compulsivo de los utensilios de té, y ninguna colección debe superar la suya en valor y belleza, so pena de provocar su ira. Bajo su tutela, la pasión por los *meibutsu*, a menudo importados de China, alcanza su apogeo. Estos utensilios llegan a caracterizar a su poseedor, hasta el punto de convertirse también en trofeos. Instrumentalizando en su provecho la moda para testimoniar su poder, Nobunaga se lanza desde 1569 a una «caza de objetos famosos» –*meibutsu-gari*– entre los grandes feudales, y presenta a cualquier príncipe o ciudad deseosa de rendirle homenaje una lista de regalos, entre los que ocupan lugar destacado los utensilios de té, cuidadosamente inventariados de antemano. La exigencia percibida es tal que hombres como Matsunaga Hisahide, señor de la región de Kioto, se aseguran de hacer su última reverencia rodeados de sus queridos *meibutsu*. Las continuas intrigas de este inveterado amante del té y oportunista político terminan por cansar a Nobunaga, que exige la cabeza del traidor. Éste prefiere incendiar su fortaleza y desaparecer entre las llamas junto con su codiciada tetera. Cinco años más tarde, al final del golpe de Estado que le cuesta la vida, en junio de 1582, el señor de los Oda se inspira en el último y valiente gesto de Hisahide, ya que prende fuego al templo donde se ha refugiado rodeado de su inestimable colección.[11] En vida y en el apogeo de su gloria, el primer unificador recurre a sus amados objetos para recompensar a sus lugartenientes y leales vasallos, considerando que la mera contemplación de sus *meibutsu* es por sí misma un honor extraordinario.[12] Siempre alerta –y con razón– a causa de las conspiraciones que podrían urdirse en estas circunstancias privilegiadas, otorga con parsimonia el derecho a celebrar el *chanoyu* en la esfera privada. En contraste con este enfoque elitista promovido por su fallecido señor feudal, su vengador y sucesor Hideyoshi utiliza el té para exhibir su poder. Después de celebrar, en marzo de 1585, en el templo zen del Daitoku-ji, una gran ceremonia a la que invita, además de a su guardia personal y a los más poderosos *daimyo*, a cincuenta habitantes de Kioto, a veinticuatro residentes de Sakai y a ciento cincuenta aficionados cuidadosamente seleccionados, se dedica a organizar un segundo evento, a su medida.[13] En el otoño de 1587, una vez nombrado regente, invita al santuario Kitano Tenmangu, un vasto complejo religioso agradablemente arbolado y situado en pleno centro de la capital, nada menos que a mil quinientos participantes. Por muy liberal, e incluso igualitario, que pueda parecer, este encuentro obviamente busca dejar una impresión duradera y ganar corazones. Hideyoshi, genio de la comunicación política, no ha dejado nada al azar, y se exhibe mientras sirve con especial cuidado un tazón de té a un puñado de afortunados procedentes del pueblo llano. A pocos pasos de allí, el deslumbrante pabellón de té recubierto de pan de oro, completamente desmontable, atestigua, si fuera necesario, la magnificencia del segundo unificador.

Aunque sea un aficionado al té, condición *sine qua non* para tener peso en el tablero político insular a finales del siglo XVI, Tokugawa Ieyasu lo es con menos fervor que sus predecesores. El fundador de la dinastía, que saldrá victoriosa del movimiento unificador, debe en parte su vida al *chanoyu*, ya que participaba en una degustación en Sakai la noche del levantamiento contra Nobunaga. Es muy probable que los secuaces del anfitrión, que acosaban en todos sentidos a los otros competidores por el poder supremo, habrían estado encantados de apoderarse del *daimyo* de los Tokugawa, si éste no hubiera logrado regresar a sus dominios por caminos tortuosos de montaña. Aunque sin duda prefería la cetrería a la caza de utensilios de té, era impensable que Ieyasu, de inclinación conservadora, no siguiera al menos en alguna medida los pasos de sus predecesores. La impresionante colección acumulada por la última casa shogunal, elemento central del Museo de Arte Tokugawa de Tokio, atestigua la importancia, nunca negada, de los *meibutsu* como símbolos de poder. Sin embargo, la ceremonia del té nunca recuperará el grado de influencia que alcanzó con Nobunaga y más tarde con Hideyoshi, en la época de Sen no Rikyu. Y por una razón: el más emblemático de los maestros del té es también aquel cuya *hybris* lo llevará a la perdición. Es poco decir que los historiadores han discutido mucho sobre las razones que llevaron a Hideyoshi a condenar a muerte a su consejero, hasta entonces tan perspicaz. Poco importa que Rikyu fuera codicioso, que se atreviera a conspirar contra el segundo unificador o incluso que la causa de sus desgracias fuera esa estatua con su imagen torpemente colocada encima del paso de su señor, porque todas estas hipótesis tienen un punto en común: expresan la insolencia, la impudencia del advenedizo que olvida cuál es su lugar en la sociedad. Esta movilidad social, favorecida por el té o el comercio, sigue siendo percibida como una amenaza para el orden establecido, e irrita a los poderosos. E incluso Hideyoshi, que se benefició más que nadie de ello, tendrá finalmente que resignarse a refrenarlo todo para preservar su propio poder.

Capítulo 14
Las paradojas del Mono

Se llamaba Tokichiro y se convirtió en Hideyoshi. Lo llamaron Hashiba; luego Toyotomi, cuando el propio emperador le otorgó este apellido vinculado a la ancestral casa Fujiwara, en recompensa por los servicios prestados a la corte. Y, aunque las crónicas a menudo lo presentan en su cargo de taiko, el «regente retirado», que ocupó durante el invierno de su vida, la tradición popular recuerda el apodo con que su señor, Oda Nobunaga, lo había bautizado para burlarse de sus rasgos simiescos y alabar su astucia sin igual: *saru*, «el Mono». Probablemente nacido en 1536, Toyotomi Hideyoshi representa mejor que nadie el turbulento periodo Sengoku. Él solo encarna casi todas las paradojas de esta época, desde los excesos de violencia hasta el florecimiento cultural. Él y su maestro han dejado una marca tan profunda en la historia de Japón que su reinado, durante el último cuarto del siglo XVI, se conoce como la «era Azuchi-Momoyama», en referencia a las sedes de sus respectivos poderes. Por decirlo brevemente, esta era se cuenta entre las más intensas. En el espacio de unas tres décadas, los dos hombres remodelaron la faz del país, especialmente la de la clase guerrera.

La ilusión de la meritocracia

A menudo considerado como el verdadero padre del Japón moderno, cuyos sucesores adoptarán la mayoría de las reformas, el

Mono es un personaje polifacético o, por así decir, escurridizo. Se sabe muy poco sobre sus primeros años, especialmente porque se esforzó celosamente en tejer su propia leyenda. Tokichiro nació hacia 1536 y creció en una familia de *ashigaru* en el pueblo de Nakamura, hoy en día un barrio de Nagoya, la gran ciudad costera situada entre Kioto y Tokio. Los primeros años, su vida debió transcurrir en un templo como novicio, pero pronto el niño turbulento fue expulsado. Se dice que luego sirvió a diversos empleadores, desde un salteador de caminos hasta un vendedor ambulante de talismanes, antes de ser contratado por un terrateniente del vecino Totomi. En 1578, Tokichiro adquiere el discreto rango de «portador de sandalias» entre los vasallos de Nobunaga. Aunque la tarea pueda parecer ingrata, permitirá al futuro Hideyoshi ingresar en el círculo íntimo de su señor, que sabe distinguir a los hombres de talento sin tener en cuenta su extracción, y le concede su favor. Brillante negociador, líder nato, estratega excepcional, Hideyoshi participa en todas las batallas, desde la de Anegawa (1570) hasta la de Nagashino (1575), que llevan a la eliminación de varios grandes competidores de los Oda. Aprovechándose de las envidias y rivalidades internas, se impone fácilmente como heredero de Nobunaga tras su muerte en 1582. Nadie puede resistírsele, ni los *daimyo,* obligados a reconocer uno tras otro, con mayor o menor entusiasmo, su preeminencia, ni los comerciantes, que se regocijan por el retorno de la paz bajo el patrocinio del segundo unificador. Hombres y mujeres caen bajo el encanto de este hombre de pequeña estatura y rasgos arrugados, que incluso sufre de una deformidad –más de cinco dedos en las extremidades–, señalada por un visitante jesuita, y que disfruta rodeándose de concubinas de los más augustos linajes. Y, sin embargo, Hideyoshi nunca logrará hacer olvidar completamente la humildad de su nacimiento. La meritocracia proclamada *de facto* por Nobunaga y parcialmente retomada por su heredero, aunque éste tienda al nepotismo, tiene sus límites. *A posteriori*, el reinado del Mono reviste la forma de un gigantesco esfuerzo de legitimación. Las grandiosas ceremonias del té, la visita del emperador Go-Yozei en 1587, los panegíricos proclamando un origen semidivino..., todo contribuye a satisfacer su insaciable sed de reconocimiento. Así, George Elison destaca el carácter patético de este personaje con un orgullo desmesurado, aún más desconcertante dado que el interesado es plenamente consciente de ello: «Nadie estaba más al tanto que él mismo de la naturaleza espectacular de su ascenso desde la oscuridad hasta la cima [...]. Sabía perfectamente que era un advenedizo, pero creía firmemente que había sido designado por la providencia o, en sus propias palabras, por la voluntad del Cielo, *tento ni aikanau mono ya*».[1]

Se percibe en este relato que la movilidad social, aunque exista, está limitada, salvo excepciones. Subsisten poderosas fuerzas conservadoras, principalmente la propia corte, garantes de la tradición e incluso de los arcaísmos. La casa imperial, que ha recuperado el lustre y, aunque menos importante, un flamante palacio completamente nuevo gracias a la generosidad del señor de los Toyotomi, maniobrará con una habilidad desconcertante. Como a menudo en el pasado, colma al nuevo amo del país con pomposos títulos nobiliarios, según la compleja nomenclatura de los rangos cortesanos, pero le niega el mandato shogunal. Aun así, es cierto que la regla es una formalidad: sólo los clanes vinculados por la sangre al fundador del *bakufu*, Minamoto no Yoritomo, pueden aspirar a ejercer la función suprema. Y, a pesar de su inmenso poder, ni Nobunaga ni Hideyoshi la ejercen. El caso no es anecdótico, ya que, aunque el primero le resta importancia, al segundo le enloquecen los honores. La organización feudal, que sale reforzada del movimiento de unificación que marca el final del periodo Sengoku, tolera más que fomenta la promoción social, aunque esté basada en el mérito. En este sentido, el caso de Hideyoshi es más una excepción que una regla. Y sus detractores no se equivocan al criticar sus malos modales y burlarse de su ascendencia oscura.

Los señores del clan Shimazu se encuentran entre los detractores. Cuando el recién nombrado *kanpaku* –canciller imperial–

les ordena que cesen de inmediato las guerras privadas con que desgarran Kyushu, los orgullosos señores de Kagoshima se niegan a rebajarse a responder directamente al advenedizo, a ese de quien es «notorio que no cuenta con antepasados de calidad», mientras que su propio linaje es irreprochable. Sin embargo, los Shimazu no tendrán que esperar mucho: serán puestos en su sitio en 1597, al finalizar la mayor operación militar jamás realizada en Japón. En su diario personal, el abad del Kofukuji en Nara también se asombra y denuncia los honores concedidos por el emperador al Mono, un acto de locura del guerrero –*bukegurui*– «inimaginable hasta ahora en la memoria del hombre».[2]

La impostura genealógica

Desde el periodo Kamakura, e incluso Heian, la proclamación de la ascendencia para desafiar a un adversario de su rango, *nanori*, ocupa un lugar central en la cultura guerrera.[3] Si bien los cronistas utilizan este medio para facilitar la identificación de los protagonistas, su uso también permite establecer una jerarquía social que apenas variará en los siguientes tres siglos. Se comprende, así, el interés de la rama de los *Sengoku-daimyo*, que llegaron al poder mediante usurpaciones o por la espada, en legitimar su nueva autoridad por todos los medios, entre ellos tolerar algunos arreglos con el pasado. A mediados del siglo XVI, Hojo Soun, uno de los primeros de la estirpe, después de conquistar la antigua capital del primer *bakufu*, reclama el apellido de los *shikken* Hojo para apropiarse de su prestigio. Matsudaira Ieyasu –futuro Tokugawa– no actúa de manera diferente cuando pretende remontar su linaje a los tiempos gloriosos de los Minamoto, con los que su casa habría estado emparentada, incluso cuando los clérigos encargados de elaborar su genealogía se pierden en las tinieblas de más allá de ocho generaciones. La intención es clara y permite a Ieyasu aspirar algún día al mandato shogunal, pero no deja de basarse en una falsificación. En este sentido, aquel que se convertirá en el tercer unificador, y luego en el primer príncipe de la dinastía Tokugawa, logra una hazaña superior a la de sus predecesores, que no se atrevieron a mostrar tal audacia en este asunto. Por su parte, Hideyoshi se conforma con el patrocinio de los Fujiwara, que, si bien le brindan acceso a todos los beneficios civiles, le cierran el camino al gobierno militar, desprestigiado bajo el reinado de los Ashikaga, un honor que los Tokugawa sabrán rehabilitar. En esta era de los Reinos Combatientes, no basta con imponerse como líder militar; es necesario elevarse por encima de la refriega como el brazo armado de la voluntad imperial misma, a la que nadie puede oponerse. El historiador Guillaume Carré destaca la versatilidad de los grandes señores feudales japoneses en este sentido: «Aunque la falsificación genealógica es, bajo diversas formas, un fenómeno bastante universal en las clases dirigentes de las sociedades preindustriales, Japón, hasta principios del siglo XVII, se distingue por la aparente inconstancia que algunos *daimyo* han mostrado en la determinación de sus ancestros».[4].

Aunque las élites combatientes son las más propensas a este engaño, las categorías más humildes no les van a la zaga. En realidad, a medida que la sociedad feudal se sedimenta en capas cada vez menos permeables, recurren cada vez más a este subterfugio, el único susceptible de ofrecer una promoción social. En el periodo Edo, los más afortunados entre los *chonin*, burgueses urbanos, se enorgullecían de tener un antepasado samurái, aunque fuera ficticio. En una sociedad más dominada que nunca por los guerreros, esta afirmación permitía a los más afortunados entre los plebeyos aspirar a una forma de nobleza, e incluso a negociar sus ventajas por dinero en efectivo: la adopción de un hijo de burgués por parte de un clan samurái empobrecido no tiene otros fines. Con frecuencia, el derecho al apellido se erige en emblema identitario. Es cierto que, desde el periodo Muromachi, el privilegio de llevar un apellido era exclusivo de los aristócratas y miembros de las casas guerreras.[5] El estandarte del apellido se enarbola en la cima de una jerarquía social confuciana ideal, cuyos principios parecen ser violados por el éxito insolente de algunos comerciantes. Incluso al borde de la indigencia, muchas familias de la clase combatiente se felicitan por el techo de cristal que santifica su superioridad. Olivier Ansart se pregunta: «¿Cómo podrían los nuevos burócratas renunciar a su ostensible identidad de guerreros? Todos sus privilegios habrían desaparecido sin el constante recordatorio de esta identidad y estas genealogías».[6] En cuanto a la trampa genealógica, Hideyoshi se comporta como un hombre de su tiempo. Pero hay un ámbito en el que el señor de los Toyotomi, obsesionado con no ser desposeído de una posición dominante tan precaria como costosamente adquirida, será resueltamente innovador: el del control social. Ésta es la última paradoja del Mono, la de asegurarse de que su ascenso sin parangón siga siendo una anomalía.

La obsesión por el control social

La caída de los Hojo de Odawara en el verano de 1590 marca el punto culminante del proceso unificador. Lejos de saborear su victoria y disfrutar de un descanso bien merecido, Toyotomi Hideyoshi redobla los esfuerzos para someter a toda la sociedad insular, con el fin de sofocar cualquier atisbo de sedición en germen. Para lograrlo, no cesa en su campaña de desarme, iniciada, como hemos visto, dos años antes.[7] Las intenciones del decreto son meridianas: «Cuando los campesinos sólo tienen sus herramientas agrícolas, se dedican con diligencia al trabajo de los campos. Sus descendientes pueden vivir en paz eternamente. Pero, si los campesinos están armados, se rebelan, dejan de pagar impuestos, y los campos y arrozales caen en el abandono. En consecuencia, ordeno confiscar todas las armas que estén en sus manos».[8] Por supuesto, esta «caza de espadas» tiene varios objetivos. Respaldada por los samuráis, cuya hegemonía refuerza al otorgarles el monopolio de la violencia, también permite a los Toyotomi cuantificar mejor la posible amenaza que puedan representar las capas populares.

La competencia por el poder se circunscribe ahora únicamente a la casta guerrera. Aquellos tentados por el bandolerismo o la piratería serán fuertemente instados a volver a la buena senda, especialmente cuando, en 1591, el señor de Japón promulga *Mibun tosei rei*, «edicto de control del estatus social», con propósitos perfectamente claros: obligar a los *ji-zamurai*, guerreros campesinos que hasta entonces habían logrado mantener una relativa independencia, a elegir entre aceptar la condición de vasallo de un señor o renunciar definitivamente al derecho de portar armas. Al igual que el *kenchi*, riguroso levantamiento topográfico del país ordenado por Hideyoshi al comienzo de su reinado, este edicto de separación de clases sólo puede lograr los efectos deseados gracias a la colaboración entusiasta de las autoridades locales. Por eso, el Mono se asegura previamente la plena cooperación de los grandes señores feudales, quienes, dejando de lado su desprecio, se ven obligados a firmar la declaración redactada en 1588 en presencia de su majestad imperial, en la que se establece que todos «obedecerán los mandamientos del regente Hideyoshi hasta el más mínimo detalle», bajo pena de sufrir el castigo divino.[9] A los recalcitrantes, el jefe supremo de los Toyotomi les impone alojar a sus esposas e hijos en Osaka, junto al señor del país. Un principio de intercambio de rehenes, *hitojiri*, del que Hideyoshi, al igual que Ieyasu y muchos de sus pares, había sido objeto en el pasado, y que terminará por institucionalizarse con los Tokugawa. Con el establecimiento en 1635 del *Sankin-kotai*, el principio de residencia alternativa en la capital, que obligará a los barones a mantener, pese a suponer grandes gastos, residencias principescas en Edo, donde residirá también su parentela cercana, cualquier tentación de rebelión será pagada a un alto precio. Y, para rematar, los *shōgunes* Tokugawa seguirán plenamente los pasos de su predecesor, recurriendo regularmente, sobre todo durante las primeras décadas del régimen, a la transferencia de feudos según el grado de lealtad mostrado por los *daimyo*. Después de la decisiva batalla de Sekigahara, en octubre de 1600, el equivalente en valor de nada menos que siete millones de cargas de arroz, o *koku*,* aproximadamente un tercio del total nacional, pasará de las manos de las familias derrotadas a las de los clanes victoriosos.[10] Incluso Fukushima Masanori, que, sin embargo, era de los ilustres de primer rango, acabará siendo despojado de nueve décimas partes de sus ingresos por haberse atrevido a desobedecer un decreto shogunal.

Estas reformas, cuyo alcance no se valorará plenamente hasta algunos años más tarde, sientan literalmente las bases de una nueva organización. La sociedad Edo, tan estratificada, se basa en gran medida en estos cimientos establecidos por Hideyoshi, que a su vez descansan en un estricto control de la fuerza. Aunque el segundo unificador pretende ser considerado un *daimyo* entre los demás, su posición es la de un *primus inter pares*, ya que sólo él está en condiciones de arbitrar los conflictos y evitar que las disputas degeneren en guerras privadas. En el escalón inferior, y dentro de sus dominios, los señores confían, sin embargo, en seguir siendo los dueños de sus hogares, una regla que prevalecerá hasta el final del shogunato de los Tokugawa. Y lo serán más en tanto que sus vasallos ahora estarán obligados a residir al pie del castillo, a un tiro de piedra de la sede del poder feudal. En todos los rincones del archipiélago, en el corazón de todas esas ciudades nacidas alrededor de un castillo, surgen barrios samuráis, organizados en círculos concéntricos según el rango que ocupan entre los vasallos.

* El *koku*, volumen de arroz correspondiente a una ración anual para una persona y equivalente a aproximadamente 150 kilos o 180 litros, constituye, desde el siglo XV hasta finales del XIX, la medida de todas las cosas. De hecho, la unidad se utiliza para calcular el rendimiento y, por tanto, el valor de un dominio y, por extensión, el número de vasallos que un señor feudal puede mantener, según el llamado principio *Kokudaka*. (*N. del A.*)

Desarraigados, privados de cualquier poder territorial y, por lo tanto, de cualquier autonomía, los guerreros profesionales cambian lo que les queda de libertad individual por privilegios de clase. Sólo una élite permanece en posesión de un señorío, aunque sólo en teoría, ya que éste es una tenencia otorgada por el señor feudal, que se apresura a recuperar la propiedad en caso de ausencia de un heredero varón. Como señala Shigeyuki Makihara, que ha estudiado el caso de la provincia central de Omi, alrededor del lago Biwa, el cambio se produce gradualmente, a lo largo de más de un decenio, y se inscribe en una tendencia a largo plazo. A mediados del siglo XVI, unos magistrados señoriales serán los que administren justicia en lugar de los pequeños señores, privándolos de una de sus últimas prerrogativas.[11] En cuanto a los otros miembros de la pequeña nobleza de espada, samuráis de menor rango y guerreros subalternos, recibirán desde entonces una remuneración en *koku,* posible gracias al establecimiento de normas productivas fiables. El sistema, que depende del trabajo del campesinado y de las cosechas, sometidas lógicamente a las incertidumbres climáticas, no está, pues, desprovisto de deficiencias. No obstante, en el plano político, se revela de notable eficacia. Como Hideyoshi había exigido a escala nacional, la simple proximidad física entre el señor y los propietarios de feudos pequeños provoca en el ambiente un clima de amenaza sin que el ejercicio de la violencia física se haga necesario. Sin embargo, una vez más, la regla sufre algunas excepciones notorias, marcadas, claro está, por los espíritus.

Capital humano, la respuesta a la ultraviolencia de las sucesiones

Al borde de la década de 1590, el triunfo del Mono es completo. Sólo resta una sombra en el cuadro: su fiel esposa, Nene (1546?-1624), con quien se casó en 1561 y que ha vivido a su lado los tiempos más difíciles, no ha sido capaz de darle un hijo. Es Chacha, la concubina de Hideyoshi y sobrina del difunto Oda Nobunaga, quien logra concebir un heredero para la casa Toyotomi. Lamentablemente, al niño se lo lleva una enfermedad en 1591, con apenas dos años. En febrero de ese mismo año, había muerto ya el fiel medio hermano de Hideyoshi, un buen soldado que lo había acompañado en campaña en muchas ocasiones, dejando un enorme vacío. Y, además, el suicidio obligado de Rikyu, el famoso maestro de té, que sabía actuar como guía espiritual, también contribuyó a debilitar al clan. Con el corazón partido, el segundo unificador designa como heredero a su sobrino Hidetsugu, entonces de veintitrés años. Desafortunadamente para el joven recién nombrado canciller, Chacha, la favorita, da a luz en septiembre de 1593 otro hijo, que se llamará Hideyori.

Oficialmente bicefálico, ya que Hideyoshi delega el gobierno del país en Hidetsugu, el régimen está principalmente en manos del Mono. Ahora bien, éste ahora pretende legar la herencia a su hijo natural. Hidetsugu, sintiendo que el suelo se abre bajo sus pies, busca desesperadamente consolidar su posición buscando partidarios entre los *daimyo*. Todo en vano: el golpe le cae en 1595. El incómodo sobrino, primero obligado al exilio en el monte Koya, ve su castigo conmutado por una condena a muerte. Sin embargo, su evisceración en julio no es suficiente para calmar los temores de Hideyoshi, quien permanecerá obsesionado hasta el último aliento por la perpetuación del poder de los Toyotomi.

En un acceso de paranoia, ordena la ejecución de las esposas y concubinas del destituido canciller, así como de toda su progenie: treinta y nueve desgraciados, muchos de ellos niños, son decapitados en las orillas del río Kamo. Este hecho, que causará gran consternación entre los contemporáneos, es un asunto que está lejos de ser un caso aislado, ya que Hideyoshi mismo se había convertido en el ejecutor de las decisiones más bajas de su maestro cuando, al final del asedio de Odani en 1573, por orden de Nobunaga, pasó por las armas a Manpukumaru, hijo y heredero de Asai Nagamasa, antiguo cuñado del señor feudal de los Oda, que se había rebelado. El niño –y hermano menor de Chacha, que se convertiría en concubina de Hideyoshi– tenía sólo diez años... La carnicería de 1595 es especialmente notable por su magnitud, y atestigua las tremendas tensiones a las que estaban sometidas las casas guerreras. Las contradicciones entre la cultura del sacrificio y la obligación de asegurar la perpetuación de la dinastía, todo dentro de un entorno de extrema violencia, obligaban a los jefes de familia a caminar por el filo de la navaja.

Sin embargo, el comportamiento de Hideyoshi, que hasta entonces había sido relativamente indulgente con sus enemigos, limitando esas efusiones de sangre que su predecesor Oda Nobunaga no había escaseado, plantea preguntas. El asesinato de Hidetsugu y los suyos, de hecho, deja una impresión duradera en los isleños. El jesuita Luis Frois da testimonio de su horror: «Puede parecer que la severidad, la furia y la indignación de Hideyoshi ya estaban en su punto máximo y habían alcanzado la cima de la crueldad. Pero estaba tan consumido por un deseo insaciable y diabólico de destruir, de erradicar todo lo que de alguna manera había pertenecido a Hidetsugu, que su crueldad sanguinaria superó todos los límites de la tiranía».[12] Si bien se puede cuestionar, como lo hace Mary Elizabeth Berry, la naturaleza patológica de los actos de Hideyoshi,[13] o hablar, según las palabras de David Douglas Neilson, de un «método en su locura», las matanzas, ciertamente, constituyen un trauma fundacional, al igual que el incendio del monte Hiei por parte de Nobunaga veinticuatro años antes.[14]

El poder central y el principio de primogenitura salen considerablemente fortalecidos de estos episodios sangrientos, pues conducen a la eliminación de competidores tanto externos (milicias monásticas, grandes señores feudales) como internos (ambiciones de las ramas colaterales, rivalidades intraclánicas). Ieyasu saca valiosas lecciones de todo ello. Marcado por el suicidio forzado en 1579, por orden de Nobunaga, de su primogénito y heredero Nobuyasu, acusado de conspiración, el futuro primer *shōgun* Tokugawa no esperó a las terribles crisis de sucesión dentro de los clanes Oda y Toyotomi para organizar la suya. Con once hijos y seis hijas naturales, más veinticuatro descendientes adoptados, el señor de Edo asegura, por usar las palabras de Morgan Pitelka, un «excedente» prácticamente inagotable de capital humano que, combinado con la estricta jerarquía familiar, una de las características del *bakufu* de los Tokugawa, garantizará una posteridad sin igual.[15] Desde su advenimiento en 1603, Ieyasu también estructurará su casa en tres subdivisiones, o *gosanke*: los Tokugawa de las provincias de Owari, de Kii y de la región de Mito, que podrían tomar el relevo si, por extraordinario que pudiera resultar, la línea principal, aunque fecunda, llegara a extinguirse.

Desarme de la población civil, desarraigamiento de los guerreros, obediencia obligada de los *daimyo,* pero también búsqueda obsesiva e inaudita de lealtad y legitimidad… Las paradojas de Hideyoshi abrirán, tanto como las reformas emprendidas por el segundo unificador, un camino sembrado de obstáculos para el retorno a la estabilidad. Pero la edad de oro del señor de los Toyotomi será también la de una apertura sin precedentes de Japón al mundo, capítulo que se cerrará con la misma brutalidad que marcará el final de la vida del Mono.

Capítulo 15

Un actor de la primera globalización

Felipe II fue un personaje poderoso. De su padre, Carlos V, heredó un inmenso imperio que se extendía desde Sicilia hasta las Indias, pasando por Perú, un imperio sobre el cual, se dice, «no se ponía el sol». En la década de 1570, mientras Oda Nobunaga unificaba el tercio central de Honshu, el soberano español estrechaba el control sobre el archipiélago filipino al que daría su nombre. Ahí están los Habsburgo, a las puertas de China, donde los portugueses, ahora súbditos de la doble corona ibérica –vencedores en la batalla de Alcántara el 25 de agosto de 1540, Felipe fue proclamado rey de Portugal y unió durante medio siglo a las dos naciones de la península–, se establecieron en Macao en 1557, catorce años después de desembarcar en Tanegashima.[1]

A pesar de que la evangelización del archipiélago parece muy prometedora, el futuro san Francisco Javier escribe, sobre las «islas de Japón», que «se producirían muchos frutos y nuestra santa fe aumentaría mucho [...] porque son personas extraordinariamente deseosas de aprender». Y, entretanto, los misioneros se enfrentan en el continente a la hostilidad de la corte imperial.[2] Pero nada importa, porque, si los mandarines permanecen obstinadamente sordos a la buena nueva, ¡los jesuitas nos apoderaremos del Imperio Medio por la fuerza! Seguros de su causa como de la irresistible fuerza de los ejércitos españoles, que habían subyugado a los reinos americanos precolombinos, los jesuitas cuentan además con la sublevación que inevitablemente provocará una intervención. Y el rector del colegio de Macao recomienda el envío de ocho mil soldados de su majestad a bordo de doce galeones, a los cuales se unirán dos mil combatientes japoneses, considerados «grandes enemigos de los chinos», cuya colaboración Francisco de Sande, nombrado gobernador de las Filipinas en 1576, se compromete a obtener.[3] De esta forma, los samuráis ocupan una posición crucial en los planes de los Habsburgo en Asia durante esta primera globalización, esencialmente ibérica. Nada sorprendente hay en ello: los guerreros, que entonces controlaban todos los resortes políticos en el archipiélago, eran los privilegiados interlocutores de los recién llegados.

El turbio juego ibérico

La presencia ibérica en Japón se manifiesta casi de inmediato en una doble vertiente: comercial y evangelizadora. Comerciantes y sacerdotes sabrán apoyarse mutuamente en sus empresas, incluida la de la esclavitud, muy controvertida y a veces objeto de disputas dentro de las dos comunidades. Los pensadores de la Compañía de Jesús la justifican en nombre de la libertad de disponer de uno mismo y de su descendencia –«el derecho absoluto a su propia alienación»–, contradiciendo así a sus predecesores dominicos.[4] Es cierto que el tráfico de esclavos será particularmente masivo y lucrativo, hasta el punto de que las autoridades finalmente deciden intervenir: el rey Sebastián I de Portugal, preocupado porque esa práctica pueda perjudicar a la obra misionera, promulga un decreto de prohibición en 1571. Lo sigue Toyotomi Hideyoshi, quien reprende al viceprovincial Gaspar Coelho en una carta fechada en julio de 1587: «Se nos ha informado de que los portugueses, siameses y camboyanos que han venido a nuestras costas para comerciar compran a muchas personas para llevarlas a sus reinos, privando así a esos japoneses de su patria, familia, hijos y amigos. Esto es intolerable. En consecuencia, los padres deben asegurarse de que todos los japoneses que hasta ahora han sido vendidos en sitios lejanos, tales como la India, sean devueltos a Japón. Si eso es imposible debido a la distancia, entonces los portugueses liberarán, al menos, a los recientemente comprados. Si es necesario, pagaré las sumas adeudadas».[5]

Aun así, esto no impide que los *daimyo* recurran a los servicios de los *nanbanjin* –«bárbaros del Sur», como los llaman los isleños– para obtener arcabuces y pólvora negra provenientes de Europa o artículos de lujo importados del continente asiático, ya que los portugueses se introdujeron de inmediato en el comercio marítimo asiático, pagando con moneda de plata. Y, enseguida, algunos príncipes convertidos al cristianismo rivalizarán en la persecución de sus antiguos correligionarios. Es cierto que los guerreros y sus señores a menudo desempeñaron un papel importante en la conversión de su gente, obtenida si es necesario por la fuerza.[6] Otomo Sorin, poderoso señor del norte de Kyushu, proporciona un buen ejemplo: persiguió sistemáticamente los cultos budistas y sintoístas, prohibiéndolos celosamente a los clérigos. Su vecino Omura Sumitada, el primer barón japonés convertido al catolicismo, fue aún más implacable y no dudó en quemar los templos a su paso.[7] Incluso ofreció a los jesuitas una concesión perpetua en el nuevo puerto de Nagasaki, cuya misión pronto albergó varias escuelas y un noviciado, y se convirtió en el centro neurálgico de la obra evangelizadora. Kagoshima alberga un segundo establecimiento jesuita, lo mismo que Yamaguchi, al oeste de Honshu, donde Francisco Javier fue autorizado a predicar a su regreso de Kioto, en el otoño de 1550.

Hideyoshi, como Nobunaga antes que él, tiene cuidado de no menospreciar a esos interlocutores procedentes de tierras lejanas, pues ofrecen una excelente salida para la plata japonesa, extraída a razón de trece toneladas por año de unas minas de las que el Mono se ha concedido, por así decir, el monopolio.[8] Los 500 000 ducados pagados anualmente por los comerciantes ibéricos pesan más que las conductas inapropiadas de los misioneros, y se entiende que los primeros edictos de expulsión en su contra, promulgados a partir de 1587, sean aplicados sin excesivo celo.[9] Los franciscanos, sin embargo, cuando desembarcan en tierra nipona, en 1593, demuestran ser infinitamente menos hábiles que los astutos jesuitas y complican el discurso que los de Loyola se habían esforzado en hacer accesible a los isleños. Se necesitarán otros cuatro años, hasta el final del reinado de Hideyoshi, para que éste, indignado por el poco respeto que los misioneros muestran hacia sus decisiones, ordene la crucifixión de veintiséis católicos, en su mayoría japoneses, en una colina de Nagasaki frente al mar.* Un año antes, el incidente del galeón *San Felipe* ya había sembrado dudas sobre las intenciones de los *nanbanjin* y había provocado la ira del segundo unificador. En octubre de 1596, otro galeón de Manila cargado de tesoros encalla en la isla de Shikoku, donde el *daimyo* del clan Chosokabe se apodera de la preciosa carga. Furioso, el capitán del barco pide llevar el asunto ante el señor del país. Frente a los ministros del Mono, el español no se deja engañar, e insinúa que sus compatriotas suelen enviar sacerdotes antes que soldados. Ante una audiencia asombrada, despliega un mapamundi en el que muestra la vasta extensión de los territorios bajo dominio de la corona española. Esto es demasiado para Hideyoshi, quien, advertido por sus consejeros, cambia de tono y adopta al instante una actitud represiva. Al otro lado del mundo, Felipe II, también en el invierno de su vida, no está ya en condiciones de lanzar represalias; la influencia ibérica pronto cederá paso a la de los protestantes. La moda *nanban*, que había visto a los *daimyo* más poderosos lucir corazas damasquinadas, morriones y capelinas, ha caído en el olvido. Se acabaron los *byobu*, biombos cubiertos de hojas de oro que representaban barcos negros con tripulaciones multicolores, las degustaciones de vinos robustos y el espeso humo del tabaco, cuyo consumo pronto será estrictamente prohibido bajo pena de un castigo severo, incluso mortal.[10]

Privada la corona española de la mayor parte de sus recursos navales por el naufragio en 1588 de la Armada Invencible frente a Gravelinas, desastre que arruina cualquier esperanza de expan-

* Estos veintiséis mártires de Nagasaki fueron beatificados en 1627 por Urbano VII y canonizados en 1922 por Pío IX. (*N. del A.*)

sión en Asia, es Toyotomi Hideyoshi quien llevará a cabo el gran designio de invadir China. Un proyecto que se inscribe, además, en un ambicioso plan aún más amplio: el de hacerse con los beneficios del comercio marítimo regional y labrarse un imperio panasiático, todo gracias al de las espadas de los samuráis.

La gran guerra de Asia

Desde 1587, siguiendo el proyecto que ya había mencionado varias veces en su correspondencia, Hideyoshi solicita al reino de Corea muestras de lealtad. La casa So, señora de la isla de Tsushima, equidistante entre Japón y la península, y cuya supervivencia depende de los intercambios comerciales con el continente, cumple muy a regañadientes su misión diplomática, y finalmente se encuentra con una negativa de la corte coreana. En 1589 llega el turno de las islas Ryukyu, cuyo soberano envía regalos al canciller de Japón, aunque sin reconocer su soberanía. Hideyoshi se ilusiona fácilmente con esta idea y, al igual que el Mono, se complace en considerar la audiencia que concede a Alessandro Valignano, enviado del virrey de las Indias, como un acto de sumisión. La carta que el segundo unificador envía al gobernador de Filipinas en noviembre de 1591, exigiendo una vez más la sumisión del archipiélago, en manos de los españoles, está a punto de sembrar el pánico en Manila, cuyas defensas son reforzadas a toda prisa.[11] Los temores de los españoles no son infundados, ya que los piratas, a menudo liderados por japoneses, disputan a los recién llegados el control de la isla de Luzón, por donde transita el oro de las Américas. En 1582, se produce un enfrentamiento entre los *wako* y la infantería de una flota española. Después del victorioso abordaje de las embarcaciones adversarias, el capitán enviado por el gobernador persigue a la flotilla pirata por el río Cagayán. Aprovechando su ventaja, se atrinchera en tierra y rechaza las ofertas de paz. Ambos bandos se quedan sin pólvora, y los múltiples arcabuces que poseen quedan en silencio. Los *wako*, confiados en su fuerza numérica, deciden entonces asaltar a los piqueros y a los rodeleros, hábiles espadachines protegidos con armaduras y cascos. Según las crónicas, éstos repelieron el ataque a costa de unas pérdidas terribles, preludio de lo que sería la eliminación definitiva de la presencia japonesa en tierras filipinas. Sin embargo, el incidente sirvió de advertencia en Manila, donde a menudo no se distinguía entre bandidos y samuráis de pleno derecho.[12]

En cuanto a la ficción megalómana en la que Hideyoshi se complace, será alimentada cuidadosamente por muchos de los altos personajes de su círculo, que buscan así influir en su señor y conservar su favor. Las relaciones con Corea, cuyos líderes apenas ocultan su hostilidad hacia los proyectos japoneses, son aún más tensas cuando, al regresar al continente en marzo de 1591, la delegación diplomática enviada el año anterior y recibida tardíamente por Hideyoshi se encuentra envuelta en disputas entre facciones. Los emisarios, que vuelven llenos de desprecio hacia el Mono, son conscientes del poder militar japonés, pero sus advertencias no son escuchadas, y el soberano coreano se niega rotundamente a otorgar un salvoconducto a las tropas de invasión niponas para que puedan atravesar la península. La guerra es ahora inevitable, aunque aún algunas voces que intentan evitarla. A inicios de 1592, Hideyoshi pone en marcha la formidable máquina de guerra de la que dispone. Después de exigir a las naciones vecinas consideradas tributarias de Japón que proporcionen tres años de grano al ejército, ordena a ciento cincuenta señores que recluten contingentes de hasta un millón de hombres. Aunque el desafío parece desmesurado, las primeras oleadas de asalto por mar no suman menos de ciento sesenta mil combatientes, un verdadero logro. Hideyoshi, que también reitera en vano su solicitud de asistencia naval a los ibéricos a través de los misioneros, no olvidará la respuesta negativa...[13]

Más de cuatro siglos después de la conclusión de la calamitosa y sangrienta aventura coreana, las motivaciones que llevaron a Toyotomi Hideyoshi a desencadenar el conflicto –que Kenneth Swope no duda en llamar la «primera gran guerra de Asia»–, aún no están claramente establecidas. Basándose en la abundante correspondencia del segundo unificador y en el trabajo de sus colegas, pasados y presentes, el historiador estadounidense se esfuerza en elaborar una síntesis con los ejes principales. Ésta muestra un panorama instantáneo de la situación del archipiélago, teniendo en cuenta los poderes políticos principales del Extremo Oriente en el trasfondo. Por supuesto, las inclinaciones personales de Hideyoshi tienen un peso considerable. Él, que ha alcanzado la cima por sus habilidades militares, probablemente tiene dificultades para pensar un mundo fuera de cualquier empresa bélica y probablemente pretende obtener una doble ganancia al conquistar nuevas tierras donde colocar a sus lugartenientes, alejar a los rivales y debilitar las fuerzas de posibles competidores. Además, tiene la intención de apoderarse del próspero puerto de Ningbo, al sur de la actual Shanghái, que en ese momento es el centro de un próspero comercio marítimo al que los navegantes portugueses habían dado una dimensión mundial desde el siglo XVI. Desde este lugar estratégicamente ubicado, el Mono espera desempeñar el papel de *deus ex machina*, presidiendo los destinos de las cortes imperiales china y japonesa.[14]

Además, también han entrado en juego consideraciones que podrían calificarse de «místicas». El ideal confuciano de una jerarquía deseada por el cielo, que regularía tanto las relaciones entre naciones como dentro de la propia familiar, ocupaba desde mucho tiempo atrás un lugar central en la ideología asiática. Al dar al archipiélago de Japón la preeminencia que Hideyoshi considera que le corresponde por derecho, el señor de Japón pretende restaurar el orden natural y convertirse en el instrumento de una voluntad superior. Con sus toques nacionalistas, esta intención de reclamar un mandato celestial supuestamente perdido por su legítimo poseedor, China, tiene sorprendentes reminiscencias con los preludios de la Segunda Guerra Mundial. En este sentido, el conflicto con Corea es un claro antecedente, y Yoshi Kuno no se equivoca al recordar ya desde 1937 hasta qué punto los persistentes resentimientos hacia el opresor japonés contribuirán a debilitar la presencia colonial nipona en el continente a principios del siglo pasado.[15]

En mayo de 1592, Hideyoshi pone en marcha su proyecto y lanza a sus legiones sobre Corea, que se ve incapaz de resistir. La flota invasora ancla en el puerto de Busan, y al momento sus tropas expedicionarias inician una marcha irresistible hacia el norte, barriendo sin dificultad el débil ejército real coreano, inexperto, superado táctica y tecnológicamente y en desventaja numérica. Apenas tres semanas después de desembarcar, las dos columnas japonesas unen fuerzas en el río Han y se presentan ante las murallas de Seúl, ya abandonada en las sombras de la noche por el rey y por numerosos habitantes aterrados. Los capitanes japoneses, decididos a no arredrarse, viendo el camino tan fácil, capturan Gaesong el 7 de julio y Pionyang, completamente vacía, el 24. Con los samuráis a sólo unos días de la frontera china, el intrépido Kato Kiyomasa incluso se aventura en una expedición en Manchuria oriental contra las tribus Jürchen. ¿Está perdida, entonces, la pobre Corea? De ninguna manera, porque el alargamiento de las líneas de comunicación japonesas supone que el control de las vías marítimas sea vital. Ahora bien, aunque las operaciones terrestres han sido un desastre para las fuerzas coreanas, en el mar, donde el reino cuenta con su mejor baza, el almirante Yi Sun-sin, la situación es completamente diferente. Desde el inicio del verano, este futuro héroe nacional se había dedicado a tomar el control de las fuerzas navales y a impedir el acceso de las escuadras japonesas al mar Amarillo, infligiendo los primeros golpes al enemigo. ¡Y qué golpes! En sólo dos meses y cinco batallas, hundieron más de cien navíos japoneses. Estimulada por esta contundente respuesta, la resistencia se organiza, y partisanos y monjes soldados coreanos hostigan a las columnas japonesas aisladas y a sus saqueadores. En otoño, el emperador Ming, cuyo ejército han logrado reprimir una importante revuelta en el norte, puede, por fin, acudir en ayuda de la vasalla Corea. Otros Estados tributarios de China también han comprendido el peligro, el primero

Tailandia, que propone atacar las retaguardias del enemigo desembarcando en Japón, impulsada por la doble esperanza de ayudar a un aliado y erradicar la piratería local.[16] Como se puede ver, el conflicto se había internacionalizado completamente, y sus ecos resuenan desde las estepas de Manchuria hasta la península indochina. La intervención del Imperio Medio, combinada con las dificultades de avituallamiento que frenan el avance japonés, marcó el inicio del retroceso.

Así las cosas, los invasores se retiraron en buen orden durante las primeras semanas del año 1593 e incluso se dieron el lujo de ganar una batalla, con retraso, en Byoekjegwan, el 27 de febrero, pero la iniciativa había cambiado de bando, y el cuerpo expedicionario japonés se ve obligado a volver a sus ciudadelas costeras erigidas a lo largo de la costa oriental. Los comandantes japoneses adoptaron entonces una postura defensiva que también se reflejó en el mar, donde asimismo sufrieron más reveses frente a Yi Sun-sin. Durante los siguientes cuatro años, el poder pasará a manos de los diplomáticos.

La diplomacia de la espada

Desde la primavera de 1593 hasta el otoño de 1596, los emisarios de ambos bandos se dedican a un peligroso acto de equilibrio. Desde Kioto, o más bien desde Fushimi, la nueva fortaleza de Hideyoshi, hasta Pekín, pasando por Seúl, los plenipotenciarios japoneses y chinos trabajan para encontrar una solución pacífica al conflicto. A medida que pasan los meses y se suceden las misiones, esta paz negociada adquiere las características de un juego de engaños, con ambos bandos reclamando la victoria y esperando concesiones sustanciales e incluso señales de sumisión del otro. El señor de Japón, envuelto siempre en halagos, se considera en una posición de poder. Ha tomado nota de la retirada de las fuerzas chinas de la península y ha aceptado las palabras de los enviados de la corte de los Ming, completamente distorsionadas por los traductores al servicio del partido de la paz. Por lo tanto, cuando el velo se rasga el 22 de octubre y el Mono descubre, consternado, que no sólo ninguna de sus demandas será satisfecha –el trono de Jade apenas accede a nombrarlo rey de Japón–, sino que además el emperador Ming lo reprende severamente, siente hervir la sangre. Hideyoshi, con una furia que supera todos los límites, ordena reanudar las operaciones lo antes posible. Esta vez se trata de «castigar» a la atrevida Corea, en palabras del propio unificador. Enseguida, las columnas que deben sembrar el infierno abandonan sus bastiones costeros con la intención de poner la península patas arriba. La campaña del verano de 1597 es de una brutalidad sin precedentes: miles de narices cortadas son enviadas a Japón en barriles de sal como prueba del sombrío trabajo realizado; una contabilidad macabra registra como trofeos de guerra 185 000 cabezas coreanas y 29 000 chinas. La carnicería cesa en invierno, a partir de la nueva contraofensiva de los Ming, que vuelven a rechazar a los samuráis y los sitian en sus ciudadelas.[17] Sólo la muerte de Hideyoshi, el 18 de septiembre de 1598, pone fin al fiasco coreano, dejando a los beligerantes exangües y sus finanzas exhaustas. Ironías del destino, Felipe II de España había fallecido cinco días antes. La desaparición de ambos líderes pone fin, al menos temporalmente, a los apetitos coloniales sobre China, aunque no marca el ocaso de las misiones diplomáticas de larga duración.

Oda Nobunaga no fue el único en mostrar curiosidad, e incluso sed de conocimiento, más allá de los nuevos horizontes que se abrían para los insulares, especialmente porque la debilidad del poder central favorecería empresas locales de audacia sin precedentes. Dos de estas empresas son bien conocidas. La primera es la misión que Otomo Sorin, gran amigo de los jesuitas, envía desde Nagasaki a Roma. Son los jesuitas quienes juegan un papel destacado en esta singular aventura, junto con Valignano, el principal artífice de la embajada, que considera con su discernimiento habitual que «Japón tenía una necesidad apremiante no sólo de darse a conocer mejor en Europa, sino también de hacer que Europa fuera mejor conocida y apreciada en Japón».[18] En cuanto a Sorin, *daimyo* de los Otomo, muestra una inclinación temprana hacia las relaciones internacionales al establecer lazos con el soberano del lejano reino de Camboya, que a su vez se había acercado a la recién establecida Corona española en las vecinas Filipinas.[19] Sin embargo, la principal preocupación del señor insular convertido al cristianismo sigue siendo la expedición hacia el corazón de la cristiandad. El 20 de febrero de 1582, zarpa una carraca con cuatro jóvenes guerreros, también convertidos al catolicismo, acompañados por Valignano y un ayudante. Aunque el gran visitador se detiene en Goa, la importante base de los jesuitas en la India, la odisea de la delegación japonesa continúa hasta Roma, donde son recibidos en audiencia por el papa Gregorio XIII, después de visitar el Escorial del brazo de rey español y contemplar las maravillas de la Toscana. Tras un viaje de ocho años, los embajadores regresan finalmente a su tierra natal a través de Macao, en 1590, y narran su aventura a Hideyoshi en persona, interpretando incluso algunas piezas de música latina. Pero Hideyoshi desconfía de los misioneros y no dará curso a las solicitudes de los jesuitas para fortalecer la amistad entre Japón y el papado. Es un nuevo revés en la obra evangelizadora, y las esperanzas de Valignano y sus correligionarios de obtener más apoyo económico de la Santa Sede se verán frustradas.

El extraordinario viaje del samurái Hasekura

Uno podría estar tentado de creer que el enfriamiento de las relaciones entre el Viejo Mundo y el poder japonés desalentaría los esfuerzos en el ámbito feudal, pero nada más lejos de la realidad. En 1613, es el turno de Date Masamune, el famoso «Dragón Tuerto», señor de Sendai en Tohoku, en la ribera del Pacífico. El 28 de octubre se hace a la mar el *Date Maru*, un enorme galeón de quinientas toneladas cuya construcción ha ordenado y financiado. El barco, llamado *San Juan Bautista* por los religiosos hispanos, había sido diseñado por el famoso piloto británico William Adams. A bordo viajan unos veinte diplomáticos liderados por Hasekura Rokuemon, vasallo de la casa Date, junto con ciento veinte comerciantes y la tripulación. Tras la ejecución de su padre por corrupción y la confiscación del dominio familiar, al samurái que lidera la embajada se le ofrece la oportunidad de redimir su honor. Su misión es negociar un tratado comercial con el Imperio de los Habsburgo, a cambio de la autorización para que los misioneros españoles continúen su predicación en suelo japonés, donde ahora son personas *non gratas*. El barco llega a Acapulco a principios del año 1614. En Ciudad de México, capital de la Nueva España, Rokuemon es recibido por el virrey y el arzobispo, pero éstos lo rechazan y lo envían a Madrid, a pesar de que varios de sus compañeros han sido bautizados como muestra de buena voluntad. La embajada decide entonces dirigirse hacia Europa. Así, llega a Veracruz, en la costa atlántica, de donde zarpa el 10 de junio. Tras una escala en Cuba, en los siguientes tres meses cruza el océano en una navegación agotadora. Sin embargo, todo es en vano: a pesar de una bienvenida ostentosa a principios de 1615, Rokuemon recibe un nuevo rechazo por parte de Felipe III, que prefiere no comprometerse. A pesar de sus reticencias, el samurái acepta la conversión. Sólo le queda una carta por jugar: convencer al sumo pontífice. En su camino hacia Italia, el grupo recala en Saint-Tropez, escenario de la primera visita de un japonés a tierras francesas. El encuentro con la pequeña nobleza local dejará un recuerdo imborrable, como lo testimonia el diario de Madame de Saint-Tropez: «Pasó [...] un gran señor indio llamado don Felipe Francesco Faxicura, embajador ante el Papa, en nombre de Idate Massamuni, rey de Woxu en Japón, vasallo del gran rey de Japón y de Meaco. Iban con él más de treinta personas. Tenían la cabeza rapada, excepto por un pequeño borde en la parte posterior que formaba una especie de ola de cabello en la parte superior de la cabeza, atado a la manera china».[20]

Al igual que los compatriotas que partieron de Kyushu treinta y tres años antes, Hasekura Rokuemon y los suyos no obtendrán el favor del nuevo Papa, Pablo V (Camille Borghèse, elegido el 16 de mayo de 1605). Si bien la curia romana aceptó de buen grado la posibilidad de enviar hermanos predicadores, dejó en manos de la Corona española toda respuesta a cuestiones relacionadas con consideraciones comerciales. Sin embargo, Felipe, desalentado por un nuevo deterioro de la situación en Japón, no reconsiderará su decisión. Es necesario señalar que, entretanto, las persecuciones contra la comunidad cristiana insular no han hecho más que recrudecerse, lo que contraría a los amos de Europa. Como consuelo, los emisarios son nombrados ciudadanos de Roma..., antes de hacerlos regresar con las manos vacías. Con el corazón apesadumbrado, emprenden el camino de vuelta, un viaje que durará otros cuatro largos años, con dos paradas prolongadas, una en México, donde los emisarios se incorporan al *Date Maru*, y otra en Filipinas, en 1618.

Finalmente, en septiembre de 1620, tocan tierra en Nagasaki. Regresan, sin fanfarrias ni trompetas, al este del país, de donde el embajador y sus compañeros habían partido siete años antes. El recibimiento es gélido: la falta de resultados concretos y las conversiones, ahora embarazosas, de cuarenta y dos miembros de la delegación, convierten a esta primera expedición japonesa a través del mundo en un desastre completo. Rokuemon, golpeado por la desgracia, muere dos años después, a los cincuenta y uno, sin que se sepa realmente si renegó o no de su nueva fe. El samurái viajero sólo será plenamente rehabilitado en su leyenda en el momento en que Japón rompa su aislamiento, a finales del siglo XIX, cuando otra delegación viaje a Italia para descubrir, con asombro, cartas y retratos del desafortunado diplomático guerrero.

Eclipsados por las hazañas de los navegantes europeos y una memoria etnocéntrica, Japón y, especialmente, el samurái desempeñaron, sin embargo, un papel en esta primera globalización, aunque los impulsores de su apertura al mundo no lograron el éxito deseado. Como señala el historiador Hideaki Suzuki, los propios historiadores japoneses tardaron en abrirse a la historia mundial, en la cual el papel del archipiélago sólo ha sido cuestionado desde la década de 1990.[21] El poder japonés guardó durante mucho tiempo sus aspiraciones expansionistas bajo la mesa, sin olvidar nunca completamente esta herencia, como lo prueba la popularidad del *Taikoki*, que relata los hechos destacados de los capitanes de Hideyoshi en Corea y que se reeditará cinco veces entre 1626 y 1710. El final del periodo Edo está marcado por un renovado interés, que se distingue, por ejemplo, por la proliferación de grabados que ilustran las cacerías de tigres de Kato Kiyomasa en Manchuria. Entre el final del siglo XVI y el renacimiento de las ambiciones imperialistas tres siglos más tarde, Japón experimentaría, sin embargo, un largo periodo de aislamiento, bajo el liderazgo del gran ganador del proceso unificador: el clan Tokugawa.

Capítulo 16

Una dominación por legitimar

Las cabezas cortadas se alinean, cuidadosamente lavadas y preparadas, cada una con su ficha, en una bandeja de madera blanca. Eso es todo lo que queda de los más valientes campeones del ejército del Oeste, caídos en el campo de honor en el valle de Sekigahara. Ieyasu saborea su triunfo. Pronto, el señor del clan Tokugawa redistribuirá a su antojo feudos y prebendas, modelando así el rostro de Japón. Su linaje dirigirá los destinos del país hasta mediados del siglo XIX. El reinado de los Tokugawa, el periodo Edo, llamado así por la capital shogunal del nuevo régimen, el futuro Tokio, estará marcado por una era de paz social sin precedentes, claramente en contraste con los tiempos turbulentos que lo precedieron. Después de la aniquilación de los últimos vestigios del poder de los Toyotomi, como consecuencia de la caída de su bastión de Osaka el verano de 1615, se inicia una estabilidad duradera bajo el dominio de los nuevos dueños del archipiélago. Aunque los guerreros dominan más que nunca la pirámide social, es hora de que se replanteen su papel en una sociedad en paz donde ya no se privilegia únicamente la fuerza. Los samuráis van a legitimar su supremacía recurriendo a una supuesta ejemplaridad, que se expresa mejor en la cristalización del *bushido*, el código del guerrero.

Un ideal con mandatos contradictorios

El retorno a la paz civil a principios del siglo XVII provoca un cambio de paradigma radical. Los miembros de la clase guerrera deben justificar ahora su hegemonía política sobre bases morales que enriquecerán un corpus de valores hasta entonces casi exclusivamente centrados en el pragmatismo, el honor individual y el servicio al señor. Es el *bushido* «salvaje», por retomar la expresión imaginativa de Shinichi Saeki.[1] Sin embargo, los pensadores del periodo Edo están lejos de ser los primeros en esforzarse por codificar este conjunto de preceptos heterogéneos extrayendo de ellos material para la enseñanza moral y, más ampliamente, para ejercer un gobierno ilustrado. En el siglo XIV, Yoshimasa (1350-1410), señor del clan Shiba y autor del *Chikubasho*, que podríamos arriesgarnos a traducir como «Antología sobre bastidores de bambú», es el primero en plasmar recomendaciones por escrito para sus pajes y vasallos. Hojo Soun, Takeda Shingen, Asakura Norikage y muchos *daimyo* del *Sengoku Jidai* se entregan después a este ejercicio y dejan para la posteridad tratados generalmente concisos que se refieren principalmente al sentido común político y doméstico, como corresponde a príncipes cuya cultura se basa en la acción más que en la palabra. Sin embargo, desde el periodo Muromachi, la idea de una doble senda comienza a surgir bajo la pluma del poeta y estratega Imagawa Ryoshun (1326-1420). Hombre de guerra tanto como de letras, insta a sus lectores a sobresalir así en las bellas artes –caligrafía, pintura, e incluso la ceremonia del té y el teatro posteriormente–, pero también en el combate. Sin embargo, este ideal humanista, llamado *bunbu ryodo*, sólo se impondrá tardíamente, ya que al final de las guerras intestinas, Kato Kiyomasa todavía condenará sin paliativos ciertas inclinaciones pacíficas. El héroe de las campañas de Corea advierte en sus *Preceptos* que cualquier acto debe tener como objetivo perfeccionar exclusivamente las habilidades militares, so pena de muerte, y declara sin rodeos que «la danza *no* está absolutamente prohibida. Cuando se desenvaina la espada, sólo puede ser para derribar a alguien. Por lo tanto, ya que todas las cosas nacen de haber sido puestas en el corazón de alguien, un samurái que practica el baile, que no es parte de las artes marciales, debería recibir la orden de hacerse el *seppuku*. Es importante aprender leyendo obras relacionadas con cuestiones militares y centrar la atención exclusivamente en las virtudes de lealtad y piedad filial. Leer poesía china y hacer versos está prohibido. Aquel cuyo corazón lo incline a adquirir estos conocimientos y a entregarse a refinamientos tan elegantes y delicados, sin duda se volverá afeminado. La intención de todo hombre nacido en una familia guerrera debería ser empuñar sus espadas, larga y corta, y morir».[2]

Esta tensión entre mandatos contradictorios, o al menos difíciles de conciliar, resurgirá de manera cíclica en los discursos sobre el *bushido* durante la época Edo, periodo en el que este conjunto cambiante y polimorfo termina siendo consignado en una forma considerada canónica. Al margen de la variante respaldada por el shogunato, persisten otras interpretaciones que han llegado hasta nuestros días, entre las que se encuentran la *Iniciación al camino de las armas,* de Daidoji Yuzan, las *Enseñazas para guerreros,* de Izawa Banryu, o el ilustre *Hagakure*. Este tratado oculto, titulado *Oculto bajo el follaje* y escrito por Yamamoto Jocho con el propósito de perpetuar las recomendaciones del señor Nabeshima Matsushige, sería redescubierto oportunamente en la década de 1930, cuando el régimen fascista emprende la militarización de la nación japonesa para apoyar el proyecto imperialista. La orientación fanática del texto, de hecho, provocará que sea prohibido por las autoridades de ocupación estadounidenses. El *Hagakure*, ejemplo revelador de una nostalgia desconcertante de tiempos heroicos que el autor no vivió y, por lo tanto, tiende a idealizar, critica la tendencia a la prudencia, a la discreción e incluso a la pusilanimidad de sus contemporáneos. Al expresar su opinión sobre el gran asunto de los primeros años del siglo XVII, la *vendetta* de los famosos «cuarenta y siete *rōnin* de Ako», que se tratará en el siguiente capítulo, Jocho los acusa de haber sido cobardes. Los conspiradores, de hecho, esperaron más de un año antes de satisfacer su venganza, arriesgándose a que su enemigo pudiera morir de muerte natural antes de que se hiciera justicia, ¡un drama que los habría deshonrado para siempre! Esta ambivalencia en la forma en que los samuráis definían entonces su ética se refleja finalmente en las vacilaciones de Yamaga Soko.

Reconocido pensador de las primeras décadas del periodo Edo, a Soko se le atribuye haber acuñado el término «bushido», aunque insista sobre todo en la noción de *shido*, la senda del letrado, del hombre honrado al que todo samurái preocupado por la ejemplaridad debe seguir. Antiguo *rōnin* –término que literalmente significa «hombre vagabundo» y que designa a un samurái sin amo– convertido en discípulo del filósofo Hayashi Razan, Soko escribe como un hombre de su época, profesando sólo desprecio, y, en el mejor de los casos un paternalismo condescendiente, hacia un pueblo al que convendría guiar. ¿Y qué mejores pastores que los guerreros, ahora ociosos y, por lo tanto, dispuestos a desempeñar ese papel al que podrán dedicarse con celo?

Revitalizado por las corrientes de pensamiento continentales, el ideal del *shido* logra así una síntesis perfecta que alcanzará la armonía dentro de una sociedad guerrera que pone sus habilidades militares al servicio de la edificación moral individual y colectiva.[3] Es cierto que, en el siglo XVI, el neoconfucianismo es convenientemente redescubierto por el emergente régimen de los Tokugawa, que lo convierte en la piedra angular de su doctrina política. No es casualidad que Yamaga Soko caiga en desgracia por osar desviarse de la línea oficial: al rechazar su propia obra para intentar beber en la fuente del pensamiento confuciano original, atrae la ira de los censores, que lo destierran al dominio de Ako en 1665. Un exilio fructífero y premonitorio, ya que Soko encuentra refugio entre el clan Asano, el mismo del que surgirán los cuarenta y siete *rōnin* y que acoge favorablemente tanto al hombre como su pensamiento iconoclasta, del que se nutrirá durante medio siglo la famosa conjura.[4]

Cuando el maestro Kong interviene

Nacido en China durante la dinastía Song, en el siglo XI, el confucianismo experimentará un segundo periodo dorado bajo el dominio de los sucesores de Ieyasu, quienes encuentran en él una verdadera mina de oro. Basado en las enseñanzas del venerable maestro Kong, más conocido por su nombre romanizado de Confucio, y de su epígono Mencio, postula la bondad intrínseca del hombre, eslabón de un orden cósmico cuyo equilibrio natural se debe preservar. El neoconfucianismo, filosofía racionalista concebida desde el principio como competidora de las místicas taoísta y budista, de las cuales, sin embargo, toma ciertos valores, resulta ser un instrumento poderoso en manos del poder temporal, especialmente en este periodo crucial en el que los Tokugawa se esfuerzan por silenciar toda oposición, incluso la religiosa. Al preconizar una estricta jerarquía de clases en la que cada uno debe respetar escrupulosamente su lugar, so pena de ir en contra de los deseos del cielo, el neoconfucionismo proporciona al *bakufu* la ideología adecuada, aunque sea necesario hacer algunos arreglos menores. En el pensamiento chino, se desprecia al combatiente profesional, cuando no es considerado como la escoria de la sociedad, donde ocupa una posición apenas superior a la de los parias y las prostitutas. El rango más alto corresponde a la alta función pública, formado por grandes servidores del Estado, elegidos mediante exámenes y, por lo tanto, llegados ahí por propio mérito. Luego vienen las masas de campesinos, madres nutricias cuyo agotador trabajo asegura el sustento de todos; después, los artesanos, que realizan un trabajo útil, y finalmente los comerciantes, que obtienen ganancias gracias al trabajo de los demás. Ahora bien, la variante japonesa del neoconfucianismo debe justificar la hegemonía de la clase guerrera, hazaña que logran el precursor Hayashi Razan y sus seguidores. Naturalmente, ya no es el profesional de la guerra, el despreciable soldado de fortuna, el que es alabado, sino una figura idealizada, un paladín adornado con todas las cualidades, preocupado únicamente por el honor y la rectitud. En un sorprendente paralelismo, los ideólogos del periodo Edo se esfuerzan por hacer del samurái el heredero insular del concepto de *kunshi*, primo del «hombre honrado» de las «luces» que inundan entonces Europa. Se destacan las virtudes más útiles para la sociedad, como la piedad filial y un agudo sentido del deber. En su calidad de señor de la clase combatiente, el *shōgun* se atribuye las prerrogativas de un jefe de familia que ejerce una autoridad benevolente sobre los grandes feudales, quienes esperan de sus vasallos una lealtad inquebrantable, confiándoles la misión de guiar al pueblo común por el camino de la moralidad.

La organización familiar, célula básica de este sistema de las cuatro clases –*mibunsei*–, que se basa en los valores masculinos y guerreros del samurái, es de inclinación más bien patriarcal. Sin embargo, es necesario tener en cuenta las especificidades de la condición femenina, que representa, en un poco menos de la décima parte de esta categoría social, una fracción no despreciable de la población. Como reflejo de los debates en torno al *bushido* y al papel social de los guerreros, en el Japón de Tokugawa surge un discurso dirigido a las mujeres, especialmente a las esposas y a las hijas de los samuráis, instándolas a seguir su propio camino, o *fudo*. Si bien se encuentran ahí, sin sorpresa, las mismas cualidades que se exige a las mujeres en todas las sociedades tradicionales, como la castidad, la moderación y el interés por las artes domésticas, estas constantes son también el eco de las virtudes esperadas de los hombres, especialmente la obediencia y la frugalidad. A través de los *Onna Daigaku*, las «grandes enseñanzas para las mujeres», el corpus neoconfuciano se dirige así a toda la casa, y, por extensión, a toda la sociedad. Citando las palabras de Joel

Cohn, la nueva corriente dominante incorpora, gracias al retorno a la paz civil y al consiguiente desvanecimiento de las virtudes «activas», como la valentía y las habilidades en combate, valores más «pasivos» y menos específicamente viriles, como la autodisciplina, el sacrificio y, sobre todo, el sentido del sacrificio.[5]

La relación con la muerte, elemento central del *bushido*, cataliza las diferencias de principio entre dos escuelas. Como señala Izumi Odakura, a los ojos de los filósofos confucianos, el guerrero debe erigirse como modelo en todo momento, y, en consecuencia, sopesar cada uno de sus actos, incluida la posibilidad de la muerte, para la que evidentemente debe estar preparado, de modo que cada una de sus acciones sirva no sólo al señor sino a toda la sociedad.[6] Los partidarios de la línea más inflexible, la del *shinigurui*, «furia por morir», predican, en cambio, una relación con la muerte pensada como un total abandono de sí mismo, una renuncia radical a cualquier forma de ego, que proporcionaría la prueba irrefutable de la sinceridad del vasallo hacia su señor.[7] Hay que decir que, con el fin de las guerras intestinas, el recurso a la muerte voluntaria, especialmente por *seppuku*, tiende a convertirse en una distinción de clase del samurái y la marca de su superioridad moral.

Culto a la muerte, ficciones y reinvenciones del *bushido*

La senda del samurái residía en la muerte. ¿Qué no se habrá escrito sobre el desconcertante íncipit del *Hagakure*? Sin embargo, el sintagma no tiene nada de particular en la obra, la cual, a diferencia de la idea recibida y de las recomendaciones para los guerreros de los dos primeros tomos, aborda temas variados. Los otros nueve volúmenes están dedicados a las crónicas de la casa Nabeshima, a la que el autor servía, así como a trazar la historia del feudo de Saga, el suyo. Pero nada puede eclipsar la fascinación morbosa que la introducción del tratado sigue ejerciendo. Se puede decir que esta aceptación de la muerte en la flor de la vida, consentida si no buscada, donde algunos han querido ver un culto macabro, está efectivamente en el corazón de las preocupaciones de los pensadores del *bushido*. La escasez de ocasiones para perecer en el campo de honor, a la que pronto se suma la prohibición del suicidio de acompañamiento, contribuye evidentemente a la exaltación de la muerte deseada, el último espacio de coraje y libertad ofrecido al vasallo reducido al estado de burócrata. La moda es el romanticismo, la nostalgia por los tumultuosos «reinos en guerra», un teatro violento de virilidad marcial que los más conservadores temen que se disuelva en los encantos ciudadanos del «mundo flotante». Sin embargo, pasan los años, y el universo mental de los samuráis se desvincula cada vez más de una realidad mucho menos emocionante. Durante la segunda mitad del periodo Edo, los samuráis se adhieren tanto más a estos valores cuantas menos ocasiones tienen de demostrarlos. Endeudadas y a menudo despreciadas, las familias guerreras se aferran sin embargo al código, al que no podían renunciar, según Olivier Ansart, a menos de «abandonar su identidad y sabotear su clase».[8] El antiguo profesor de la Universidad de Waseda denuncia la puesta en escena, la ficción en la que los samuráis se ven obligados a recluirse diariamente para preservar sus privilegios estatutarios en lugar de materiales. Irónicamente, la «senda del guerrero» se convierte en una formidable herramienta de adoctrinamiento de masas después de la vuelta a la primacía de la política imperial en 1868, en los albores de la era Meiji. Gracias al control de la institución militar y de la alta función pública por parte de antiguos samuráis, las normas de conducta de los guerreros están a punto de convertirse en las del pueblo japonés en su conjunto, al tiempo que el archipiélago se prepara para la aventura colonial. Es necesario decir que en este periodo en que se escribe la «novela nacional» en ambos extremos de Eurasia, trazar un paralelo histórico entre europeos y japoneses conviene a los intereses del nuevo gobierno, que encuentra en ello material para validar sus ambiciones de influir en las naciones conocidas.

Pero es a principios del siglo XX cuando el código de honor del samurái alcanza su apogeo en la escena internacional, gracias al jurista y diplomático Nitobe Inazo, quien está detrás del acercamiento intelectual entre el fiero guerrero japonés y el caballero británico. *Bushido, el alma de Japón*, obra escrita en la lengua de Shakespeare y publicada en 1900 por un hijo de samurái convertido al cristianismo, alcanza un gran éxito. Seduce incluso a Theodore Roosevelt, quien, al igual que muchos de sus compatriotas y amigos europeos, considerará desde entonces al *bushido*, al menos en su versión edulcorada, como una de las principales claves para comprender este país exótico cuya extraña estética despierta un entusiasmo sin precedentes, especialmente después de la ola de japonesismo y la resonante victoria militar sobre la Rusia zarista en 1905. Sin embargo, tanto en el archipiélago como en Europa, hay algunos espíritus ilustrados que no se dejan engañar por el carácter artificial de esta idealización. Desde 1914, el sociólogo Kobayashi Teruaki señala la tendencia a ignorar las razones estructurales del triunfo militar japonés en favor de creencias y supuestos mal fundamentados, entre los cuales la «senda del guerrero» ocupa un lugar destacado. Trece años más tarde, Élie Auboin, rostro del *Boletín Francés de Extremo Oriente*, recuerda con razón que, según el propio Nitobe, su *bushido* busca impartir una moral a la vez característica del espíritu japonés y compatible con las concepciones occidentales, en ausencia de una educación religiosa incluida en los programas escolares. Y el francés concluye brusca, y quizá severamente: «Nunca hubo en Japón una caballería como la nuestra, con reglas establecidas, un nombre, una iniciación, pruebas».[9]

Las décadas de 1910 y 1920 son aún más propicias para un eclipse del *bushido,* ya que al ambicioso monarca Mutsuhito, más conocido por su nombre póstumo de Meiji, fallecido en 1912, le sucede su tercer hijo, Yoshihito, alias Taisho, cuya salud frágil y su impotencia política no incitan a sus súbditos a reverenciarlo. El culto al emperador, ahora la piedra angular de una «senda del guerrero» más instrumentalizada que nunca, regresa, sin embargo, con fuerza tras el ascenso de los militares en vísperas de la Segunda Guerra Mundial. Aunque no pertenezca al sector más belicista, Hirohito (1901-1989), que sube al trono en 1926, se deja halagar fácilmente por estas manifestaciones de lealtad delirante. Mientras el *Hagakure* es sacado del olvido y distribuido entre los soldados, el historiador nacionalista Kiyoshi Hiraizumi publica en 1933 un trabajo con un título evocador: *La resurrección del bushido.*[10] Para él, se trata de forjar el eslabón perdido entre la época dorada de los samuráis y el inminente y glorioso enfrentamiento con las naciones occidentales, infectadas, a su entender, del ideal revolucionario, del cual el comunismo es sólo la versión más odiada. Hasta los últimos coletazos de la guerra del Pacífico, la quimera de un código de honor del guerrero japonés, en su versión pervertida, además, servirá de pretexto para el fanatismo más ciego, desde los suicidios colectivos de civiles hasta los ataques de los kamikazes.

Se comprende fácilmente que, en China o Corea, *bushido* sea casi sinónimo de fascismo. Incluso hoy en día, según Oleg Benesch, uno de los principales expertos en la materia, el término está cargado de connotaciones negativas, y el historiador británico no duda en compararlo con la evocación de las cruzadas en el imaginario de conflicto occidental.

Lejos de desacreditar definitivamente al *bushido*, el funesto desenlace de la Segunda Guerra Mundial cavará la fosa que separaba de manera irremediable a los defensores de una moral inflexible y marcial, percibida como verdadera y visceralmente japonesa, cuya «senda del guerrero» sería la emanación sublime, de los investigadores en ciencias humanas, más deseosos de acudir las diversas fuentes desde el punto de vista historiográfico. Representante señero de la primera escuela, Mishima Yukio se sumerge en la lectura del *Hagakure*, sobre el que escribe en 1967: «Este libro predicaba la libertad, enseñaba la pasión... Me dio la fuerza necesaria para vivir». Tres años más tarde, sin embargo, se suicidaría por *seppuku*. De manera más prosaica, el poder de seducción del término *bushido* se ha convertido en una verdadera cuestión de *marketing* bien utilizada por la industria cultural. Esto no impide cuestionar la validez del concepto. Benesch resume así el pensamiento predominante actual en los círculos académicos: «En su acepción más común, a saber, como ética del samurái y/o como el rasgo definitorio del carácter japonés, conviene tratar al *bushido* bajo el prisma de una tradición inventada en un contexto específico cuya utilización determina su carácter ideológico. Si la "senda" no tiene fin, el estudio objetivo e histórico de sus meandros está quizás a punto de encontrar finalmente un sendero tranquilo».

Capítulo 17

Rōnin, marginados convertidos en héroes

Frente a la tumba cubierta por un lienzo de nieve, que refleja la luz de la luna, tiene lugar una sombría asamblea. Grave el semblante, el líder de los cincuenta hombres vestidos con túnicas negras con espiga blanca levanta un trofeo macabro y, arrodillándose, se dirige a su difunto señor: «¡Oh, valioso señor! La injusticia de vuestra muerte está vengada. [...] He elegido enterrar la cabeza de vuestro opresor a vuestros pies, para que eternamente su sombra sirva a la vuestra».[1] Así habla Oishi Yoshio, alma de la venganza más famosa en la historia de Japón, la de los célebres cuarenta y siete *rōnin*, según la inspirada pluma del diplomático George Soulié de Morant (1878-1955). La noche anterior, en el duodécimo día del quinto año de la era Genroku, es decir, el 30 de enero de 1703 según el calendario gregoriano, los guerreros del dominio de Ako habían asaltado la residencia de Kira Yoshinaka, culpable a sus ojos de todos sus males, y, después de masacrar a un puñado de guardias y sirvientes, sacaron de allí al hombre. Así se cumplía la venganza, pacientemente esperada durante más de un año para burlar la vigilancia de los secuaces de Kira. A principios de 1701, éste había humillado al *daimyo* Asano Naganori, joven señor del dominio de Ako, quien, de rabia, había blandido su espada dentro del palacio shogunal, crimen de lesa majestad castigado con la muerte. Condenado al *seppuku*, se evisceró el 21 de abril. Como si eso no fuera suficiente, las autoridades procedieron después a confiscar su feudo, privando a sus «leales servidores» –tal como la tradición japonesa los llama– de los ingresos que aseguraban su subsistencia. Aunque el honor dictaba lavar el ultraje, los conjurados prefirieron ser olvidados, tal vez incluso olvidarse a sí mismos de desesperación, como sugiere Andrew Rankin. El historiador británico no es indulgente con estos cuarenta y siete *rōnin*, y describe a varios miembros destacados como depravados, más preocupados por salvar la cara que por hacer justicia. Yoshio, el líder de la banda, no habría esperado a urdir su conspiración para forjarse una reputación de borracho, mientras que uno de sus secuaces se habría entregado al *tsuji-giri*, término que literalmente significa «cortar al paso» y que se refiere a la práctica, bárbara e ilegal, de probar la espada con el primer transeúnte que se cruce (se conocen reparaciones de agravios más honorables). Además, sólo logran tomar la plaza enemiga gracias a la sorpresa y a una abrumadora superioridad numérica. Y Rankin inserta el último clavo en el ataúd del mito al recordar que los cuarenta y siete *rōnin* en modo alguno se dieron la muerte, como sostiene la tenaz leyenda; tal como indican sin ambigüedad los registros de la casa Hosokawa, fueron decapitados después de un simulacro de suicidio ritual, muy corriente en la época.[2] Entonces, ¿por qué tal entusiasmo por estos samuráis sin señor, héroes que disfrutan de una popularidad increíble desde hace tres siglos en Japón y fascinan hoy mucho más allá de las costas del archipiélago?

«Hombres ola» para un «mundo flotante»

Según las notas de Teijo, un alto funcionario de mediados de la época Edo, el *rōnin* es «el que vaga sin amo, sin función y sin salario».[3] Ya en el *Diccionario histórico de Japón*, el término aparece ya en la época antigua y encierra inicialmente la noción de fugitivo, incluso de prisionero, ya que se refiere a un guerrero o a un hombre que pretende serlo, pero que opera al margen de la sociedad. Desde un principio, el *rōnin* está asociado a la idea de itinerancia, semejante a la figura del caballero andante. Esta relación explica en parte el aura romántica del personaje, que a veces incluso se supone en el *musha shugyo*, una especie de peregrinación marcial propia de algunos samuráis sin señor, como, por ejemplo, el ilustre Miyamoto Musashi a comienzos del siglo XVII. Si bien desarraigado y a menudo sin dinero, el *rōnin* también representa la figura de un hombre libre en una sociedad estrechamente controlada por el régimen militar; alguien que busca regular, en nombre de una garantía de concordia, la vida cotidiana de sus administrados hasta en los más mínimos detalles.

Más allá de los «leales vasallos de Ako», asunto del que los dramaturgos, especialmente el ilustre Chikamatsu, se apoderan desde 1706, el *rōnin* no dejará de alimentar el imaginario nipón e incluso occidental hasta nuestros días. Lo atestigua el éxito del cómic *Kozure Ōkami*, más conocido como *Baby Cart*,* que presenta al antiguo ejecutor del *shōgun* como víctima de una conspiración que lo ha arrojado a los caminos en compañía de un bebé. Al igual que su contemporáneo Zatoichi, un masajista ciego que recorre los caminos del archipiélago en busca de males que corregir, el personaje, surgido de la literatura popular en la década de 1970, será objeto de adaptaciones cinematográficas que pronto le otorgan una dimensión internacional. Más recientemente, en 2003, Kitano Takeshi llevó al cine la vida del espadachín discapacitado, convirtiéndolo en el héroe de una obra elogiada por la crítica.

Los *rōnin* no son exactamente mercenarios; buscan emplearse con un nuevo señor después de destacar en el campo de batalla. Y no es sorprendente que su número aumente debido a las guerras constantes del Sengoku Jidai. Pero el *rōnin* no nace, se hace, aunque esta condición –consecuencia de un desacuerdo o

* En español, traducido como *El lobo solitario y su cachorro*, serie de veinte cómics publicada por Planeta DeAgostini. (*N. del E.*)

falta de reconocimiento– tiende a ser menos elegida que sufrida por el hecho de un licenciamiento. Con la llegada del régimen de Tokugawa y las confiscaciones que lo acompañan, muchos clanes que tomaron partido por los perdedores se vieron obligados a renunciar a sus pretensiones o, peor aún, fueron disueltos sin más trámites después de la ejecución de su señor. Este fenómeno engrosó las filas de los *rōnin,* los cuales, a pesar de la muerte de miles de ellos tras la caída de Osaka en junio de 1615, aún conformaban a mediados del siglo XVII un grupo de cuatro cientos mil individuos que debían afrontar perspectivas poco alentadoras.[4] El éxodo rural de los samuráis, ahora mayoritariamente asalariados, también se acompaña de una tendencia a transmitir cargos según el principio de primogenitura, que excluye a los menores, a menudo sin recursos o a merced de un hermano mayor con hacienda escasa. Las posibilidades de entrar al servicio de un nuevo señor son, de hecho, escasas, y los puestos, codiciados, por lo que muchos guerreros desempleados se ven obligados a renunciar a su estatus militar para volver a la tierra. Otros caen en la delincuencia y el bandolerismo, como aquellos que saquearon a los aldeanos en *Los siete samuráis.*

La obra maestra de Akira Kurosawa, estrenada en 1954, aunque pretende abordar temas universales, ilustra de forma maravillosa los conflictos en los que luchan esos guerreros privados de señor. Más allá de la dialéctica que opone las dos grandes visiones del *rōnin* fuera de la ley –la del que vive de engaños y pillaje y la del vagabundo que se esfuerza por mantenerse fiel a una cierta ética caballeresca–, el icónico director de cine japonés presenta una galería exhaustiva de retratos. Entre quienes aceptan defender al pueblo asediado por una banda de forajidos, el espectador puede entrever a todos los arquetipos del *rōnin*, desde el desilusionado que arrastra el sable hasta el guerrero filósofo carismático, pasando por el espadachín taciturno y el joven idealista. Todas estas figuras que ha transmitido la cultura popular no reflejan en absoluto la percepción más bien negativa que el poder feudal o shogunal tiene de estos marginados, sobre los que difícilmente es capaz de ejercer un control, ya que se niegan a integrarse en una estructura singularmente rígida. Por último, la propia existencia de los *rōnin* disputa a las autoridades una fracción, aunque mínima, de un monopolio de la violencia conseguido con dificultad a finales del siglo XVI a través de tumultos y reformas. Ciertamente, la cuestión de los *rōnin* es, primero, y ante todo, un asunto de seguridad social, y, aunque no insoluble, seguirá preocupando al régimen hasta los últimos estertores del shogunato.

Disturbios en el orden público y difusión de saberes

El término *rōnin* no está desprovisto de ambigüedad, y el poder ha tratado de calificar con él a sus adversarios, refiriéndose a aquellos que experimentan un sentimiento de frustración hacia un nuevo orden social en el que no logran integrarse satisfactoriamente. No es, por tanto, sorprendente encontrar gran número de estos rebeldes a la *Pax Tokugawa* durante los episodios que desafían el emergente poder de Edo a principios del siglo XVII, hasta el punto de que el historiador Floris van Swet, en su notable estudio sobre la identidad *rōnin*, utiliza la figura del «hombre errante» como un verdadero marco de referencia. «En tanto población capaz de franquear las barreras de los estatus, cuya etiqueta social podía ser interpretada de manera positiva o negativa y que podía ser percibida a través del prisma de la construcción estatal de los Tokugawa, el examen de los *rōnin* proporciona una comprensión alternativa del complejo panorama social del periodo Edo».[5]

Además del asedio de Osaka, la rebelión de Shimabara veintidós años después, en 1637, aunque de naturaleza mesiánica y provocada por la tiranía del señor local, involucra a muchos guerreros sin señor, lo mismo que el intento de golpe de Estado de Keian ya a mediados de siglo. La trayectoria de Yui Shosetsu, su instigador, es muy ilustrativa, ya que condensa los comportamientos y errores de su clase. Originario de Sunpu, donde el fundador de la línea Tokugawa había estado cautivo y había vivido una merecida retirada, Shosetsu logra encontrar empleo como maestro armero, una de las pocas vías de reconversión honorables y accesibles para los *rōnin*. Las escuelas de artes marciales, que experimentaban entonces un importante auge, también imparten rudimentos de enseñanza académica, por lo que se convertían en ocasiones en focos de agitación que frecuentaban los disidentes de los alrededores. Sin embargo, del descontento a la sedición hay sólo un paso, que Shosetsu y su colega Marubashi Chuya darán en 1645. La traición, pese a ser descubierta antes de llevarse a cabo, aprovechando la breve vacilación que siguió a la muerte de Iemitsu, tercer *shōgun* Tokugawa y nieto de Ieyasu, en 1651, demuestra la magnitud del descontento. Sin embargo, sería exagerado afirmar que la alarma fuera excesiva y, a pesar de la feroz represión, durante la década se producirán más levantamientos. Las investigaciones indican que algunos de los *rōnin* condenados por estos actos de rebelión eran adictos a los juegos de azar, probablemente por falta de oportunidades laborales; por otro lado, les estaba prohibido residir en la capital. El shogunato extrae entonces algunas lecciones: decreta una flexibilización de las reglas de alojamiento en Edo de los guerreros sin señor, aunque sin lograr convencer a los ciudadanos de que los alborotadores serán controlados.[6]

Si bien es cierto que las aglomeraciones atraen aún más a los marginados, el fenómeno se manifiesta también, aunque de forma diferente, en el campo. Lejos de las grandes metrópolis, muchos *rōnin* se esfuerzan por encontrar medios de subsistencia integrándose en las redes de solidaridad y clientelares locales. Se consideran guerreros completos, pero algunos no dudan en alquilar su fuerza o sus habilidades marciales a campesinos ricos, incluso transgrediendo las leyes de separación y las jerarquías destinadas a regular las relaciones entre clases. Dotados del privilegio de un apellido y una educación superior a la media, los samuráis sin señor se integran más fácilmente en el tejido social rural, y pronto los más listos ocuparán cargos como jefes de pueblo, médicos rurales o maestros de escuela. De hecho, el régimen termina por tolerar estas infracciones de la regla, ya que en Choshu, en el extremo oeste de Honshu, el poder señorial reconoce en 1739 la importancia de proporcionar educación a los hijos de los *rōnin* para que puedan más tarde ser útiles al servicio de su comunidad.[7]

Todo indica que, a pesar de las ambiciones declaradas, se ha mantenido cierta movilidad social en los márgenes de los grupos bien establecidos, especialmente en los confines geográficos y sociales de la autoridad feudal. Estas «zonas grises», por usar el término de Michael Wert, podían involucrar tanto a los guerreros campesinos con ascendencia dudosa como a las bandas de jóvenes armados y con un estatus mal definido, que sembraban el caos en las afueras de Edo hasta el siglo XIX.[8] Nunca el *bakufu* logró dar una respuesta adecuada a las amenazas que los samuráis sin señor representaban para el orden público, como lamenta Iwakura Tomomi. El chambelán imperial y dignatario shogunal escribe en su diario: «El gobierno pretende conocer el número de *rōnin* presentes en Kioto y Osaka y cree tenerlos bajo control, pero no es así, no se crean esas afirmaciones».[9]

Peregrinos belicosos

También se encuentran entre los «hombres ola» que recorren los senderos del Japón en el periodo Edo guerreros de un tipo particular: los que emprenden un peregrinaje marcial llamado *musha-shugyo*, «viaje ascético del guerrero». Este viaje, nacido junto con las primeras academias en las que se practican diversos estilos de esgrima en el Sengoku Jidai, consiste en perfeccionar las habilidades de combate enfrentándose a varios oponentes a lo largo del país para ganar en experiencia y, sobre todo, renombre. Aunque el propósito práctico no deja lugar a dudas, el viaje es en sí mismo una escuela de descubrimiento mucho más allá del círculo marcial. Tsukahara Bokuden fue uno de los primeros espadachines en embarcarse en tal empresa. Autor de un tratado titulado *Las cien reglas de la guerra* y considerado en vida como un *kensei*, «santo de la espada», se le atribuye haber participado en nada menos que treinta y siete combates y haber luchado en diecinueve duelos, hechos de armas en los cuales habría derrotado a doscientos doce adversarios.[10] Muerto en 1571 a la venerable edad de ochenta y dos años, después de haber enseñado durante un tiempo el arte de la espada posiblemente al propio *shōgun* Ashikaga, Bokuden habría inspirado muchas vocaciones. Al borde del siglo XVII, con la disminución de batallas y la pacificación del país, las oportunidades de ganar renombre tienden a escasear, por lo que algunos eligen buscar fortuna en otras provincias. Pero hay un samurái que entrará en la leyenda y renacerá varias veces hasta encarnar hoy la quintaesencia de estos guerreros vagabundos: Miyamoto Musashi (1584?-1645). Aunque su historia esté envuelta en algunas sombras, hay pocos japoneses que no conozcan sus principales hitos, y su posterior reconocimiento internacional es incomparable. Si bien no es el propósito de este trabajo relatar las muchas peripecias que jalonaron la vida de Musashi, destacamos que su trayectoria, tanto en lo que ciertamente se conoce de ella como en el formidable imaginario que aun hoy evoca, es edificante en el sentido de que parece encarnar todos los rasgos atribuidos al *rōnin* y, sobre todo, el ascetismo del *musha-shugyo*.[11]

La dimensión mística de esta búsqueda sublimada por la pluma del escritor Yoshikawa Eiji, cuyo superventas *Musashi* –publicado en forma de folletín entre 1935 y 1939 y traducido al francés en 1983–* otorga al personaje una popularidad mundial, constituye uno de los aspectos más fascinantes. Como un caballero de la gesta artúrica, la encarnación romántica del idealizado samurái se esfuerza por perfeccionarse en un camino tanto físico

* Publicado en español por Quaterni en 2009, con numerosas ediciones posteriores. (*N. del E.*)

como espiritual, avanzando a través de crueles renunciamientos y pruebas iniciáticas. Eso sería el anverso de la medalla. El reverso es, sin embargo, menos glorioso, ya que a lo largo de los sesenta duelos que Musashi reclama haber ganado –el primero a la edad de trece años contra Arima Kihei, un discípulo de Bokuden–, ha cosechado, naturalmente, muchos enemigos sedientos de venganza. El ejemplo más emblemático es el de la escuela Yoshioka, literalmente humillada por el joven espadachín en su feudo de Kioto. Si bien era una estrella en declive, esta dinastía familiar había conocido su época dorada sirviendo como maestra de armas en el shogunato de Muromachi y conservaba suficiente orgullo como para no dejar el agravio impune. Los daños se ceban gravemente en los jefes de familia, que pagan muy caro su intento de venganza al quedar mutilados y, de resultas, dejando al joven heredero del clan en pésima situación. Se puede aventurar que los residentes y ciudadanos no apreciaban mucho estas peleas y venganzas en las que participan los turbulentos guerreros, que contribuían además al clima de inseguridad que el *bakufu* intentaba remediar.

Más que la dimensión histórica del *rōnin,* es su carga simbólica lo que ha quedado impreso en las conciencias como un icono de libertad frente a la tiranía y la adversidad, tanto más deseable cuanto que se inscribe en una cultura del control ejercido por la colectividad. Hombre de espada pero también de letras, pintor, calígrafo e incluso arquitecto ocasional, Miyamoto Musashi fue en este sentido una figura claramente emblemática. Nos dice el orientalista estadounidense William Scott Wilson: «Musashi era ante todo un espíritu libre, y esto se refleja en su manera de evitar servir a un único *daimyo*, incluso cuando estaba en excelentes términos con muchos clanes respetados».[12] Sintiendo que el fin estaba cerca, en 1643, aquejado por dolores neurálgicos y posiblemente con un cáncer de pulmón, el viejo maestro abandona sus cómodos ingresos como vasallo de la poderosa casa Hosokawa para convertirse en ermitaño. Pasa así los últimos dos años de su vida en el fondo de la cueva Reigando, hoy en día lugar de peregrinación en las alturas de Kumamoto, donde redacta tratados para los alumnos de su escuela de esgrima.

Musashi y sus pares «hombres ola», portadores de un ideal libertario e individualista, se convierten, así, en figuras heroicas, en duelistas taciturnos, similares a los vaqueros del Oeste americano con los que son abiertamente comparados en la cultura popular, como demuestran las inspiraciones japonesas de los maestros del *western* de Hollywood, desde John Sturges, que convierte en *Los siete magníficos* a los samuráis en mercenarios en pantalones de rayas en 1960, hasta Sergio Leone, que retoma cuatro años después la trama de Yojimbo en *Por un puñado de dólares*. A menudo percibida como encorsetada por su extrema rigidez, la sociedad del periodo Edo tiene islas de libertad, si no de emancipación, a las que los samuráis no son ajenos. Esto también es válido en un ámbito aún menos esperado, el de la sexualidad.

Capítulo 18

Tiempo de amores «masculinos»

«Los tiempos han cambiado mucho en los últimos treinta años. Hoy en día, los jóvenes samuráis, cuando se reúnen, hablan de dinero, de ganancias, de pérdidas, de cómo administrar su hogar, de los criterios para juzgar el valor de la vestimenta, y comparten comentarios lascivos. [...] Aparentemente, esta nueva tendencia ha penetrado a través de lo que los tiempos modernos aprecian por encima de todo: el lujo y la ostentación. Sólo el dinero ha ganado importancia».[1] El autor de *Hagakure*, Yamamoto Tsunetomo, no encuentra palabras lo suficientemente duras para condenar la avaricia y la frivolidad que atribuye a sus contemporáneos. En esta época de mediados del periodo Edo, la voz de Jocho Yamamoto no es la única que se alza para criticar el declive de los valores samuráis.

Son muchos los que se entregan a la nostalgia por un pasado idealizado y se conmueven al ver a sus compañeros renegar de una herencia marcial aún más valiosa por ser la piedra angular de su supremacía. Es un periodo paradójico, ya que los antiguos guerreros se han reconvertido, a menudo muy satisfactoriamente, para engrosar las filas de las clases medias y altas, que desempeñarán un papel motor en el desarrollo económico del país. Administradores, altos funcionarios, médicos, profesores e incluso filósofos o teóricos en diversos campos, los samuráis han conquistado muchos territorios. El acceso al arte, antes privilegio de los *daimyo* y sus vasallos más cercanos, se ha democratizado relativamente, con guerreros convertidos en ciudadanos a veces ociosos que se esfuerzan en acondicionar sus interiores conforme a la moda del momento. La era Edo coincide así con la época dorada del grabado, especialmente el género *musha-e*, que obviamente retrata las hazañas de los grandes guerreros del pasado. Esta profusión artística contribuirá enormemente a asegurar la increíble posteridad de este periodo, que se ha convertido en la referencia del Japón antiguo para el imaginario mundial. Sin embargo, nada de esto parece suficiente, y hay espíritus descontentos que repiten los tópicos del discurso conservador en todas las latitudes y épocas: la pacificación habría traído consigo una serie de males, desde el materialismo hasta una supuesta feminización de las costumbres, algo que evidentemente amenazaría con emascular la sociedad insular. Unas páginas antes de su reprimenda a los jóvenes samuráis, el mismo Yamamoto citaba los extraños comentarios de un médico conocido suyo. Éste se sorprendía de examinar desde hacía algunas décadas a hombres con un pulso idéntico al de las mujeres, lo que, según él, iba en contra de los principios del yin y el yang y demostraba una irreparable pérdida de virilidad.[2] Sin embargo, hay que tener cuidado de no sacar conclusiones precipitadas, sean ciertas o no, sobre la orientación sexual de los interesados: en Japón, menos que en otros lugares, ésta no está necesariamente correlacionada con la identidad de género que se muestra públicamente, dicho con el uso de un léxico anacrónico. Además, una apariencia afeminada no se asocia en absoluto con alguna debilidad o cobardía, ni mucho menos.

En los orígenes míticos de la homosexualidad japonesa

La estética andrógina, todavía muy presente hoy en día, especialmente en los cómics y la música, es parte integral de la cultura nipona. Está particularmente asociada con la figura del *wakashu*, joven efebo versado en las artes marciales. Desde el silencio amortiguado de los monasterios hasta los bastidores de los teatros, pasando por los palacios señoriales, se revela de hecho una libertad sexual extraordinaria en una verdad a veces muy cruda a través de toda la historiografía japonesa. La regla apenas sufre excepciones, y sobre todo no en el universo a primera vista austero del samurái. Las amistades viriles, al menos las fraternidades de armas a menudo exaltadas por una relación amorosa, son frecuentes a lo largo de la historia dentro de las sociedades militares. Basta con mencionar aquí la gloria del Batallón Sagrado de Tebas o los pederastas espartanos, la bisexualidad de Ricardo, rey de Inglaterra, conocido como Corazón de León, o bien la famosa frase atribuida a Winston Churchill, primer lord del Almirantazgo, sobre la Royal Navy, a quienes otorga su valor militar gracias al ron, a la sodomía y al látigo... La situación puede parecer de lo más natural, con mayor razón hoy en día, si no fuera por la sombra que las grandes religiones monoteístas, que poco a poco suplantaron en todas partes a los antiguos paganismos, han arrojado sobre estas relaciones, marcadas entonces con el sello de «abominación». También en Japón, estos impulsos amorosos entre hombres han ejercido una influencia discreta, aunque decisiva, a través de múltiples personajes importantes, entre los cuales figuran muchos guerreros: Minamoto no Yoritomo, Ashikaga Takauji, Tokugawa Ieyasu y otros tantos de sus eminentes sucesores. Son numerosos los indicios que apuntan a las relaciones que los *shōgunes* habrían mantenido con sus *choshin*, «vasallos amados», aunque no hay documentos que claramente atestigüen su veracidad, como en el caso de Takeda Shingen, uno de los más ilustres señores de la guerra del Sengoku Jidai. Los archivos de la Universidad de Tokio conservan la correspondencia, o más bien las quejas, que su muy joven amante Kosaka Masanobu, entonces con dieciséis primaveras y que se convertiría en uno de los mejores capitanes al servicio del clan Takeda, dirige a su señor, seis años mayor que él. El joven guerrero siente celos de un tercero, al que acusa de sembrar discordia, de quien su maestro se habría encariñado: «[Él] nunca ha dormido conmigo como un paje de cama –se defiende este último–. Hasta la fecha, eso nunca ha sucedido. No sólo nunca he tenido relaciones sexuales nocturnas con él, sino tampoco durante el día. Cuando a veces le he propuesto hacer el amor, se ha negado diciendo que se sentía mal o que sufría de problemas estomacales».[3] Este texto no deja lugar a dudas. Y, si bien el amor masculino parece caer en desuso con el fin de los samuráis bajo la Restauración Meiji, Mishima Yukio lo revive un siglo más tarde, cuando intenta rehabilitar las costumbres perdidas, entre ellas la del *nihon shoki*, la «senda de los efebos».

Los primeros misioneros jesuitas claman a los cuatro vientos contra este comercio, que ellos juzgan contra natura. El padre Francisco Cabral, legado de la Compañía de Jesús, comprueba con horror que «hombres de rango confíen sus hijos a bonzos para que los inicien en esta infamia [...] y satisfagan sus apetitos lúbricos».[4] Cuando reprochan este comportamiento a las autoridades del clero budista y a los grandes señores feudales, los misioneros son recibidos, en el mejor de los casos, con una sonrisa, y en el peor, con la mayor incomprensión, si no con franca hostilidad. Hay que decir que lo que descubren con horror Francisco Javier y sus correligionarios en este caótico periodo no es más que el resultado de una larga tradición que se remonta a los primeros tiempos del budismo en Japón, si no a mucho antes, como explica Junichi Iwata, uno de los precursores de la investigación histórica sobre la materia a comienzos del siglo pasado. En el panorama de las ciencias sociales, aún balbucientes, su obra aclara un aspecto particularmente desconocido de la civilización japonesa. Sus orígenes se remontan al siglo III, con la legendaria emperatriz Jingu. El *Nihon Shoki*, uno de los textos nipones más antiguos, relata que, bajo su reinado, verdaderamente mítico, dos sacerdotes fueron maldecidos por cometer el pecado de *azunai*; se trata de la primera mención sobre una relación de naturaleza homosexual por parte de Junichi.

Ahora bien, el folclore popular atribuye la introducción de la pederastia en el archipiélago al famoso monje Kukai (774-835), padre fundador de la escuela Shingon tras su estancia en la corte de los Tang, donde, en 1804, le fueron revelados los arcanos del budismo esotérico. La anécdota según la cual los monjes del continente eran grandes aficionados a los jóvenes muchachos, probablemente apócrifa y concebida para conferir legitimidad a una práctica que ya se había generalizado, subraya, sin embargo, la estima del clero insular hacia este uso, al que atribuían un origen chino, sinónimo de refinamiento y erudición. Abades y prelados se rodeaban de monjes o acólitos, a veces muy jóvenes, los *chigo*, cuya educación supuestamente religiosa consistía, en buena medida, en satisfacer los deseos carnales de sus preceptores. Nadie veía nada malo en ello; al contrario, ya que esta forma de pederastia, inicialmente limitada a las congregaciones, donde los monjes se ganaron con rapidez una reputación de fornicadores insaciables, se difundió luego a otras capas de la alta sociedad, especialmente entre los samuráis. Durante siglos, las familias guerreras se apresuraron a confiar a sus herederos masculinos a los monasterios para que fueran instruidos en todos los campos. Sin embargo, el advenimiento de la casta militar en el cambio de siglo, del XII al XIII, produjo un cambio significativo en la concepción de la relación homosexual, pronto elevada al rango de «senda» de pleno derecho, al igual que la del arco o la espada.

De compañero de lecho en campaña a oscuro objeto de deseo ciudadano

¿Se puede explicar este hecho sólo desde un punto de vista situacional, siendo la inclinación homosexual dictada únicamente por la ausencia, o al menos la escasez, de representantes del «sexo débil» en entornos militares y monásticos, teñidos de misoginia? No es sólo eso, como señala Gary Leupp, autor de un ensayo notablemente bien documentado sobre el tema. El historiador estadounidense, profesor de la Universidad de Boston, recuerda que la rotunda condena de las civilizaciones del Libro (cristianas) contra la sodomía, acto bestial si los hay, no es una regla universal. Igual que los griegos, los antiguos japoneses consideraban la pederastia como una forma muy noble de educar al joven en las artes viriles. Lejos de temer que el futuro guerrero careciera de carácter, esperaban, por el contrario, que la relación sexual contribuyera a la transmisión de las virtudes marciales, del mismo modo que en algunas tribus la penetración por un hombre maduro sirve como rito de iniciación.

En la cópula homosexual, es el *nenja*, el mayor de la pareja, quien asume siempre el papel activo, incluso cuando su amante ocupa una posición social más elevada. Las crónicas están llenas, además, de *nanshoku*, relaciones entre un «hermano mayor» y su *wakashu*, joven compañero cuyo papel sexual pasivo de ningún modo es sinónimo de afeminamiento. Uno de los protagonistas del *Denbu monogatari*, la «Historia de un campesino», que un autor anónimo publica a principios del periodo Edo, no se equivoca cuando afirma con aplomo que «la mayoría de los que caen en el campo de batalla, repeliendo al enemigo y acompañando a su señor hasta el último aliento, son los favoritos del señor».[5] Se está pensando, entre otros, en Mori Ranmaru, joven paje y guardaespaldas de Oda Nobunaga, que cayó cubriendo la última retirada de su señor después de haber vendido su vida a un alto precio; o también en los cuarenta y siete *rōnin* de Ako, en quienes algunos comentaristas han querido ver otra manifestación de este impulso amoroso hacia el señor feudal, debido en particular a la ausencia, o al menos a la desaparición, de personajes femeninos en las diferentes versiones noveladas del episodio. Maurice Pinguet insiste en el valor ejemplar de estas pasiones viriles, y por eso exalta la valentía, el honor y la dedicación de los protagonistas: «Cuanto más enamorados están, más se sienten soldados, como las parejas de amantes con las que Epaminondas formaba en un batallón invencible. [...] Los guerreros se matan, en definitiva, por exceso de vitalidad».[6]

El feudalismo nipón, que idealiza al señor feudal y llama al sacrificio supremo en su servicio, ha representado, así, un papel fundamental en el desarrollo del *wakashudo*, término frecuentemente abreviado como *shudo*. El *Hagakure* elogia la belleza de ambos caminos, el marcial y el amoroso, que el autor considera íntimamente vinculados. Sin embargo, anima a los que hacen «juramento de fraternidad» a permanecer fieles el uno al otro, incluso aunque la relación no se consume hasta después de que el adolescente entre en la edad adulta, con la ceremonia del *genpuku*. Dado que este ritual puede tener lugar en cualquier momento a partir de los trece años, se observa que el *wakashu*, figura marcial, no tiene mucho en común con el *chigo*, el pequeño sumiso de los monasterios. El código del guerrero, además, no tolera ninguna complacencia, e insta a quien sea objeto de avances algo atrevidos a eliminar cualquier ambigüedad e incluso a matar al pretendiente sin más trámite cuando insiste demasiado. No es de extrañar que las disputas amorosas, crímenes pasionales, suicidios por desesperación y riñas relacionadas con amores homosexuales constituyan una de las principales causas de violencia y alteraciones del orden público en la época Edo.

La obligación impuesta a la mayoría de los samuráis de permanecer junto a su señor provocará una explosión demográfica en los centros urbanos, que comienza justamente en la ciudad que se convierte, *de facto*, en la capital, Edo, cuya población se multiplica por diez en unas pocas décadas, rozando pronto el millón de habitantes. Este crecimiento comporta un éxodo rural masivo, una situación inédita que coloca a cientos de miles de plebeyos en contacto diario con los miembros de la clase dominante, en un entorno donde las mujeres son claramente minoritarias, aunque esta desproporción tenderá a atenuarse con el tiempo.

Desde los inicios de la época Edo, al mismo tiempo que el teatro se democratiza, la prostitución se desboca. Ambos mundos están inextricablemente vinculados y, a pesar de los esfuerzos del nuevo gobierno shogunal por prohibir la presencia de mujeres en el escenario para combatir el comercio sexual, tanto los comerciantes como los ciudadanos acomodados se apresuran a imitar las costumbres de los samuráis y se entregan con pasión al *nanshoku*. Sin embargo, la práctica se desnaturaliza, para gran consternación de los puristas, y comenzará a involucrar demasiado a menudo a niños o adolescentes prepuberales que son vendidos por unos padres que intentan escapar de una miseria abyecta. Algunos actores, impulsados por la ola de popularidad del *kabuki* –teatro épico y popular nacido con el auge de Edo–, comercializan sus favores entre bastidores, lo que conduce a un inmenso fervor e incluso a escenas de histeria colectiva. Eludiendo la prohibición de lucir flequillo, que caracteriza al joven aún menor de edad y que los hombres maduros no deben llevar, los *onnagata*, o actores travestidos, se ocultan la frente, ahora sin tupé, bajo una cofia púrpura, el *murasaki boshi*, con la idea de crear una ilusión. Lógicamente, este accesorio se convierte de inmediato en un fetiche y será considerado el colmo del erotismo.

Algunos guerreros, locos de pasión, se arruinan y llegan a vender sus armas. Otros se mutilan, se producen cortes, se dan muerte por desesperación amorosa. El *bakufu* legisla, pero en vano. Nada funciona. Los edictos de prohibición contra los samuráis se aplican con blandura, y más aún porque el *shōgun* es el primero en entregarse a los placeres de los amores viriles. Es el caso de Tsuyanoshi, cuarto sucesor de Ieyasu, de quien se dice que tuvo más de cien amantes.[7]

También es el tiempo de los *shunga*, «imágenes de primavera», estampas eróticas, incluso claramente pornográficas, que en muchas ocasiones presentan el miembro de uno de sus protagonistas desproporcionadamente grande. En su *Nanshoku okagami*, o *El gran espejo del amor masculino*, el poeta Ihara Saikaku se convierte en un testigo jocoso de una época de extraordinaria emancipación sexual. Convertidos en ciudadanos vigilados y empleados empobrecidos, los guerreros recurren a los nuevos «trabajadores del sexo», cuyos servicios, mucho menos costosos que los de un amante doméstico permanente, también ofrecen garantía de discreción. Los valores marciales se pierden, y la moda regresa a la androginia; tanto es así que el médico Sugita Genpaku se queja de que «ocho de cada diez sirvientes del *shōgun* parecen mujeres y piensan como comerciantes». Esto explica la tolerancia, e incluso la benevolencia, que el poder shogunal o señorial muestra al permitir, en la periferia de las ciudades, a los *yukaku*, distritos casi enteramente dedicados al entretenimiento y la prostitución.[8] La violencia que las multitudes noctámbulas y ebrias a menudo desatan en estos lugares proporciona un desahogo, pues apartan a los samuráis de posibles inclinaciones sediciosas. La senda de los efebos se degrada en un comercio lucrativo y generalizado, cuyo apogeo, durante la era Genroku (1688-1704), irá declinando gradualmente hasta principios del siglo XIX.

Un nuevo orden moral

Varios autores se han interesado por este declive para dar una explicación plausible. Parece que, además del retorno al equilibrio entre las poblaciones urbanas de ambos sexos y la más que evidente decadencia de los valores guerreros, la introducción de la idea de modernidad desempeña un papel fundamental. Aunque la influencia directa del cristianismo seguía siendo muy marginal en el archipiélago, el Japón de la era Meiji se mostraba receptivo a las concepciones judeocristianas, entonces vistas como el sello de las grandes potencias occidentales, y por tanto manifestó su voluntad de integrarse en este nuevo orden. Tras adoptar el discurso dominante, que pretendía basarse en una moral universal y superior, las élites insulares, de repente avergonzadas, rechazaron en conjunto la infame práctica y buscaron criminalizar la homosexualidad, inspirándose en el código penal recién instaurado en

Alemania, ese joven imperio recién unificado y erigido en modelo gracias a sus victorias contra Austria en 1866 y contra Francia en 1870. Simultáneamente, se observa un deslizamiento semántico del *nanshoku* –término erótico con una dimensión casi poética– a la *doseiai*, que describe la relación homosexual de manera fría y factual. ¿Significa esto que el *wakashudo*, antaño tan apreciado, ha desaparecido bruscamente, sin dejar rastro? En modo alguno, especialmente dentro de la institución militar, compuesta aún por hijos de guerreros, como testimonia un corresponsal europeo que cubre el primer conflicto chino-japonés de 1894, quien escribe: «Podemos decir que, de hecho, también en la relación homosexual, el viejo espíritu samurái ha encontrado una expresión apasionante en el frente de Manchuria».[9] Unas caricaturas propagandísticas particularmente explícitas se extenderían en la prensa unos años más tarde, durante la guerra ruso-japonesa, al igual que numerosos artículos que relataban las peripecias amorosas de los jóvenes que frecuentaban los distritos universitarios. El aumento del nacionalismo viene acompañado por el del militarismo, encarnado por el legado guerrero de Satsuma, un feudo del sur conocido por sus tradiciones marciales y su culto a la virilidad, que a veces se manifiesta a través de una homosexualidad violenta, como las violaciones punitivas registradas en algunas escuelas de chicos.[10] No es hasta las primeras décadas del siglo pasado cuando el *nanshoku* desaparece de los escritos y representaciones a favor de una concepción normativa heterosexual.

La orientación bisexual, incluso la sexualidad evolutiva había prevalecido con normalidad entre los más altos representantes de los samuráis, sumergida en la masa del pueblo que accedía a cierta igualdad durante los años 1870. La homosexualidad masculina, en exclusiva, siempre se había limitado a una minoría muy pequeña, a diferencia de la bisexualidad, encarnada por la clase militar, que terminó alineándose con los códigos importados, percibidos como garantía de modernidad. Sin embargo, como recuerda el profesor Gérard Siary, «ni la heterosexualidad ni la homosexualidad existen en las mentes japonesas del siglo XVII. [...] Hay dos sexos: el masculino y el femenino, que se distinguen por la anatomía; el género, masculino o femenino, abarca una serie de comportamientos y expectativas derivadas de una construcción histórica y cultural, de modo que la misma persona puede adoptar el género femenino teniendo una anatomía masculina, y viceversa».[11] En estos tiempos de acalorados debates sobre esta espinosa cuestión, que también sacuden a la sociedad nipona contemporánea, a menudo percibida como más liberal en este aspecto, es bueno recordar que el *wakashudo*, cuya próxima aceptación algunos predicen, también forma parte del legado de los samuráis.

Capítulo 19
Una supremacía contestada

«La mayoría de los samuráis se pasan la vida comiendo, fumando y holgazaneando en casas de citas o de té, o bien se entregan al crimen en alguna de las grandes ciudades. Cuando están endeudados hasta el cuello o han cometido algún delito, abandonan el hogar y el servicio de su señor y se hacen a la mar».[1] El retrato del guerrero japonés que nos pinta el misionero estadounidense William Elliot Griffis tras una estancia en Japón en la década de 1870, no es precisamente halagador. No podría ser más diametralmente opuesto al modelo de virtud, faro que guía al pueblo hacia un mayor grado de humanidad, que defienden los pensadores de la era Edo, provenientes en su gran mayoría de las filas de la casta militar. Sin embargo, aquí es donde radica el problema, ya que esta percepción cuidadosamente idealizada del guerrero y su papel social está, obviamente, a años luz del descrédito que sufre el samurái de este periodo, en declive a ojos de los miembros de otros grupos.

¿Una categoría parásita?

El apogeo de la crítica hacia el samurái se eleva durante los últimos días de la era Edo, pero se manifiesta ya desde el siglo XVII. Las sátiras sociales de Ihara Saikaku, él mismo miembro de la clase guerrera, están llenas de ejemplos. Tras burlarse de la codicia de los comerciantes, el autor ataca a sus propios compañeros en la primavera de 1688 con la publicación de *Buke giri monogatari*, «Sobre el deber de los guerreros». Siempre con sutileza, Saikaku señala las aberraciones, contradicciones y disyuntivas entre las que los samuráis se debaten, cuando no revelan su gran hipocresía. Al igual que su contemporáneo Jocho Yamamoto –aunque con mucho más humor e ironía–, el poeta enumera las dificultades del samurái para cumplir con sus obligaciones, y especialmente con la de morir dignamente, mejor en combate, heredadas de un tiempo ya lejano de guerras civiles. A lo largo de los seis volúmenes que componen su obra, también denuncia el cinismo de ciertos guerreros obsesionados con su rango y los emolumentos correspondientes. Así, relata la historia de un padre que, tras la muerte de su hijo en un duelo, adopta al vencedor y asesino de su propio hijo con el argumento de que, «a pesar de sus trece años, está mejor versado en las artes militares»,[2] y que, por tanto, permitirá que la casa prospere. Los propios samuráis no son por naturaleza los más virulentos, y las críticas, aunque son más discretas, al menos en las crónicas, provienen de las otras clases sociales.

Los ciudadanos de las grandes ciudades, especialmente de las capitales imperial y shogunal, donde se concentran la mayoría de guerreros, están particularmente expuestos a una práctica que les causa legítimo horror: el *burei-uchi*. Esto permite a cualquier samurái que se sienta insultado o que considere que su honor está en duda tomarse la justicia por su mano, con la espada, de forma inmediata. Peor aún, la bárbara práctica del *tsuji-giri,* extendida durante la era Sengoku, cae gradualmente en desuso, antes de ser finalmente prohibida bajo pena de muerte, en los primeros años del shogunato Tokugawa, en 1602.[3] Sin embargo, no desaparece de las mentalidades, ya que la creencia popular sostiene que la matanza de mil individuos podía curar una enfermedad incurable. Una historia ilustrada para adolescentes, *Komyo Yoshitsune Zoroe* –«Gesta de las grandes hazañas de Yoshitsune»–, muestra precisamente al joven héroe de la guerra de los Genji intentando llevar a cabo tal hazaña a expensas de sus enemigos jurados, los Taira.[4]

Durante la era Genroku, en el paso del siglo XVII al XVIII, los comerciantes reaccionan con un espíritu de resistencia que se manifiesta especialmente en las tablas del teatro *kabuki*, con el estilo denominado *aragoto*, que representa a unos vengadores que desafían abiertamente el orden establecido[5] bajo la apariencia de personajes antiguos. Para Nishimura Shinji, pionero en el campo de la etnología a principios del siglo pasado, el creciente descontento con los representantes de la clase guerrera se debía en gran medida a la incapacidad de los samuráis para satisfacer sus necesidades básicas. La conciencia dentro de la clase campesina de una autosuficiencia, que la misma existencia de la casta guerrera ponía en peligro, podría haber alimentado un desprecio que llevó al médico y filósofo Ando Shoeki a referirse a ellos como «parásitos». La palabra estaba dicha, y es un eufemismo suponer que los argumentos de Yamaga Soko difícilmente podían convencer cuando intentaba justificar la ociosidad de los samuráis. El teórico del *bushido* apelaba una vez más al papel de guía atribuido al guerrero: «Las tres clases de gente común lo consideran su maestro y lo honran. De acuerdo con sus enseñanzas, llegan a distinguir lo esencial de lo insignificante».[6] Este parasitismo se sentía aún más intensamente entre los campesinos, la única clase productiva sujeta a una presión fiscal creciente. A pesar de los esfuerzos del *bakufu* por lograr una armonización de los impuestos, éstos variaban considerablemente de un feudo a otro, incluso dentro del vasto dominio de un mismo *daimyo*, que seguía siendo el señor de sus tierras mientras cumpliera sus deberes de vasallaje con el *shōgun*. La simple constatación de la variabilidad de las tasas impositivas, que oscilaban entre el 15 y el 70% de la producción agrícola, es suficiente para demostrar las diferentes condiciones de vida de los *hyakusho* (campesinos) durante el periodo Edo. Entre las estrategias aplicadas por las poblaciones rurales para aliviar las cargas impuestas por los terratenientes, las más efectivas se basaban en la ocultación de las superficies cultivadas –y, por tanto, sujetas a impuestos– y la creación de una relación de fuerzas favorable. Así, los señoríos donde se sucedían frecuentes revueltas campesinas y deserciones en masa lograrían, a pesar de la represión y según los trabajos de Abbey Steele, Christopher Paik y Seiki Tanaka, una reducción de las cargas fiscales de hasta un 5 %.[7] Este margen podría significar la diferencia entre la vida y la muerte, por lo que el esfuerzo merecía la pena.

El peso del nombre

Hay que decir que el desequilibrio demográfico tiene motivos con que alimentar el descontento de las clases sociales menos favorecidas. A pesar de las excepciones en algunos feudos, en los que se permite que los estratos más modestos de la clase guerrera complementen sus escasos ingresos con una discreta y marginal actividad agrícola o comercial, los samuráis y sus familias suman en general demasiadas bocas que alimentar. Si bien se estima que representan alrededor del 6 % de la población, este promedio oculta una vez más disparidades enormes. Los *tozama daimyo*, «señores exteriores», antiguos adversarios o rivales de los Tokugawa, que siempre desconfiaban de ellos, eran conocidos por mantener tropas numerosas. Kenochiro Aratake señala, por ejemplo, que, en Sendai (Tohoku), la proporción de guerreros alcanzaba el 23 %, casi un cuarto de los habitantes del feudo.[8] Sin embargo, la provincia más lejana de Satsuma, verdadera «Esparta japonesa», rica y orgullosa de sus tradiciones marciales, se llevaba la palma hacia mediados del siglo XIX con 170 000 samuráis, incluida la parentela, en una población total de 650 000 almas. Es decir, ¡más del 26 %! No es de extrañar que los campesinos sufrieran una gran miseria,[9] lo cual a su vez alimentaba un fuerte resentimiento que se manifestaría en la falta de apoyo popular al levantamiento samurái de 1877*. De hecho, pronto se presentaría la oportunidad de devolver el golpe a estos opresores a los que hasta entonces sólo se habían atrevido a denunciar en voz baja. Con el edicto de 1872, que establece el servicio militar obligatorio y pone fin definitivamente al monopolio de la violencia detentado por los guerreros, las autoridades lo tendrán fácil para pretender corregir lo que es una terrible injusticia: «Las cuatro clases del pueblo están a punto de recuperar su libertad. Se trata de una manera de restaurar el equilibrio entre los humildes y los poderosos y de garantizar a todos la igualdad de derechos. En resumen, se trata de hacer del agricultor y el soldado un solo hombre. El pueblo ya no es el de antaño. Hoy es equitativamente el del imperio, dentro del cual no se hacen distinciones en cuanto a las obligaciones para con el Estado».[10]

Y atención los samuráis, que van a cometer el error de menospreciar a estas gentes humildes, súbitamente promocionadas a guerreros, de las que piensan que se desharán fácilmente cuando se enfrenten cara a cara en las insurrecciones que marcan la década de 1870. Si bien los campesinos, armados rápidamente con fusiles, pagarán generosamenrte el «impuesto de sangre», aun estando dirigidos por oficiales de la clase militar, el joven ejército imperial aplastará por doquier, sin piedad ni remordimientos, las rebeliones fomentadas por sus maestros, despojados de sus privilegios tras las reformas que siguieron a la restauración Meiji. La de Satsuma, donde el «último samurái» cae en combate en las alturas de la capital, Kagoshima, la mañana del 25 de septiembre de 1877, no será la excepción. A diferencia de las revueltas frumentarias mencionadas anteriormente, ninguno de los levantamientos guerreros que marcarán la caída del régimen shogunal cuenta con un amplio apoyo popular, para gran disgusto de algunos de sus promotores, que albergaban ilusiones. A los ojos de la masa de *hyakusho*, estos conflic-

* Se trata de la rebelión de Satsuma (literalmente «guerra del Suroeste»); una revuelta de los samuráis de la provincia de Satsuma en contra del gobierno de Meiji, liderada por Saigo Takamori. (*N. del T.*)

tos siguen siendo asuntos de guerreros que sólo les conciernen en la medida en que perturban, una vez más, el calendario agrícola. Sin embargo, se debe tener cuidado en no simplificar en exceso una situación compleja y cambiante. El asunto de la conscripción es uno de los que dividen a la población, y esto sucede desde el inicio del movimiento que desembocará en la destitución de los Tokugawa y el retorno del emperador. A principios de la década de 1860, Omura Masujiro (1824-1869), hijo de un médico rural de Chugoku, es partidario de la creación de una fuerza moderna basada en el reclutamiento, según el modelo europeo, en particular el de las instituciones prusiana y francesa, que gozan en ese momento del beneplácito de la mayoría de los países.[11] Considerado hoy en día como el padre del ejército japonés, tenía el proyecto de armar y entrenar en masa; un proyecto que, como se puede imaginar, fue ardientemente combatido por los defensores del *statu quo* y por Omura, lo que llevó a que este último fuera asesinado, no sin antes haber teorizado sobre el futuro de la nueva herramienta militar nipona. En cuanto a su contemporáneo Itagaki Taisuke (1837-1919), pequeño vasallo del dominio de Tosa que será elevado al rango de conde y desempeñará un papel preponderante en las reformas venideras, defendía la formación de una milicia de inspiración suiza, con la incorporación de súbditos imperiales movidos por un sentimiento patriótico.[12] Finalmente, incluso Saigo Takamori, a menudo presentado como ultraconservador, reconoce la utilidad de ampliar el número de reservistas, a la par que aboga por que los guerreros constituyan tanto la columna vertebral como los principales batallones del ejército imperial, del cual sería, por cierto, el primer comandante en jefe.[13]

Ascensión por adopción

A lo largo del periodo Edo, el desequilibrio demográfico en detrimento de los trabajadores del campo tiende a empeorar. Para sortear el estancamiento social, burgueses y guerreros recurrirán masivamente a una poderosa herramienta de ascenso: la adopción. Desde la Alta Edad Media japonesa, ésta había sido una solución totalmente aceptable en caso de ausencia de un heredero masculino, y así las crónicas están llenas de sobrinos, parientes lejanos e incluso hijos de vasallos favorecidos adoptados por una casa señorial. Los clanes más eminentes no son la excepción; de hecho, el *bakufu* promulgó una ley que preveía la confiscación del feudo en caso de extinción de una línea señorial. Incluso los poderosos Uesugi, considerablemente debilitados por las desafortunadas iniciativas tomadas durante la campaña fundacional de Sekigahara en 1600, se ven obligados a maniobras extrañas. En un acto de desesperación, tras la muerte inesperada de su *daimyo* en 1664, la familia transfiere el cargo del difunto a su sobrino. El shogunato acepta esta designación *post mortem* sólo a cambio de la mitad de las tierras del dominio. Quince años antes, la adopción *in extremis* en el lecho de muerte había sido autorizada por el régimen de los Tokugawa. En cuanto a los Uesugi, perdieron en el espacio de dos generaciones más de tres cuartas partes de sus ingresos, situación que se vio agravada por una ingente concentración de samuráis en la capital regional, Yonezawa, donde el número de guerreros rozaba al final del siglo el cuarto de la población total.[14]

Lejos de limitarse a los grandes señores feudales, el proceso de empobrecimiento afecta a toda la clase militar y se prolonga durante todo el periodo Edo, aunque en lo que respecta a los escalafones más bajos se deba más bien a la falta de correlación entre ingresos e inflación o a otros mecanismos económicos inherentes a una sociedad de mercado incipiente. Ante el temor al descenso social, muchas casas guerreras optan por tratar con representantes de la categoría que está en ascenso, la de los comerciantes, los *chonin*, enriquecidos por el auge del comercio a resguardo de las ciudades-castillo. La relación es ambigua, marcada por un desprecio mutuo, tanto de los comerciantes hacia estos espadachines que luchan por mantener su estatus como de estos últimos hacia los viles mercachifles sólo movidos por la codicia. Esto no impide una convergencia de intereses: desde la primera mitad del siglo XVII, la deuda de los samuráis, tanto de alto rango como de extracción más modesta, es tal que sus usureros burgueses se ven en una posición de fuerza, aunque sin poder hacer uso libremente de ella.

Las adopciones de hijos de comerciantes dentro de linajes guerreros son incontables, hasta tal punto que se desarrolla un verdadero mercado, dotado de una escala de precios en función del estatus social del padre adoptivo, si no de la urgencia del procedimiento. Yoshimune, octavo *shōgun* Tokugawa, legisla, prohíbe y amenaza con sanciones, pero nada funciona. En los últimos tiempos del shogunato, en 1853, un cronista enumera las tarifas relativas a estos servicios supuestamente prohibidos. Así, el próspero candidato a una adopción debe pagar cincuenta piezas de oro por cada cien *koku* percibidos anualmente por la familia adoptiva, una suma considerable que viene a rellenar oportunamente la caja de los interesados.[15] A cambio de estos emolumentos, el niño adoptado accederá al prestigio y los privilegios propios de la clase dominante, ganándose también el derecho a llevar un apellido y los dos sables distintivos: la katana, de tres pies de largo, y el *wakizashi*, un arma más corta, de dos pies. Bajo el reinado de Iemitsu, tercer *shōgun* Tokugawa, en 1629, llevar el *daisho*, formado por este par de armas, se había convertido en el signo más visible y ostentoso de pertenencia a la élite social guerrera.

Los grandes perdedores de este flujo entre la clase comerciante y la guerrera, cuyas filas crecen sin cesar, son una vez más los campesinos, obligados a alimentar cada vez a más bocas. El fenómeno es general: Marcia Yonemoto ha establecido que la proporción de hijos adoptados por familias de samuráis se disparó del 17% en el XVII al 27% en el siglo siguiente. Sin embargo, la historiadora nipoamericana admite que esta tasa, que incluye una parte significativa de adopciones dentro de la clase guerrera, podría estar ampliamente sobreestimada.[16] La permeabilidad del grupo de samuráis, en beneficio de los *chonin*, también permite cierto acercamiento ético. Ha pasado tiempo desde que el autor del *Hagakure* denunciara la avaricia y el materialismo de los «comerciantes de Osaka». Paradójicamente, algunos de los éxitos económicos más notables se deben a antiguos samuráis que eligieron renunciar a su estatus o, más prosaicamente, a venderlo para saldar deudas. Si bien Mitsui Takatoshi, fundador de una de las dinastías de comerciantes más poderosas del país a finales del siglo XVII, está en ese caso, otro personaje es particularmente representativo del segundo perfil. Se trata de Iwasaki Yataro, nacido en enero de 1835 en una familia campesina de Shikoku, anteriormente guerrera. Después de unos estudios prometedores en Edo y una breve estancia en prisión por ser acusado de corrupción, Iwasaki regresa a la capital, donde se introduce en círculos reformistas ansiosos por poner fin al *sakoku*, la política de aislamiento del archipiélago que entorpece considerablemente el desarrollo económico. Con el apoyo de sus correligionarios, el hombre de casi cuarenta años se aprovechará de los grandes trastornos que conlleva el restablecimiento del poder imperial en 1868 para hacerse con una empresa de Osaka, anteriormente propiedad del clan Yamauchi, señor de la provincia natal de Iwasaki. El emblema elegido será el blasón de los Yamauchi, las tres castañas de agua que además inspiran el nuevo nombre de su empresa: Mitsubishi (*mittsu* significa «tres», e *hishi*, «castaña de agua»).

Ejemplo emblemático, en más de un sentido, de los *zaibatsu*, conglomerados que acompañarán la primera fase del capitalismo insular, Mitsubishi reivindica así desde su origen una filiación con el imaginario heráldico de la clase guerrera. Iwasaki, fallecido en 1885, y sus sucesores lograrán hacer fortuna trabajando codo con codo con el nuevo gobierno oligárquico, especialmente con el jovencísimo ejército imperial, cuyas tropas, municiones y suministros transportarán por todo el país. Este acuerdo secreto, perfectamente asumido, tiene incluso una expresión propia: *tokken-seisho*, «comerciantes políticamente privilegiados», según el historiador Shibagaki Kazuo, quien, además, precisa que, durante los años de 1880, Mitsubishi ejercía casi un monopolio en el transporte marítimo japonés, con los tres cuartos del tonelaje que transitaba por los puertos nipones a su cargo.[17]

Este formidable éxito, sin embargo, no debe ocultar los innumerables fracasos de los proyectos que emprendieron tantos samuráis desclavados, retratados en la prensa como incorregibles holgazanes incapaces de rendir lo necesario en el trabajo y, sin embargo, infatuados de su linaje. Durante el periodo Meiji, surge incluso una expresión que se burla de la incapacidad de esos pobres desafortunados para adaptarse a los cambios bruscos de paradigma: sus ahora conciudadanos, iguales en derechos, hablan, así, del *bushi no seisho*, «el trabajo del guerrero». Las voces discordantes tienen dificultades para ser escuchadas, como la de cierto señor Kadowaki, de Yotsuya, en las afueras de Edo, que se queja de estos juicios injustos y de la generalización de la que sería víctima la clase guerrera. Como vemos, la supuesta hegemonía del samurái se ha debilitado considerablemente en el siglo XIX, aunque la mayor parte de los mecanismos de poder sigan en sus manos. Dos siglos y medio después de las terribles guerras civiles, que amenazan además con reanudarse con más fuerza, aquí está el guerrero japonés nuevamente obligado a reconsiderar no sólo su posición, sino también sus relaciones con las otras categorías sociales y con la autoridad. Este cuestionamiento de la legitimidad de las jerarquías sociales pronto se volverá a encontrar en el centro de importantes problemas.

Capítulo 20
Cuando la lealtad rima con la insubordinación

En la última parte del periodo Edo, los samuráis atraviesan una nueva crisis existencial. Empobrecidos en su mayoría, a veces ridiculizados con expresiones cada vez menos veladas, avergonzados por el declive de su influencia en favor de la clase de los comerciantes, muchos ya no saben qué camino tomar. La ejemplaridad que supuestamente predican choca con las más triviales realidades, y la ficción ya no engaña a casi nadie. La lealtad, valor cardinal del *bushido*, es igualmente algo que muchos guerreros comienzan a cuestionarse. ¿Y si el señor feudal, lejos de ser el señor de la guerra de los tiempos heroicos y que ahora no tiene otro mérito que heredar su cargo, no fuera el depositario legítimo de la autoridad? A esta pregunta se le darán dos respuestas bien distintas. La primera considerará el bien del pueblo, aún no del todo japonés en una época en la que el sentimiento nacional todavía es difuso, como el objeto último de las atenciones de un samurái digno de tal nombre; éste es el camino singular que abrirá Oshio Heihachiro, modesto guerrero de Osaka, en la década de 1830, que conocerá un final trágico. La segunda saldrá de aquellos que pronto verán en el emperador la única figura de autoridad indiscutida, capaz de arbitrar las rivalidades entre clanes y facciones desde lo alto de su olimpo político, aunque el culto imperial aún esté por nacer.

El «Robín de los bosques» japonés

La llegada de los Tokugawa marca igualmente el advenimiento de una era de paz duradera, de cerca de dos siglos y medio y sin apenas equivalente en la historia moderna, en una época en que las naciones del Viejo Mundo están más divididas que nunca. Este retorno a la estabilidad genera un crecimiento demográfico que los avances en las técnicas agrícolas no siempre pueden sostener. De hecho, la población de la isla se duplica en cien años superando el umbral de los treinta millones de habitantes a comienzos del siglo XVIII. Lejos del mundo idealizado de los *ukiyo-e*, esas «imágenes del mundo flotante» que retratan paisajes suntuosos y escenas de una vida urbana sofisticada, el día a día de las clases modestas consiste, en el mejor de los casos, en malvivir. La mayoría, atraída por el espejismo de las ciudades en plena expansión, sobreviven en una miseria espantosa. El campesinado está sometido a una terrible presión fiscal, cercana al 38% de los ingresos entre 1746 y 1755.[1] Su suerte es tanto menos envidiable porque el arroz que producen –sin casi nunca probarlo– sirve de patrón monetario. La seguridad alimentaria de Japón se ve amenazada en varias ocasiones, y ya desde mediados del siglo XVII la escasez provoca revueltas frumentarias despiadadamente reprimidas por el shogunato. El pesado balance de la gran hambruna de la era Kanei, azote de principios de la década de 1640, ascendería a no menos de 50 000 muertos, más decenas de miles de cabezas de ganado. A pesar de las innovaciones en las técnicas de conservación difundidas gracias a obras enciclopédicas como el *Honcho shokkan*, «Espejo de los alimentos del imperio», o el *Nogyozensho*, «Tratado de agronomía general», ambos publicados en 1697, la frecuencia de las crisis aumenta a partir de 1730.[2] Y se llega al apogeo en 1836, especialmente en la región de Kinai, en los alrededores de Osaka, considerada por entonces el granero de Japón, y cuna de un tal Oshio Heihachiro.

Nacido en 1793 en el gran puerto del Japón central, Heihachiro se gana primero una reputación de intransigente en su servicio del prefecto de la ciudad. Sin embargo, su integridad le vale algunas enemistades, y abandona la carrera policial para jubilarse anticipadamente y dedicarse a la escritura y la enseñanza. Seguidor del sabio neoconfuciano Wang Yangming, conocido en Japón con el nombre chino de Yomei, quien defendía la primacía de la acción sobre la erudición, el antiguo funcionario convertido en filósofo desarrolla un pensamiento idealista y anticonformista contrario a la doctrina neoconfuciana oficial. Indignado por las condiciones de vida de los más pobres, de las que hace responsables a las, a su juicio, élites corruptas e incapaces, Heihachiro llega a la conclusión de que su deber último es ayudar a los necesitados. Y, dado que ni los representantes de las autoridades locales ni los jefes de las grandes casas comerciales –a quienes el letrado acusa de revolcarse cínicamente en la opulencia– consienten en aliviar la miseria de sus compatriotas, Heihachiro se dedica a esta noble tarea. Para ello, vende su biblioteca de cincuenta mil volúmenes por un total de mil piezas de oro y distribuye el dinero entre los necesitados, quedándose una parte para comprar un cañón y una docena de fusiles con los que armar a sus partidarios. Heihachiro, una vez decidido, se prepara para desafiar al régimen con las armas en la mano. Su «Llamamiento» –*Gekibun*–, un manifiesto de difícil comprensión para los humildes, a quienes, sin embargo, insta a levantarse en la primavera de 1837, no deja ninguna duda sobre sus intenciones. Así comienza *Oshio no ran*, la revuelta de Oshio, que inspiraría otras insurrecciones a lo largo del país y constituiría el desafío más contundente al poder de los Tokugawa desde la rebelión de Shimabara, exactamente dos siglos antes. Como destaca Ivan Morris, estos dos levantamientos también son notables por ser posiblemente los únicos que involucraron, además de a una multitud de marginados, a miembros de la clase guerrera. «Al elegir reclamar justicia para la gente común, Oshio se comprometió conscientemente con un camino que lo llevaría a enfrentarse directamente contra el poder al que servía, las autoridades del *bakufu*. Habiendo sido educado como un miembro leal de la clase samurái, era plenamente consciente de esta contradicción; pero resolvió el problema, al menos en su opinión, declarando que la lealtad al Espíritu Absoluto* prevalecía sobre la devoción al poder temporal. Moralmente obligado a mejorar la sociedad y obtener justicia para los humildes, estaba dispuesto a desafiar la lealtad convencional que le prescribía obediencia a sus superiores feudales».[3]

Desafortunadamente, el levantamiento fracasa muy rápido. Ante la señal acordada –el incendio de la residencia de Oshio en el amanecer del 25 de marzo–, los discípulos del maestro asaltan los graneros, pero, una vez saqueados los depósitos, la gran plebe de *burakumin*, esos parias cuya carga el rebelde había jurado aliviar y que forman el grueso de las fuerzas insurgentes, se dispersa por las calles y los campos. Oshio y un centenar de compañeros, que además habían sido traicionados, serán incapaces de superar a las fuerzas del gobernador, que acuden al lugar con toda presteza. Ya por la tarde, se ordena la retirada, mientras las llamas consumen un cuarto de la gran ciudad portuaria. Luego, los fugitivos se dispersan, y Oshio encuentra refugio en Yamato, en casa de un vasallo de la familia. Allí, perseguido por los sabuesos enviados tras él, se quitó la vida el 1 de mayo de 1837. Así terminó su breve e inútil revuelta, cuyos ecos aún resuenan. Hoy en día, en ambos extremos del espectro político, hay quienes admiran a Oshio y reivindican su ambiguo legado.

Pero, antes de volver a la cuestión de la memoria, conviene abordar otra forma de desobediencia que tendría aún más influencia en la conciencia nacional. A diferencia de Oshio, que ponía sus esperanzas en la gente común, los seguidores de esta segunda doctrina apostaban por la cúspide de la estructura estatal y la jerarquía social japonesa; es decir, el emperador.

* Este concepto, difícil de definir en nuestro idioma, se basa en las nociones de sinceridad y rectitud, centrales en la psique japonesa. (*N. del A.*)

Nacimiento del dios vivo imperial

Con el reinado del primer *shōgun* del clan Tokugawa, el nuevo régimen despoja a la corte imperial, sospechosa de haber apoyado los últimos estertores de una moribunda casa Toyotomi durante el asedio de Osaka en 1614, de los tristes restos de poder que le quedaban. Aunque el título de comandante en jefe de la clase militar todavía emanaba del emperador, nadie se llamaba a engaño: la hegemonía del *bakufu* era total.[4] El yugo sólo se lo sacudirán dos siglos después, cuando las poblaciones insulares, con los guerreros a la cabeza, al descubrir que los balleneros de las grandes potencias marítimas penetran cada vez más en aguas japonesas, toman conciencia repentinamente del retraso técnico, y por ende militar, acumulado. Aizawa Yasushi, un samurái erudito del feudo de Mito, ubicado en la costa del Pacífico al norte de Edo, es uno de ellos. Acometido por un mal presentimiento tras el desembarco de la tripulación de un buque británico, que sin pudor alguno desafía la prohibición shogunal y pisa tierra japonesa para abastecerse, recurre a las fuentes de la tradición y desarrolla, a partir del estudio de las antiguas crónicas de la casa imperial, la tesis de un archipiélago protegido por una miríada de divinidades. La singularidad de Japón se encarnaría en la persona sagrada del emperador, augusto heredero de una línea cuyos orígenes pretenden remontarse a tiempos mitológicos. En el centro de esta nueva doctrina del *kokutai*, el monarca, garante de un orden natural, recupera así una posición predominante. «Un país en el que el soberano reina sobre los cuatro mares, asegura la tranquilidad y la paz de sus súbditos, quienes, todos unidos, lo obedecen; ése es el deseo que se puede tener para Japón», escribe Yasushi en su obra fundacional, publicada en 1825.[5]

Sin embargo, hay una gran distancia entre el deseo y la realidad, especialmente porque la ambiciosa perspectiva de refundar el Estado y la sociedad insular sobre los principios del *kokutai* parece entonces lejana. No obstante, esto no impide que los jóvenes guerreros se apropien de esta ideología y se cuestionen la legitimidad del poder militar shogunal en nombre de una lealtad intrínsecamente superior debida al emperador. Estos *shishi*, «hombres de alto propósito», término con el cual la historia japonesa mantiene su recuerdo, son principalmente nativos de los grandes señoríos del sur, Satsuma y Choshu, bastiones de las grandes familias derrotadas en la batalla de Sekigahara, y, como consecuencia, excluidas del proceso de la gobernación nacional. La economía de estas regiones, basada en parte en el comercio marítimo, y la relativa autonomía de la que disfrutan permiten a sus líderes anticipar la crisis venidera, principalmente el inevitable enfrentamiento con las potencias coloniales. Como hombres de su tiempo, los *shishi* sólo conciben el *kokutai*, una forma de innatismo teñido de confucianismo, con una salvedad: la exención del soberano de toda obligación de ejemplaridad.[6] Las enseñanzas de los sabios chinos admitían la hipótesis de una revocación del mandato celestial si, por azar, el monarca faltaba a sus deberes. Para los reformadores japoneses, en cambio, es la esencia misma de la persona imperial –que no se volverá divina hasta el ocaso del siglo XIX, cuando se confunde con la de la nación entera– la que demanda una devoción absoluta, independientemente de los méritos o deficiencias del emperador.

Yoshida Shoin es uno de los primeros en teorizar sobre esta singularidad nipona que tendría repercusiones tan graves. Este guerrero del Choshu –feudo correspondiente al actual departamento de Yamaguchi, en el extremo oeste de Honshu– también está entre los promotores más tempranos y fervientes del lema que se difunde entonces por el país: *Sonno joi*, «¡Reverenciar al emperador, expulsar a los bárbaros!».[7] Verdadero grito de guerra de los partidarios de la restauración de la supremacía imperial, se convierte en un manifiesto que persigue dos objetivos. En términos de política interna, se trata de canalizar la emergencia de un sentimiento patriótico; en lo externo, el desafío consiste en capitalizar el horror sentido por muchos insulares ante el castigo infligido a China, potencia tutelar milenaria a pesar de las rupturas y disputas, por las naciones europeas tras la primera guerra del Opio.* Entre 1839 y 1842, Albión y el Imperio Medio libran un pulso, el segundo, en un intento de poner fin al tráfico de opio que se producía en el *raj*, la India británica, que exporta en masa a China, donde la droga causa estragos. Perdió la partida el Imperio Medio, que no tuvo en cuenta a la todopoderosa Compañía Británica de las Indias Orientales, lo cual, con el apoyo de la Royal Navy, aplastó con mínimas pérdidas a unos ejércitos chinos completamente superados. La derrota supuso un motivo de preocupación en las costas opuestas del mar Amarillo, en Japón, donde la quiebra del shogunato fue entonces evidente de manera cruda para muchos samuráis, conscientes de que el régimen de Tokugawa, a pesar de su probada rigidez, era incapaz de proteger al país en caso de conflicto.

Ahora bien, en julio de 1853, una escuadra de barcos estadounidenses se presenta en la bahía de Edo, y los «barcos negros» del comodoro Perry anclan con total impunidad. El oficial de la Marina de Estados Unidos, preocupado por no molestar a las autoridades locales con las que debe negociar un tratado comercial, se limita a entregar la carta que el presidente Fillmore ha redactado para el *shōgun* antes de volver a zarpar. Es con el regreso de Perry, la primavera del año siguiente, cuando Shoin, impresionado por la sensación de poder que desprenden los imponentes vapores armados con cañones, intenta en vano subir a bordo. El joven será detenido por la policía shogunal y encarcelado durante tres años, pero este periodo de detención lo fortalece, tanto en su desdén mezclado con fascinación hacia los «bárbaros» occidentales como en su convicción de que el *aggiornamento* político es de una urgencia absoluta. La idea se convierte en su credo, que en-

* Entre octubre de 1856 y octubre de 1860, se producirá una segunda guerra del Opio que implicará a los beligerantes de la primera y a la Francia de Napoleón III. El conflicto tendrá el mismo resultado, desembocando en el famoso «saqueo del palacio de Verano» de los emperadores Quing, hecho del que se hará eco Víctor Hugo, desolado, en un poema. (*N. del A.*)

seña en una de las muchas escuelas que comienzan a proliferar por el archipiélago, donde se imparten los principios para la construcción de un nuevo Japón. Shoka Sonjuku, la institución que el influyente prisionero dirige desde su celda, formará a varios de los artífices de la revolución venidera, empezando por Ito Hirobumi, el futuro primer ministro de la joven monarquía parlamentaria.[8] En cuanto a Shoin, se radicaliza a medida que el *bakufu* cede a las demandas extranjeras; firmará sucesivamente acuerdos con los gobiernos ruso y británico: los tratados de amistad nipobritánicos –concluidos el 14 de octubre de 1854 y que abren a los barcos ingleses los puertos de Nagasaki y Hakodate a la vez que otorgan a Gran Bretaña la cláusula de la nación más favorecida–, y luego el de Shimoda, el 7 de febrero de 1855, con el que permite el acceso de esos barcos rusos a esos mismos puertos, así como al de Shimoda, justo al sur de Edo. Implicado en el plan de asesinato de un alto dignatario, Shoin es abandonado por su *daimyo*, quien acepta entregar a su turbulento súbdito. En 1858, en el marco de una redada contra los activistas del movimiento Sonno Joi, el rebelde es sacado de su arresto domiciliario y nuevamente encarcelado. Finalmente, será decapitado el 21 de noviembre de 1859, a la temprana edad de veintinueve años. Pero entonces ya un viento de revuelta sopla sobre el archipiélago. Los días del shogunato están contados.

Recuerdos, grabaciones y legados

Aunque ambos hayan marcado profundamente la historia de Japón, Oshio Heihachiro y Yoshida Shoin van a ser tratados por la posteridad de forma bien diferente. Al primero, inicialmente desacreditado, se le pone por las nubes a partir de la década de 1870, gracias al Movimiento por la Libertad y los Derechos del Pueblo, que aboga por un giro democrático que la restauración imperial no está dispuesta a seguir. Después, el famoso rebelde regresará al primer plano en 1914, cuando el médico militar e intelectual de renombre Mori Ogai, nacido en una familia de samuráis, publica una biografía que describe a Heihachiro como «un socialista inconsciente».[9] Esto explica en gran parte por qué a veces se le considera uno de los padres espirituales de la izquierda japonesa. Sin embargo, esta afirmación merece ser matizada, ya que el supuesto igualitarismo del personaje, conocido además por su dureza, no cuestiona el principio de las clases que estructuran la sociedad de Edo. Por otro lado, el idealismo de Heihachiro también tenía sus defensores conservadores, desde Saigo Takamori, el «último samurái», hasta Mishima Yukio. Poco antes de su suicidio, Yukio también reconoce en su correspondencia la influencia del pensamiento de Yomei en su propio recorrido político.[10] Esta misma filosofía, fervientemente promovida por Heihachiro y encapsulada en la frase «Saber sin actuar es como no saber», lleva al general Nogi Maresuke, héroe del joven ejército imperial, a quitarse la vida el 13 de septiembre de 1912, día del funeral del emperador Meiji, por lealtad al fallecido soberano. En ese momento, el gesto conmociona a la opinión pública y contribuye oportunamente a revivir los valores de sacrificio, lealtad y abnegación asociados con el guerrero tradicional, cuya casta había sido abolida unas cuatro décadas antes.

Al igual que Oshio Heihachiro, Yoshida Shoin fue más un anticonformista que un verdadero revolucionario. Y, aunque legítimamente puede ser llamado «pionero», en el sentido de que influyó significativamente en algunos de los principales *shishi*, esto no debe ocultar el hecho de que Shoin contribuyó en gran medida a crear un clima deletéreo, verdaderamente preinsurreccional. De hecho, a partir de 1860, se multiplican los ataques contra figuras políticas acusadas de complacer a las potencias extranjeras, seguidos pronto por atentados contra diplomáticos o legaciones «bárbaras». La aprobación a estos actos por parte del emperador Komei, padre de Mutsuhito, el futuro Meiji, sólo echa más leña al fuego. Sin embargo, incluso entre los xenófobos más acérrimos eventualmente se establece un consenso a favor de la adopción inmediata de la ciencia y tecnología occidentales. Aunque pueda parecer paradójico, este camino se vio como el único capaz de garantizar la independencia del archipiélago. Como señala Tadashi Wakabayashi, «todos estaban de acuerdo en los medios para lograr este objetivo: riqueza nacional y poder militar». Pronto surgiría otro lema emblemático de la época: *Fukoku kyohei*, «País próspero, ejército poderoso». Sin embargo, construir este Japón soñado, capaz de competir en igualdad de condiciones con las potencias extranjeras, requiere liberarlo previamente del orden feudal, para propulsarlo luego hacia lo que entonces se percibe como la modernidad; y mejor aún, la suya propia, única y distintiva. Para lograrlo, los samuráis ocuparán una vez más –y por última– el centro de atención, en una apoteosis sangrienta y no menos paradójica, ya que serán ellos mismos los enterradores de su propia dominación social.

Capítulo 21

Entre tradición y modernidad: occidentalización y xenofobia

En el puesto de mando de la fragata *Euryalus*, el comandante Wilmot no vio lo que se le venía encima. Cayó decapitado por una bala de cañón disparada desde las baterías costeras japonesas, y ésta, de paso, se llevó también la cabeza del segundo oficial, el capitán Josling. Después de tres horas y media de combate, ese 14 de agosto de 1863, la Royal Navy hubo de lamentar nueve muertos, una cincuentena de heridos y varios barcos dañados de los siete con que contaba la escuadra al partir de Inglaterra. El balance es grave, pero las pérdidas del otro lado son igualmente dolorosas. Aunque sólo murieron cinco samuráis del clan Shimazu, quinientas casas fueron arrasadas por la artillería británica, y la escuálida flota de los señores de Satsuma, tres buques de vapor modernos y cinco juncos, se hundió en la bahía de Kagoshima. Tras el desastre, la flotilla inglesa se retiró para curar sus heridas en Yokohama.[1]

Frente a las 101 piezas de artillería británicas, los anticuados 83 cañones alineados por los japoneses se defendieron bastante bien. El aviso ha sido muy grave, sin embargo, y este primer intercambio de fuego con una nación bárbara después de doscientos cincuenta años de paz confirma los temores de los opositores del *bakufu*: el shogunato ya no está en condiciones de garantizar la seguridad del país frente al fuego que son capaces de desplegar las grandes potencias coloniales. Éstas ahora pueden llevar la guerra impunemente a los cuatro rincones del mundo, más tras haber dictado ya su ley al vecino chino. Sólo el honor queda a salvo. De hecho, argumentando que sus hombres han logrado evitar el desembarco del invasor, el *daimyo* Shimazu Tadayoshi proclama la victoria, al igual que Albión, que afirma haber vengado el agravio recibido seis meses antes. ¿Qué agravio fue ése, como para provocar una reacción tan beligerante? ¿Cuál fue ese incidente considerado en Kyushu como una verdadera guerra?

«Expulsar a los bárbaros» sable en mano

A mediados del siglo XIX, los súbditos de la reina Victoria no tardan en seguir los pasos de sus parientes del otro lado del Atlántico. Siete meses después de la firma de la convención de Kanagawa, que abre algunos puertos insulares a los barcos americanos, el almirante James Stirling obtiene, en octubre de 1854, un acuerdo aún más ventajoso de las autoridades shogunales. Rusia, Francia, Holanda, Portugal, Prusia e incluso Suiza, Bélgica, Austria, Suecia y Noruega siguen los pasos de los británicos, y entretanto crece la indignación de los círculos conservadores, que constatan la impotencia del *bakufu* para hacer respetar la inviolabilidad del sagrado suelo japonés.[2] Algunos no dudan en tomar las armas para castigar a los insolentes extranjeros y a sus cómplices. La rebelión es tanto más amenazadora cuanto que el *shōgun* en funciones recién nombrado, Tokugawa Iesada, está debilitado por una enfermedad. Desde la sombra, es el «Gran Anciano», Ii Naosuke, quien gobierna; y transige un poco demasiado con los extranjeros, al menos para el gusto de sus adversarios políticos, a quienes las purgas no han eliminado del todo. El 24 de marzo de 1860, Ii cae bajo las espadas de un grupo de jóvenes samuráis que le tienden una emboscada en las puertas del castillo de Edo. El atentado sirve de detonante. Le sigue una ola de asesinatos que golpea a dignatarios del régimen e incluso a la legación británica, atacada en

1861. Los partidarios de la restauración imperial se enfrentan ahora directamente con los «bárbaros», a los que conviene expulsar, si no matar, como es el caso del traductor de la embajada americana. En este contexto explosivo, tiene lugar el incidente de Namamugi, más conocido como el «asunto Richardson».

El 14 de septiembre de 1862, este comerciante británico camina por la región del Tokaido acompañado por su hermana y dos colegas, cuando el pequeño grupo se encuentra con un imponente cortejo. Se trata de la escolta de Shimazu Hisamitsu, padre de Tadayoshi, que se dirige a la capital para presentar sus respetos, de acuerdo con la regla del *Sankin-kotai*. La etiqueta exige que todo plebeyo se arrodille y se postre ante la augusta figura, lo que Richardson y sus compañeros se abstienen de hacer, ignorando ostensiblemente los gestos que les dedican los hombres de Hisamitsu. Furioso, un vasallo del *daimyo* desenfunda su espada y hiere a los comerciantes ingleses, que huyen. Richardson cae de su montura y queda gravemente herido, y al momento lo rematan (aún yace en tierra nipona). Pero Londres no piensa dejar el agravio sin castigo, recordando de paso que, según el tratado vigente, debe aplicarse la cláusula de extraterritorialidad con la que se protege a los ciudadanos europeos contra las afrentas del derecho local. El gobierno inglés exige disculpas no sólo del shogunato, sino también del dominio de Satsuma, feudo de los Shimazu, admitido como tercero en discordia. Un reconocimiento insignificante para el Reino Unido, pero que va a fortalecer considerablemente el aura de Satsuma como patria de los más leales servidores del emperador, especialmente porque, a diferencia de los Tokugawa, los Shimazu se niegan a pagar la cuantiosa indemnización exigida por Londres.[3]

En consecuencia, se lanza una expedición punitiva contra Kagoshima con objeto de doblegar a Satsuma y, a falta de cobrarse la indemnización, saquear la ciudad. Aunque resulta mortal para los asaltantes, es particularmente devastadora para la ciudad costera, que nunca había visto nada semejante. Las represalias inglesas también impresionan profundamente a Saigo Takamori. Aunque en ese momento sufre arresto domiciliario en una isla remota del archipiélago de Okinawa a causa de una desgracia, le llegan los ecos de la incursión. El futuro comandante en jefe de los ejércitos imperiales extraerá valiosas enseñanzas, y su convicción de que luchar en igualdad de condiciones contra los «bárbaros» requerirá un colosal esfuerzo de modernización se fortalecerá aún más. Por lo demás, no será ésta la única ocasión en que las naciones occidentales demuestren su superioridad tecnológica. En efecto, en el verano de 1864, una imponente flota con buques británicos, neerlandeses, franceses y una unidad estadounidense reduce al silencio a las baterías costeras que defienden Shimonoseki. Una vez más, el objetivo es castigar a un clan guerrero que había sido demasiado celoso en su obediencia al decreto imperial: los poderosos Mori, señores del Chugoku y segundo brazo armado del movimiento de oposición al *bakufu* moribundo.

¿«Tradicionalistas»?

La operación contra Shimonoseki, que incluye el desembarco de dos mil infantes de marina, sigue a las provocaciones de Takachika, señor de los Mori, decididos a hacer respetar la voluntad del emperador y, en consecuencia, tratan de prohibir el paso por el estrecho de Shimonoseki a los barcos extranjeros. El estrecho canal que separa Honshu de Kyushu es de gran importancia estratégica. Las grandes potencias occidentales no están dispuestas a que se les impida navegar por él, por lo que continúan su travesía sin tener en cuenta el ultimátum imperial, al que el shogunato no se ha adherido. El 25 de junio de 1863, la flotilla japonesa zarpa con una bandera Tokugawa falsa y dispara una salva contra un buque mercante estadounidense, que huye. Luego le llega el turno a un buque francés, el *Kienchang*, y después al buque de guerra holandés *Medusa*, con el que se ensaña la artillería costera de los Mori el 11 de julio, matando a siete miembros de su tripulación. Hay que esperar unos días, a la mañana del 16 de julio, para que una corbeta de la Marina de los Estados Unidos, el *Wyoming*, zarpe de Yokohama y se enfrente a la flotilla que los Mori habían adquirido (con gran coste) de proveedores occidentales, compuesta por una barcaza armada, el bergantín *Lanrick*, renombrado como *Kosei*, y el vapor *Lancefield*, ahora llamado *Koshin*.

El oficial de marina Alfred Roussin, destacado en Japón, relata el mortal combate que enfrenta a los hombres del capitán McDougal con los marineros isleños, inexpertos pero combativos: «Al avistar la entrada interior del estrecho, el *Wyoming* se lanzó a toda velocidad, sin responder al fuego de las dos o tres baterías que lo saludaron sucesivamente. La tripulación estaba tendida en la cubierta; los proyectiles pasaron causando poco o ningún daño. El navío, al acercarse a los barcos de Nagato anclados frente a Shimonoseki, disparó de repente una andanada de estribor sobre la flotilla. Un proyectil del cañón de 110 libras, lanzado casi a quemarropa sobre el vapor *Lancefield*, en ese momento lleno de gente y preparándose para el ataque, atravesó su casco y sin duda alguna la caldera, pues se vio a los japoneses lanzarse al mar entre chorros de vapor. [...] Desafortunadamente, la corbeta encalló al iniciar la maniobra de vuelta, complicada por la estrechez del paso, y se convirtió en un blanco inmóvil de fuego cruzado de varias baterías; en unos minutos, el lado que enfrentaba al enemigo quedó acribillado de proyectiles; doce hombres, seis de ellos mortalmente heridos, cayeron. Finalmente, cuando lograron liberarse, el *Wyoming* reanudó su marcha en sentido contrario; de paso, disparó una segunda andanada a los barcos, uno de los cuales estaba hundiéndose [...]. Unos días más tarde, la corbeta regresó a Yokohama para reparar sus daños».[4]

El periodo denominado «del Bakumatsu», en el que tiene lugar una última guerra civil entre los partidarios del *shōgun* y los del emperador y las últimas agitaciones, que continúan hasta la rebelión de Satsuma en 1877, es a menudo presentado como un conflicto entre tradicionales y modernos que se resolvió en el campo de batalla. Los samuráis, ensoberbecidos por su superioridad en el combate cuerpo a cuerpo, habrían confiado sólo en la espada, mostrando desprecio por los fusiles y cañones de sus lastimosos enemigos. Pero la realidad tiene muchos más matices. No sólo en este enfrentamiento, sino también en los posteriores, los líderes militares de todos los bandos son plenamente conscientes de la necesidad de adoptar los progresos técnicos. Las únicas diferencias residen, en su mayor parte, en el grado de integración de las evoluciones tácticas, la diferencia debida a los medios logísticos y financieros de los protagonistas y la necesidad de considerar imperativos políticos. Es lo que ocurrió en la batalla de Toba-Fushimi, librada en los suburbios del sur de Kioto a finales de enero de 1868. Punto culminante del conflicto entre el *bakufu* y los partidarios del restablecimiento de la primacía imperial, la victoria fue para estos últimos, a pesar de una abrumadora inferioridad numérica. Si bien la memoria colectiva se centra en la presencia, entre las filas de las fuerzas leales a los Tokugawa, de milicias irregulares armadas a la antigua usanza, sobre todo los célebres espadachines del Shinsengumi, esto no debe ocultar el despliegue de unidades equipadas con armamento moderno. Aunque los contingentes del Satsuma y del Choshu, que constituían la mayor parte de las tropas de la coalición favorable al emperador, estaban mejor equipados, el shogunato también desplegó regimientos formados y entrenados por asesores extranjeros, en particular franceses.[5] Éste fue especialmente el caso del Denshutai, un cuerpo de ochocientos lanceros y fusileros montados, bien provistos de armas británicas con el ánima rayada, de factura superior a los fusiles del enemigo.

La adopción de las técnicas militares occidentales se extendió al arte de la fortificación, estudiado tempranamente por ingenieros y samuráis como Takeda Ayasaburo o Matsudaira Noritaka, este último proveniente de una rama colateral de la casa del *shōgun*. El primero construyó entre 1857 y 1866 el espléndido

Goryokaku, una fortaleza en forma de estrella en el más puro estilo Vauban que protegía el puerto de Hakodate. En cuanto al segundo, hizo erigir en 1867, en un valle estratégico de los Alpes japoneses, el fuerte de Tatsuoka, también concebido según el modelo de la arquitectura bastionada.[6] Estas construcciones han sobrevivido al paso del tiempo y siguen siendo admiradas hoy en día. Incluso el famoso Saigo Takamori, presentado invariablemente como un tradicionalista empedernido y fuente de inspiración para la epopeya hollywoodiense de Edward Zwick *El último samurái* (2003), no dudaba en recurrir a las armas de fuego. Ciertamente, en la batalla de Tabaruzaka, en abril de 1877, los rebeldes bajo el mando de Saigo trataron de atraer al enemigo al cuerpo a cuerpo con sable, ámbito en el que superaban al adversario, pero también porque las municiones empezaban a escasear. Es totalmente sintomático que el *casus belli* se diera por el intento de evacuar de noche el arsenal completamente nuevo de Kagoshima. Este buque insignia de la naciente industria insular, entonces en la vanguardia de la tecnología, funcionaba a pleno rendimiento. Empleaba a trescientos ochenta y ocho obreros cualificados, asistidos a su vez por ciento cincuenta y seis peones que fabricaban, además de municiones, piezas de artillería de bronce o acero. El gobierno era plenamente consciente de su vital importancia, ya que intentó vaciar los depósitos desde enero. Sin embargo, los estudiantes de las academias militares fundadas por Saigo, los *shigakko*, descubrieron el plan y, la noche del 30 de enero, tomaron por asalto el edificio, del que lograron extraer cientos de armas y no menos de seis mil cartuchos. El futuro líder que caería derrotado en lo que los historiadores denominarían la «guerra de Boshin» estaba en una buena posición para no subestimar a los reclutas que pronto serían enviados a sofocar la rebelión, dado que había sido el primer comandante supremo de la nueva armada imperial y había desempeñado un papel central en la formación de esta última en las tácticas importadas de Occidente. Lejos de confiar únicamente en armaduras, flechas o lanzas, los insurgentes se agruparon en siete batallones armados con rifles Snider y Enfield. Aunque la artillería pesada se limitaba a dos piezas, las tropas de Saigo también contaban con veintiocho cañones de montaña y la misma cantidad de morteros. Estamos muy lejos, pues, de la imagen idealizada del samurái irreductible y conservador que profesa su desprecio por las armas cobardes. Pero ¿cómo pudo producirse este espectacular cambio de dirección?

Hacia la modernidad a toda máquina

El *sakoku*, aislacionismo radical decretado por el *bakufu* a partir de 1635, nunca fue total. Seguían existiendo intercambios con el continente, China y Corea, así como con los Países Bajos, la única nación europea a la que se le permitía mantener relaciones comerciales con el archipiélago, a través de la Compañía Neerlandesa de las Indias Orientales. Después de décadas de circulación discreta, e incluso clandestina, el octavo *shōgun*, Yoshimune, decidió, en 1720, flexibilizar las disposiciones que regulaban estrictamente la difusión de obras extranjeras y las relaciones con el extranjero en general. Esta decisión marcó el auge de lo que se denominaría *rangaku*, «estudios holandeses», que, por extensión, se referirá a los conocimientos y técnicas europeos, que los samuráis contribuirían en gran medida a difundir. El médico Sugita Genpaku, vasallo del dominio de Wakasa en el mar de Japón y traductor de un tratado de anatomía publicado en 1774, desempeñó un papel esencial en la introducción del método científico en la comunidad médica insular. Al comienzo del siglo siguiente, los guerreros Takano Choei y Ogata Koan, sucesores de Sugita, lograron enormes avances en la medicina japonesa gracias a las contribuciones de las obras holandesas.[7] Sin embargo, los *rangaku* terminaron enseñando sus límites, y el impacto causado por la irrupción de los barcos de Perry incentivó al poder central y a algunos grandes señores para avanzar más rápidamente. Para ello, nada mejor que beber de la fuente. Por tanto, había llegado el momento de poner fin al *sakoku* y zarpar, y, para los samuráis, convertirse en diplomáticos una vez más.

El 22 de enero de 1862, una fragata de la Royal Navy zarpa desde Shinagawa, el distrito portuario de Edo. A toda máquina, el barco se dirige hacia Europa. A bordo, una delegación diplomática liderada por Takenouchi Yasunori, nombrado ministro plenipotenciario para la ocasión, y dos emisarios distinguidos. Se trata de Terashima Munenori, un samurái nativo de Satsuma, que estudiaría inglés en la Universidad de Londres antes de convertirse en el primer ministro de Asuntos Exteriores de Japón y luego embajador en Estados Unidos; y de Fukuzawa Yukichi, quien, con su erudición, su dominio de los *rangaku* y tras una estancia en la costa oeste americana, es un gran conocedor del mundo occidental, que describirá en una extensa obra publicada en diez volúmenes. Por estas razones será elegido para actuar como intérprete.

Pensador de los más prolíficos e influyentes de la era Meiji, Yuykichi funda en 1858 una escuela privada destinada a un brillante porvenir, la prestigiosa Facultad Keio. Fukuzawa, cuyo retrato aún adorna los billetes de diez mil yenes, contará entre los promotores más fervientes de la integración en el concierto de las naciones modernas, incluido el imperialismo japonés, resumido en la fórmula «*Datsu a, nyu o*», a menudo traducida como «Dejar Asia, unirse a Occidente». Además de las valiosas informaciones que se esforzaría por recopilar en el camino, especialmente en lo que respecta a ciencias y técnicas, así como a estructuras políticas, la embajada liderada por Takenouchi tiene una misión de la máxima importancia: ganar tiempo antes de negociar lo mejor posible la apertura de los puertos japoneses al comercio internacional. Las autoridades temen que sus interlocutores los fuercen a firmar prematuramente tratados que puedan ser desiguales, como había ocurrido anteriormente con China. Al final de un largo viaje con paradas en Singapur, Ceilán, Adén, Suez y Malta, el barco llega a Francia y atraca en Marsella, desde donde los enviados toman un tren a París. Allí se alojan en el Louvre y son recibidos con honores por el emperador Napoleón III el 13 de abril, pero no logran obtener un resultado favorable en el plano diplomático.[8] Nadar, uno de los padres de la fotografía, inmortaliza la visita de estos exóticos huéspedes, que luego siguen camino hacia el norte y la Inglaterra victoriana. Estos diplomáticos samuráis también se encontrarán con Léon de Rosny, precursor del estudio de las lenguas del Lejano Oriente, quien causa una gran impresión en Fukuzawa: «Este hombre entiende japonés y domina perfectamente el inglés», anota en su diario de a bordo. «Cuando la misión recaló en París, solía visitar nuestro hotel y teníamos largas conversaciones. [...] Vino de Berlín a San Petersburgo, recorrió 800 leguas en tren y se gastó cuatrocientos francos sólo para ver a los japoneses: ¡es realmente el hombre más asombroso que he conocido en Europa!».[9] Maravillados por los esplendores de la Exposición Universal de Londres (del 1 de mayo al 1 de noviembre de 1862), Takenouchi y sus compatriotas logran arrancar algunas concesiones a los británicos, quienes, tras haberse burlado de la obstinación de sus visitantes por vestir el traje ceremonial japonés, acceden no obstante a retrasar cinco años la apertura al comercio de los cuatro puertos mencionados en el protocolo de Londres: Osaka, Hyogo, Edo y Niigata. El éxito de la empresa, atribuido a los samuráis, que supieron hacer de las cortes europeas un campo de batalla tan honorable como aquellos en los que se habían distinguido sus antepasados, servirá de precedente y alentará nuevas iniciativas. Apenas afectado por su reciente conflicto con Gran Bretaña, el dominio de Satsuma se arriesga a enviar su propia misión en 1865. Los enviados de Kagoshima serán inicialmente recibidos con frialdad, pero encuentran un oído más atento cuando se presentan como campeones del joven emperador, cuyo regreso al poder podría acelerar la ratificación de acuerdos más favorables para Londres...[10] Como prueba de estos avances gigantescos, Japón participa en la Exposición Universal de París, inaugurada el 1 de abril de 1867 bajo el auspicio de Tokugawa Akitake, hermano menor del *shōgun*. Sin embargo, es la embajada Iwakura la que dejará una huella más duradera. Liderada por el ministro homónimo, asesor cercano del soberano Mutsuhito, cuyos partidarios habían derrocado al *bakufu*, la delegación está compuesta por más de cien miembros, entre ellos sesenta estudiantes que, en ocasiones, permanecerán largos meses en los diversos y numerosos países que visitan: la misión Iwakura recorrerá el mundo durante dos años, en una odisea que la llevará desde San Francisco hasta El Cairo, pasando por Washington, Londres, Glasgow, París, Bruselas, Ámsterdam, Berlín, San Petersburgo, Copenhague, Estocolmo, Múnich, Florencia, Roma y Nápoles. Aunque la renegociación de los tratados resulta infructuosa, Iwakura y los suyos regresan enriquecidos por una experiencia de valor incalculable y una visión del mundo de la que ninguno de sus contemporáneos puede presumir. La situación no estará exenta de problemas; pronto se abrirá un abismo entre los miembros del gobierno que han podido beneficiarse de esta formidable oportunidad y aquellos que, por el contrario, no han salido el archipiélago. Se formarán dos partidos alrededor de dos de las figuras más destacadas de la época: Okubo Toshimichi y Saigo Takamori. Irónicamente, los dos antiguos compañeros de clase originarios de Kagoshima –decididamente, un lugar clave– no dejarán de enfrentarse hasta el fatal desenlace. El 24 de septiembre de 1877, Saigo, pasando de héroe nacional a rebelde al trono imperial, cae en combate en la colina Shiroyama que domina su ciudad natal. En cuanto a Okubo, su triunfo será efímero. De hecho, perecerá por la espada de un tercer hijo de Satsuma apenas un año después de su victoria, no sin haber dejado una huella indeleble en la historia del Japón por su extraordinario vanguardismo. En 1870, Okubo invirtió toda su energía en modernizar su país, incluso a marchas forzadas. La intensidad, el alcance, pero también la brutalidad de sus reformas le valdrían el apodo del «Bismarck japonés» por parte de su biógrafo Iwata Masakazu.[11]

Esta tensión entre tradición y modernidad, que se ha convertido en un cliché para describir el archipiélago, es en gran medida un legado de los últimos días de los samuráis, especialmente durante la Restauración Meiji, en la cual los guerreros japoneses desempeñan un papel predominante por última vez.

Capítulo 22
Un regreso ilusorio a las raíces

«El emperador de Japón anuncia a los soberanos de todos los países extranjeros, así como a sus súbditos, que se ha concedido permiso al *shōgun* Tokugawa Yoshinobu, a petición propia, para restituirnos el ejercicio del gobierno. A partir de este día, asumiremos la autoridad suprema en todos los asuntos del país, tanto internos como externos. En consecuencia, el título de emperador debe sustituir al de *taikun*, en cuyo nombre se firmaron los tratados. Es deseable que los representantes de las potencias firmantes de dichos tratados reconozcan esta declaración».[1] Con estas palabras, el 3 de febrero de 1868, Mutsuhito, que acaba de suceder a su difunto padre Komei, fallecido un año antes, da fe de la renuncia del último cabeza de la línea Tokugawa. Como el propio interesado había indicado en una carta publicada poco antes, en la que Yoshinobu admitía la necesidad de un estado centralizado, se ponía fin al shogunato y al poder de los guerreros establecido casi siete siglos antes por Minamoto no Yoritomo.[2]

En la mente de sus promotores, esta «restauración» Meiji, que Pierre-François Souyri considera más bien una verdadera revolución, se presenta, sin embargo, como un retorno a un supuesto orden natural antiguo. Se basa en una visión idealizada del Estado llamado «de los Códigos», fuertemente inspirado en las doctrinas políticas importadas de China, y que precede en varios siglos al advenimiento de la clase militar. Más allá de una legitimidad basada en la antigüedad del régimen imperial en comparación con el de los guerreros, los artífices de esta nueva organización del poder, siguiendo una idea entonces popular, consideran que el sistema centralizado es un signo de modernidad y que es intrínsecamente superior al feudalismo, visto como una etapa intermedia.[3]. Sin embargo, ello no impedirá que éste, especialmente en su versión japonesa, sea a su vez instrumentalizado en el que caso de reivindicar una «excepción japonesa» que permita a Japón hacer oír su voz en el concierto de las naciones. Mientras tanto, la capitulación del *shōgun* no significa la de todos sus partidarios. Y hay entre ellos quienes han venido de muy lejos para abrazar esta causa.

Los samuráis del emperador Napoleón III

En la década de 1860, mientras que en Japón algunos samuráis comienzan a intercambiar su atuendo tradicional por una levita, sombrero de copa y zapatos de charol, la moda del japonesismo hace furor en Francia. Los salones de las élites parisinas se adornan con porcelanas, grabados y abanicos. Tras los hermanos Goncourt, sucumben a esta fiebre Charles Baudelaire, Edgar Degas y Édouard Manet. Pierre Loti celebrará pronto este entusiasmo por el exotismo del Lejano Oriente en su novela *Madame Chrysanthème*, y los críticos de arte Henri Cernuschi y Émile Guimet financiarán expediciones hacia el país del Sol Naciente, de donde traerán tesoros por centenares.

La cultura japonesa también fascina a los militares, que descubren a su caballería insular impregnada de un sentido del honor meticuloso y siempre dispuesta al sacrificio de su vida. Varios de los instructores que acompañan al capitán Jules Chanoine sucumbirán a su encanto. Destacado en noviembre de 1866 a Japón, donde tiene la orden de entrenar en la guerra moderna a diez mil combatientes, llega con sus quince subordinados al archipiélago al inicio del año siguiente. En esa delegación, destaca un elegante artillero, el teniente Jules Brunet; graduado de Saint-Cyr y la

Politécnica, el hombre es tan hábil empuñando un sable como manejando un pincel. Lo demuestran sus numerosos bocetos, incluido un retrato de Tokugawa Yoshinobu que estuvo a punto de provocar un incidente diplomático, ya que el *shōgun* había sido representado de pie, contra las reglas de etiqueta vigentes. Tras ganarse la confianza del *bakufu,* que sería derrotado en el campo de batalla, y haber apostado erróneamente por él, varios oficiales franceses se enfrentan a un cruel dilema. Con la caída de Edo en manos de los partidarios del emperador, eligen honrar su palabra permaneciendo en Japón junto a las tropas leales al régimen shogunal, ahora dispersas y replegándose hacia Tohoku, donde todavía mantienen apoyos. En octubre de 1868, al enterarse de la negativa del ministro de la Guerra a permitir que los soldados de Napoleón III continúen la lucha, Brunet, ascendido a capitán, presenta su renuncia. Plenamente consciente de los riesgos que corre, concluye así su misiva dirigida a Chanoine: «La confederación del Norte ha renovado sus demandas; sus príncipes, amigos de Francia, dicen necesitar mis consejos y han prometido obedecerme. Aun arriesgando mi futuro como funcionario francés, me he limitado a asegurarme medios de vida modestos y honorables por parte de los japoneses, y solo quiero intentar ser útil a nuestros amigos en este país. [...] No me hago ilusiones sobre las dificultades; las afronto con resolución, decidido a morir o a servir la causa francesa en este país».[4] A diferencia del personaje ficticio de Nathan Algren en la película de Edward Zwick, que se inspira ampliamente en la trayectoria de Brunet, aunque hubo muchos oficiales de naciones occidentales como instructores, el artillero pintor no llegará hasta tal extremo.

Pretextando una visita al arsenal franco-japonés de Yokosuka, al sur de Edo, el capitán Brunet se embarca hacia Sendai, donde el almirante Enomoto Takeaki intenta reunir a los que se oponen a la destitución de los Tokugawa. La iniciativa fracasa, y los dos hombres se ven obligados a continuar su retirada hacia el norte. Se les unen en Hakodate tres subordinados de Brunet y algunos refuerzos, aumentando el número de los rebeldes hasta cuatro mil hombres. Son muy pocos, pero suficientes para tomar el control de Hakodate, principal enclave de la isla septentrional de Hokkaido, cuyas costas son pronto fortificadas mal que bien en previsión de la inevitable contraofensiva de las fuerzas imperiales. Y tengamos cuidado, una vez más, de no asignar papeles precipitadamente al imaginar una enésima peripecia del conflicto entre conservadores y progresistas, porque estos disidentes del nuevo orden político no son, sin embargo, intransigentes reaccionarios. En Hokkaido, los últimos partidarios del shogunato proclaman, contra todo pronóstico, la República de Ezo, cuya Constitución es copia la de Estados Unidos y de la que Enomoto será efímero presidente.[5] Amnistiado y luego perdonado, volverá al servicio en la joven marina imperial, de la que llegará a ser uno de los vicealmirantes más condecorados, e incluso ministro. Bien formado y dirigido, adecuadamente provisto de artillería, el modesto ejército rebelde se esfuerza por compensar su inferioridad numérica con una audacia poco común, como lo demuestra el golpe de mano contra el *kotetsu*. El 6 de mayo de 1869, los expertos espadachines del famoso Shinsengumi se lanzan al abordaje de esta formidable fragata blindada, buque insignia de la flota imperial embestida por el pequeño vapor *Kaiten*. Si bien los atacantes son aniquilados por el fuego de una ametralladora Gatling, su temeridad deja estupefactos a los testigos. La derrota de las fuerzas navales rebeldes abre el camino para la recuperación del bastión de Hakodate, que cae el día 30. Entretanto, Jules Brunet ha reconsiderado su decisión de morir al servicio de sus hermanos de armas y ha encontrado refugio a bordo del *Coetlogon*, de bandera tricolor, que logra evacuar a sus pasajeros. Temporalmente en situación de disponible tras su regreso a Francia, el impetuoso capitán será reintegrado en vísperas de la guerra francoprusiana y participará en la represión de la Comuna de París.

Su compatriota Eugène Collache (1847-1883), oficial de marina, estuvo aún más cerca de la muerte. Tras su rendición, lo llevan, fuertemente escoltado, a Edo, donde será encarcelado a la espera de su destino. Cuando se pronuncia la sentencia –la pena capital por haber empuñado armas contra Japón–, el oficial de marina, aún vestido como un samurái, solicita despedirse por última vez de sus compañeros de infortunio, como nos cuenta en el relato de su viaje, publicado en 1874. «Sin duda, había llegado la hora de la ejecución. Pedí despedirme de mis antiguos camaradas japoneses. Me condujeron frente a las jaulas donde estaban encerrados mis compañeros y, a través de los barrotes, intercambié calurosos apretones de manos; pero, apremiado por los *yacounins*,* tuve que a cortar la despedida y los dejé, no sin un gran pesar en el corazón. ¿No habíamos sido derrotados y hechos prisioneros juntos?».[6] En este cuadro de apariencias engañosas, es el francés en kimono y rodeado de soldados japoneses vistiendo el uniforme europeo quien, para su gran sorpresa, no se dirige al lugar de su último aliento, sino al puerto de Yokohama, desde donde embarcará para un viaje sin retorno hacia su tierra natal.

A pesar de estos augurios poco prometedores y la humillante derrota sufrida por Francia en 1870, la asistencia militar a Japón no iba a cesar, y los lazos de amistad que unían a antiguos samuráis y oficiales franceses tampoco se debilitarán. Uno de éstos, además, compuso el himno de la joven armada imperial: Charles Leroux (1851-1936), que puso música a las palabras de la pieza *Battotai* escrita por Toyama Masakazu en homenaje a los vencedores de la rebelión de Satsuma. El primero sería condecorado con la orden del Sol Naciente. Más sorprendente aún, según Jean-François Loudcher y Christian Faurillon, es que el boxeo francés habría desempeñado un papel en la génesis del kárate moderno.[7] La colaboración continuaría a principios del siglo XX en el ámbito aeronáutico; irónicamente, en 1910, un Tokugawa llamado Yoshitoshi fue el primer piloto insular formado en la es-

* Se trata de la adaptación al francés de término *yakunin*, que designa un guerrero de rango medio actuando en calidad de funcionario de policía. (*N. del A.*)

cuela Henri-Farman de Étampes. Unos años más tarde, el hijo de samurái Shigeno Kiyotake destacaría por su valentía al mando de su SPAD durante la Primera Guerra Mundial. En su haber, dos victorias seguras y seis probables contra aviadores alemanes.

Réquiem por una clase social

La restauración Meiji transcurre en dos fases: una primera, dominada por operaciones militares que preceden o siguen de cerca el cambio de régimen, y la segunda, por reformas a menudo brutales. Si bien afectan a toda la sociedad japonesa, ambas etapas podrían parecer, no obstante, asuntos internos de la clase guerrera, dado que los samuráis ocupan un lugar primordial. Varios de los grandes edictos imperiales apuntan, de hecho, especialmente a esta categoría social, bien identificada como clave de toda política reformista. Desde 1869, se ordena a los *daimyo* devolver sus señoríos, pronto convertidos en regiones controladas por el poder central. Privados de sus fuentes de ingresos, los grandes señores feudales despiden a sus vasallos pagándoles un estipendio en forma de bonos; pero éstos sufren una fuerte devaluación y arrojan a miles de familias a la bancarrota. La modernización tiene un precio. Con un déficit de un millón y medio de *koku*s, cuando se perciben anualmente dos millones, el nuevo poder tiene poco margen de maniobra.[8] Y son las pensiones de los samuráis, casi un tercio del presupuesto del Estado, las que sufrirán las consecuencias. Dos años más tarde, el edicto *Dampatsu* autoriza –en realidad, alienta enérgicamente– a los guerreros a renunciar al distintivo moño, el *chon-mage*. El golpe de gracia se da en 1876 con la promulgación del *Haito rei*, «edicto de prohibición de los sables», que prohíbe llevar armas a los samuráis en lugares públicos; son sólo los oficiales del ejército y de la policía los que desde entonces gozan de este derecho.

Vista como una traición por muchos guerreros, en especial porque proviene de samuráis de condición modesta, los mismos que esperaban beneficiarse del derrocamiento del *bakufu*, esta ley va a encender la mecha y provocar varios levantamientos, especialmente en el oeste del archipiélago. La benevolencia, incluso el entusiasmo, a favor del movimiento revolucionario da paso a la desconfianza, al descontento y luego a las inclinaciones sediciosas, aunque Saigo Takamori pretenda sólo marchar sobre la capital para pedir cuentas al nuevo gobierno. Pero ni él ni sus predecesores en las regiones de Saga o Aizu tienen intención de entenderse con las masas campesinas, igualmente maltratadas por el ritmo insostenible de los cambios exigidos, y que representan una fuerza mucho más considerable. Los oligarcas que gobiernan entre bastidores en nombre del joven soberano, provenientes en su mayoría de feudos enemigos de los Tokugawa desde hace mucho tiempo, han sabido manipular hábilmente a sus hermanos de la clase combatiente para imponer su proyecto político. Y su gran propósito no es reemplazar a una camarilla de clanes por otra al frente del país, sino introducir del todo a Japón en su concepto de la modernidad. Okubo Toshimichi y sus acólitos son plenamente conscientes de que, para conseguirlo, deben poner fin a esa misma existencia del sistema de clases que, en cierta medida, les ha allanado el camino hacia el poder. El interesado confiesa además que la huida hacia delante es ahora la única salida: «En lugar de enfrentarnos a un colapso, como es el caso hoy, sólo podemos comprometernos con audacia y decisión a favor del cambio».[9] Los menos visionarios o cínicos, según la perspectiva que se adopte, se darán cuenta demasiado tarde de que esta marcha forzada hacia la modernización se lleva a cabo al son de su propio canto del cisne. Retomando las palabras de Eiko Ikegami, «el cese de toda resistencia armada organizada hizo irreversible la tendencia hacia la desfeudalización. La agenda de los antiguos samuráis –la defensa de los privilegios feudales– se había quedado obsoleta».[10]

Estas nuevas disposiciones jurídicas suponen la abolición *de facto* de la clase de los samuráis. Favorecidos por el nuevo gobierno, en 1884 los *daimyo* ven convertidas sus posiciones sociales en cinco títulos de nobleza acordes al modelo europeo: duque, marqués, conde, vizconde y barón. Con la intención de convertirse en una monarquía parlamentaria moderna, los rangos más modestos recibirán menos atención.[11] Muchos guerreros encuentran entonces empleo en las administraciones locales, pasando del servicio del señor al del Estado, que, de este modo y a bajo coste, obtiene una garantía de lealtad gracias al pago de un salario. De cualquier modo, las nuevas élites también son muy numerosas y la mayoría proceden de la antigua clase combatiente. Esto es cierto para las fuerzas armadas, pero también para la comunidad científica, pues más de las tres cuartas partes de los hombres de ciencia registrados en Japón en 1880 son herederos de familias guerreras, dada la educación elitista de éstas.[12]

En realidad, las instituciones políticas son particularmente favorables a los antiguos miembros de la aristocracia militar. La Constitución de 1889 estipula que el soberano compartirá su poder con una asamblea representativa compuesta por dos cámaras, llamada Teikoku Gekai, «Dieta Imperial». Al igual que su ilustre predecesora británica, la Cámara Alta, que reúne a ciento cuarenta y cinco miembros hereditarios, grandes nobles y aristócratas de la Corte, a los que se suman ciento seis miembros elegidos a discreción de su majestad, excluye virtualmente toda participación popular, dado que es necesario, para acceder, el aporte de una contribución fiscal prohibitiva. Bajo la presión del Jiyu Minken Undo, el «Movimiento por la Libertad y los Derechos del Pueblo», liderado por Itagaki Taisuke, los plebeyos se hacen, sin embargo, con la mayor parte de los representantes en la Cámara Baja, elegidos por sufragio censitario. Los guerreros reformados no ocupan ni una décima parte de los asientos, una proporción cercana a su peso demográfico (o incluso inferior). En cuanto al futuro partido que fundará Itagaki, sobre el que Daniel Alfred Métraux destaca que inicialmente «no era particularmente popular ni muy democrático», se esforzará por defender los derechos de un «pueblo» reducido a los guerreros expoliados. Tras la purga de los elementos más radicales y violentos, que abogaban por la desobediencia civil, o incluso, si fuese necesario, por la lucha armada contra un poder considerado tiránico, la organización criptorrepublicana sabrá ampliar su base para convertirse en 1881 en el Jiyuto. Este lejano ancestro ideológico del Partido Liberal dominará la escena política japonesa desde la posguerra y se involucrará en diversas iniciativas insurreccionales que culminarán con el «incidente de Chichibu»*, en el otoño de 1884, antes de anunciar su propia disolución.

Si bien no se pueden borrar de un plumazo siglos de supremacía, durante la restauración Meiji el samurái, en clara decadencia, se encuentra atrapado entre dos fuegos. Frecuentemente menospreciados por las demás categorías sociales, que se sienten al fin vengadas, los guerreros tradicionales también son rechazados por los que, entre ellos, han sabido adaptarse al cambio en el momento oportuno. Pero, aun relegado al rango de anacronismo molesto que obstaculiza la marcha imparable hacia el progreso, el samurái está lejos de haber dicho su última palabra y no tardará en volver a ser favorecido.

* Esta revuelta campesina, la más importante de la era Meiji, perseguía un doble objetivo: luchar contra una fiscalidad aplastante y ampliar los derechos civiles del campesinado. (*N. del A.*)

Capítulo 23
El instrumento de la militarización

A caballo entre los siglos XIX y XX, un verdadero frenesí nacionalista se apodera del mundo. El bronce fluye en abundancia por todas partes: los escultores celebran a los héroes nacionales erigiendo en parques y jardines estatuas monumentales. Japón no se queda atrás, y más de ochocientas obras afloran en el espacio público entre 1880 y 1928, contribuyendo a forjar un sentimiento nacional. Naturalmente, junto con los pioneros de la restauración Meiji, destacados guerreros, como Oda Nobunaga en Gifu en 1888 o Mori Takachika en 1900, cuya estatua ecuestre estuvo a punto de ser la primera erigida en el archipiélago, son movilizados en masa. Pero Kusunoki Masashige se le adelanta: será el héroe resucitado, como hemos visto, en calidad de precursor del alineamiento de los samuráis con el régimen imperial. Éste no tarda, además, en rehabilitar a Saigo Takamori. En 1889, apenas doce años después de la supresión de la rebelión de Satsuma, el flamante rebelde al que tanto adoraba la multitud de guerreros degradados recibe el oportuno perdón del soberano. Y, a pesar de una apariencia claramente menos marcial –el querido hijo de Kagoshima sale representado vistiendo un simple kimono y paseando a su fiel compañero canino–, es su efigie la que se prefiere a la del reformador Kido Takayoshi para adornar la entrada del reciente parque de Ueno, orgullo de la nueva capital, Tokio.

La decisión no deja de suscitar la oposición de aquellos que consideran que se otorgan demasiados honores a un traidor al emperador, como lamenta el *Yomiuri Shinbun*. La redacción de este periódico conservador, que, sin embargo, había celebrado la erección en Fukuoka de un monumento conmemorativo de la resistencia frente al invasor mongol y la valentía de la «raza del Yamato», desea abiertamente «la victoria de los opositores a la estatua y el abandono del proyecto».[1] Pero no tendrá éxito: Saigo Takamori, al igual que su distante predecesor Masahige, se convertirá en un icono guerrero y patriótico capaz de promover la militarización de la sociedad japonesa.

Héroes del «romancero nacional»

A los ojos de la oligarquía Meiji, los nuevos modelos occidentales se caracterizan por una cultura influyente y una voluntad de expansión colonial envuelta en los ropajes de una obra civilizadora, plenamente asumida cuando se despliega en nombre de la defensa de los intereses económicos o de las minorías cristianas. Ahora bien, el nuevo Japón, que pretende competir de forma inmediata con las grandes potencias, se dirige ahora hacia una colonización del continente. Nada parece obstaculizar, por tanto, su entrada en el concierto de naciones. Con este fin, con objeto de preparar a la sociedad para esta gran empresa, ¿qué mejor figura que el valeroso guerrero insular, símbolo idóneo de ese «poderoso ejército» que se ha convertido en una profesión de fe? Siguiendo el ejemplo de Europa, las élites intelectuales locales van entonces a inventar su propio «romance nacional». Naturalmente, el samurái ocupará un lugar privilegiado, si no el primero, lo cual no es de extrañar, ya que estas élites son en su mayoría descendientes de la nobleza de la espada. A pesar de la aparente contradicción que constituye este alzamiento de la casta que, tras gobernar con mano de hierro el país durante siglos, acababa de ceder el poder de no muy buena gana, todo el mundo entiende que pueden sacar provecho de ello. Ahora que se ven superados técnicamente por los métodos y el material modernos, esos veleidosos guerreros representan una amenaza muy marginal para el nuevo régimen. Los valores que encarnan, por el contrario, proporcionan una base ideológica perfecta, un baño helado ideal en el cual templar la hoja aún incandescente que el país, en pleno renacimiento, arde en ansias de usar. Así es como Saigo Takamori, calificado durante la campaña que terminó con su suicidio como un renegado de la peor especie, «para quien no hay lugar ni en el cielo ni en la tierra», es perdonado póstumamente, un año después de la publicación de sus memorias.

Las semejanzas entre los caballeros europeos y los nipones parece subrayar una singularidad japonesa en Asia que justificaría la pretensión de entrar en el muy reducido círculo de las potencias coloniales. A los ojos de los ideólogos del nuevo régimen, el periodo feudal se convierte en la premisa de una gran potencia futura, una especie de señal de pertenencia a Occidente, más en lo que se refiere a la modernidad que a la identidad, la cual permanece claramente inscrita en un ámbito cultural asiático en el que Japón pretende sin duda reafirmar sus ambiciones. Pierre-François Souyri lo desarrolla así: «Es en este contexto donde surgen nuevas lecturas de la historia japonesa que llevan a nuevas representaciones de la antigua clase de los samuráis y de su código de conducta, conocido como *bushido*. Esto implica un nuevo discurso, la revalorización de la clase de los samuráis y el descubrimiento de la importancia del feudalismo en el discurso dominante como eslabón entre la historia japonesa y la historia occidental». Y el historiador continúa describiendo el mecanismo de recuperación de la figura del guerrero: «A partir de ahora, se pasa de la sobrevaloración histórica de la Antigüedad japonesa (y de la tradición china) a la de la epopeya feudal (concebida tanto como una tradición japonesa inventada como una proximidad con la historia europea). Los samuráis se convierten en los caballeros de Japón. Se insiste en los valores masculinos y guerreros. La historia de Japón es ahora leída en el marco de una semejanza con la de Europa. [...] Y comienza la construcción de un nuevo discurso histórico sobre el pasado de Japón, que corresponde a los nuevos objetivos de la expansión del Estado nación».[2]

Por si acaso, en 1898 se promulga un nuevo código civil que sustituye al redactado por un consejero francés ocho años antes* y que nunca fue plenamente implantado. El modelo de la casa guerrera, que obedece a una estricta jerarquía, se convierte en el de la célula familiar y se extiende a toda la sociedad. Esta lógica, a su vez basada en los cánones neoconfucianos heredados del periodo Edo, refleja el ideal de lealtad esperado de cada sujeto hacia el emperador. Como un *daimyo* de antaño, el jefe de familia ostenta la autoridad de la casa y decide sobre los matrimonios y adopciones, a cambio de la obligación de mantener a todos los miembros de la casa. Por esencia patriarcal, esta organización permite, sin embargo, que la hija mayor suceda a su padre si por casualidad no naciera ningún heredero varón.[3] Al hacer del respeto a las reglas de la vida en común –la primera, la obediencia a los superiores– la piedra angular de las relaciones sociales, este nuevo corpus proporciona una base ideal para la militarización de las masas.

Una nación de guerreros

Las primeras tentativas de formación de un ejército moderno, disciplinado y bajo el mando del poder imperial emergente no se basan en la ética del samuráis. De hecho, la oligarquía no sólo espera eliminar unas prácticas consideradas arcaicas, sino que había tomado conciencia de que la lealtad de estos guerreros siempre era prioritariamente para su clan, lo que como consecuencia debilitaba la cadena de mando y acababa en renuncias o deserciones en cascada en caso de desacuerdo con los superiores.[4] A pe-

* Concretamente, el gobierno japonés invitó a Gustave Émile Boissonade (1825-1910) a desarrollar sus códigos legales. El francés se inspiró fuertemente en el Código Napoleónico.

sar de las promesas de emancipación mediante el pago del «impuesto de sangre», vertida en combate, muchos hombres intentan librarse de la obligación del servicio militar, y en un principio los reclutados disponibles se verán reducidos. Ante la necesidad de aumentar sus fuerzas, el gobierno se rinde a la evidencia: los guerreros desempleados son numerosos, y muchos de ellos se enrolan tanto en el ejército como en la marina. La lógica propia de los clanes sigue en funcionamiento, especialmente entre los oficiales de los rangos superiores, pues son los antiguos samuráis quienes ocupan esos puestos. Con once generales de los sesenta y nueve nombrados hasta 1925, así como quince almirantes de treinta y nueve, el inevitable feudo de Satsuma sigue siendo el más favorecido.[5] Sin embargo, es importante precisar que esta sobrerrepresentación de la pequeña nobleza de espada no es exclusiva de Japón, ya que se encuentra en proporciones comparables, e incluso superiores, en las instituciones militares prusianas, británicas y suecas contemporáneas, como ha demostrado Sonoda Hidehiro.[6]

Nitobe Inazo, benjamín de una familia de guerreros y prestigioso intelectual, publica en 1900 *Bushido, el alma de Japón*. A partir de su fe cristiana y su dominio del idioma de Shakespeare, aprendido durante sus numerosos viajes, ennoblece las rudas aspiraciones del hombre de espada japonés, adobándolas con consideraciones morales y caballerescas que dejarán una marca indeleble en la percepción que el resto del mundo tendrá de los samuráis. Sin embargo, la fascinación ya no es necesariamente recíproca. Pasados los primeros entusiasmos hacia un Occidente al que se observa con un temor mezclado de admiración, el tono cambia a principios del siglo xx. Tras la guerra ruso-japonesa, en la que Japón sale victorioso de manera inesperada, las grandes potencias son percibidas por la opinión pública nipona como antepasados celosos de sus respectivas colonias, coyuntura que condiciona las dificultades que tiene el archipiélago para hacerse con un imperio a la altura de sus nuevas ambiciones. Una vez más, el samurái se alza como personificación de un camino genuinamente japonés, al que tiene derecho absoluto tanto más cuanto que el emblemático guerrero, gracias al talento de Nitobe y otros, es presentado ahora como un perfecto caballero impregnado de humanismo.

El suicidio del general Nogi Maresuke, el 13 de septiembre de 1912, causará un impacto extraordinario: contribuirá a confirmar la creencia en la singularidad de la relación con la muerte y el sacrificio que mantienen los japoneses, especialmente los de uniforme. Aunque el ilustre soldado pretende morir según la regla del *junshi*, que prescribe acompañar a su señor en el más allá –de hecho, el emperador Meiji había fallecido un mes y medio antes–, este hijo de samurái también busca redimir el ultraje de la pérdida de un estandarte del régimen a manos del enemigo en sus años jóvenes, durante la represión de la rebelión del Satsuma. Nogi lo indica sin ambigüedad en el preámbulo de su carta de despedida: «Ahora soy el difunto emperador en la muerte, aunque sea gravemente culpable de actuar de esta manera. Debido a mis descuidos, perdí la bandera del regimiento que se me había confiado durante la guerra civil que tuvo lugar en el décimo año de la era Meiji, y desde entonces he buscado la ocasión de poner fin a mis días en memoria de esta desgracia».[7] De esta forma, uno de los artífices de la represión ejercida contra los últimos samuráis muere respetando el código del guerrero, encarnando la ambivalencia de los tiempos que afecta a los antiguos miembros de la clase combatiente. Los intelectuales y los partidos conservadores sacarán provecho de este último desafío a la evolución de las costumbres y a la supuesta ascensión del individualismo dentro de la sociedad insular.[8] Nogi se convierte, así, en el paradigma de las virtudes del samurái, una fuente de inspiración para la juventud del país.

Dos años después de la muerte del general, Natsume Soseki, uno de los escritores japoneses más populares de principios del siglo pasado, relata un suicidio por lealtad en su novela *Kokoro*, que será traducida al francés en 1957 con el título *El pobre cora-*

*zón de los hombres.** Sin embargo, la era Taisho, que corresponde al reinado de Yoshihito, no está exenta de movimientos de orientación progresista que intentan revertir la tendencia del proceso de emancipación que acompaña al formidable desarrollo económico del archipiélago. Esto es especialmente evidente en el caso de la Reimeikai, la «Sociedad del Amanecer», fundada en 1918 y ferozmente antimilitarista, que aspira a establecer nada menos que el sufragio universal, el derecho de huelga y la libertad de reunión. Sobrevivirá apenas dos años, en un clima cada vez más reaccionario y agravado por el eclipse de los modelos europeos tras la Primera Guerra Mundial. El auge de una América cada vez más vista como una amenaza contribuye a mantener complejos y frustraciones, más aún cuanto que los famosos «catorce puntos», propuestos en 1918 por el presidente Woodrow Wilson para definir un nuevo orden mundial, son recibidos con entusiasmo por las formaciones de izquierda japonesas y sirven de base para impugnar el protectorado sobre Corea.[9]

El fenómeno se amplifica durante la era Showa, en vísperas del segundo conflicto mundial. Esta vez, es a Miyamoto Musashi, el duelista autoproclamado invencible de los primeros días del periodo Edo, a quien le toca resucitar bajo la pluma virtuosa de Yoshikawa Eiji. La publicación de la biografía novelada del héroe en las páginas del gran diario *Asahi shinbun* en la década de 1930 despierta una gran simpatía hacia el personaje, repentinamente dotado de todas las cualidades atribuidas al japonés ideal, presentado naturalmente como un guerrero enderezador de entuertos, cuyo sentido del sacrificio sólo es superado por su intransigencia a conformarse a los preceptos del *bushido*. El éxito es inmediato, tanto que la novela se convertirá en el libro más vendido de la historia del país. En cuanto al autor, se deja llevar

* Edición en español aparecida en 2014, año del centenario de su publicación original, a cargo de la editorial Impedimenta y con traducción de Toko Ogibara y Fernando Cordobés. (*N. del E.*)

gustosamente por el entusiasmo y no verá de forma necesariamente desagradable la histeria ultranacionalista que se apodera del archipiélago. Alan Tansman ha señalado las malas compañías del escritor, conocido por su afiliación al círculo literario de los Fuassho bunshi, los «letrados fascistas».[10] Si bien Tansman, profesor en la Universidad de Columbia, matiza, al describir un club más fascinado por el uniforme que impulsado por una verdadera adhesión ideológica, la inclinación de muchos de sus miembros por la novela histórica cuyo héroe guerrero constituye un *leitmotiv*, también muestra que la imagen del samurái está siendo instrumentalizada. Paradójicamente, muchos años después de la derrota de Japón, la prodigiosa popularidad de *La piedra y el sable*, eco lejano de nuestras novelas picarescas y cantares de gesta, cruzará el océano Pacífico para contribuir en gran medida a difundir la visión idealizada del samurái. Edwin Reischauer, experto conocedor del archipiélago, no se equivoca al escribir en el prólogo del superventas que «muchos japoneses prefieren considerarse modernos Musashi».

La escalada del militarismo también favorece el apoteósico regreso del arma emblemática del samurái. A partir de mediados de la década de 1930, en las escuelas de oficiales del ejército y de la marina, el *kyu gunto* es reemplazado por el *shin gunto*. Si el primero es copia de los sables napoleónicos, con la guarda cerrada de latón, el segundo marca un regreso a las formas tradicionales. Los cadetes que descienden de antiguos linajes guerreros lo aprovechan para sacar de los armarios las espadas familiares y aderezarlas de manera reglamentaria. Mediante la katana, la identificación entre el combatiente nipón y sus gloriosos predecesores se exhibe en innumerables carteles de propaganda dirigidos a los soldados del ejército o futuros reclutas. Y las publicaciones de las juventudes nacionalistas muestran en portada a niños que sostienen orgullosamente un sable de madera, la frente ceñida con el mismo *hachimaki*, «banda ritual», que llevarán los kamikazes como preludio al último acto del gran desastre. Tanto el samurái, instrumento de movilización de masas, congelado en un arquetipo, como su código de honor, reinventado para servir al expansionismo nipón, habrán cumplido su siniestra misión. También el *bushido*, acomodado al culto imperial, que traslada al divino monarca la lealtad ciega debida al señor, se utiliza para afirmar una supuesta superioridad moral insular que garantizaría la victoria segura. Poco importa si el material militar es escaso o no apropiado para competir con el del enemigo, como sucederá después de los grandes reveses de 1942: los soldados de su majestad, estimulados por las hazañas de sus gloriosos antepasados, sabrán luchar hasta el final y morir con el sable en la mano. Los oficiales más inclinados a continuar con la modernización de las fuerzas japonesas serán, entonces, sospechosos de derrotismo, mientras que los generales reaccionarios esgrimen el espíritu del samurái como una solución milagrosa. En cuanto a la «senda del guerrero», seguirá estrechamente asociada en el continente asiático al expansionismo japonés y al cortejo de horrores que deja a su paso el ejército imperial.[11]

La posguerra en los lienzos y en las viñetas

Se podría pensar que el apocalipsis que se abate sobre el archipiélago en agosto de 1945 desacreditaría definitivamente cualquier referencia a la figura del famoso guerrero japonés. Pero nada más lejos de la realidad, ya que el fénix resurge una vez más de sus cenizas, en este caso nucleares. Sin embargo, el discurso cambia radicalmente, aunque no sea más que para sortear la censura que ejercen las autoridades de ocupación, que examinan con minuciosidad cualquier obra histórica, todas ellas sistemáticamente sospechosas de elogiar la tradición belicista insular. Si bien el samurái vuelve a aparecer en las pantallas y en los tebeos, es más bien objeto de burla en los mangas que Tezuka Osamu publica en los años sesenta.[12] Algunos años antes, Akira Kurosawa, también nieto de samurái, había invertido completamente la perspectiva histórica al proponer un enfoque marxista, directamente inspirado en su contacto, en sus años jóvenes, con la Liga de Artistas Proletarios. A pesar de las espadas que enarbolan, los héroes de *Los siete samuráis* prefieren dar la espalda a sus pares dedicados al bandolerismo y participar muy activamente en la lucha de clases, poniendo sus espadas al servicio de los humildes campesinos extorsionados. Con *Yojimbo* (1961), por fin, el gran Toshiro Mifune regresa a las salas de cine, y esta vez interpreta a un *rōnin* que empuja a sus compañeros reducidos a la delincuencia a matarse entre ellos.

En el extranjero, sin embargo, el daño está hecho, y esta notable evolución de la forma en que los jóvenes ciudadanos japoneses empiezan a mirar su pasado no es suficiente para revertir una tendencia firmemente arraigada. Al mismo tiempo, el entusiasmo que genera el descubrimiento de las artes marciales asiáticas en todo el mundo lleva a los editores a rescatar textos olvidados que elogian los méritos de un *bushido* permanentemente edulcorado y presentado hasta la saciedad bajo una luz exclusivamente favorable. Incluso el *tameshigiri*, el arte del corte, que algunos creían deshonrado para siempre por los macabros concursos de decapitación a los que se entregaban los oficiales japoneses en China, vuelve a ser aceptado. En el año 1960 se renegocia el tratado de seguridad mutua, que restablece una apariencia de equilibrio en la cooperación militar entre Japón y Estados Unidos. Las negociaciones van acompañadas de una fuerte respuesta liderada por el Partido Socialista, cuyo secretario general es asesinado de un sablazo. El asesino, un militante de extrema derecha envalentonado por los disturbios políticos, se suicida poco después de su encarcelamiento, no sin antes escribir en las paredes de su celda el grito de guerra de Kusunoki Masashige. El ciclo se ha cerrado.

Otro ciclo se cierra diez años después con el suicidio de Mishima Yukio, también simpatizante nacionalista y autor en 1963 de un ensayo titulado *El Japón moderno y la ética samurái*, verdadero manifiesto en el que el prodigioso escritor aboga por la rehabilitación de los valores marciales que define como fundacionales. Ese mismo año, la primera cadena de televisión japonesa inaugura su serie histórica dominical, en la que la mayoría de los héroes provienen de la clase guerrera. Si bien la popularidad de este programa, *Taiga dorama*, declina hoy en día a causa de la dura competencia que ofrecen los nuevos medios, aún sigue siendo una institución familiar cuyos códigos han permeado ampliamente a las poblaciones más allá del archipiélago. Desde entonces, tanto en epopeyas cinematográficas de Hollywood como en videojuegos épicos, el guerrero tradicional japonés sigue omnipresente. Aunque su poder fue abolido hace casi un siglo y medio, el samurái se conserva de maravilla y no parece tener intención de abandonar los escenarios. Por ahora, este formidable estandarte del *soft power* nipón, inseparable del japonés común en el imaginario colectivo, se limita sabiamente a encarnar en las portadas de las revistas la eficacia, la disciplina y la determinación insulares..., ¿hasta su próxima recuperación?

Conclusión

El 8 de julio de 2022, el ex primer ministro Shinzô Abe cae abatido por las balas de Yamagami Tetsuya, un hombre de cuarenta año sin antecedentes penales que logra fabricar un arma improvisada. El mundo descubre con estupor que, bajo la máscara de un archipiélago sumergido en la armonía y la concordia, envuelto en una estética refinada, yace el demonio apenas adormecido de la violencia política. Cada uno de estos dos rostros de Japón contiene una parte de verdad, y ambos constituyen en cierta manera el legado de los samuráis, que en su momento recurrieron sin pudor al asesinato político en nombre del interés superior que encarnaba el emperador. Lejos de atraerse la desaprobación de sus compatriotas, el asesino es colmado de favores: recibió más regalos de los que su celda podía contener y donaciones en efectivo por un valor superior al millón de yenes, lo que indica la profunda asimilación de esta relación con la violencia por parte de la sociedad insular.[1]

El guerrero tradicional japonés, símbolo de rectitud y abnegación, es también portador de una cultura de la violencia, e incluso adepto a un culto a la muerte. Ciertamente, ha llegado a concebirse como un modelo, depositario de una ética elitista, pero que pretendía ser un faro para toda una nación. Sin embargo, la adhesión a los valores transmitidos por el *bushido* –la senda del guerrero– nunca ha sido total, ni siquiera necesariamente mayoritaria, hasta que el Estado japonés moderno, también moldeado por la antigua clase combatiente, puso todo su peso en la balanza y erigió al samurái como el sujeto ideal del Japón imperial. A pesar de la desastrosa guerra y el cataclismo de 1945, es el inevitable guerrero quien, contra todo pronóstico, resurge y se ve convocado para apoyar el renacimiento del país. Y el anónimo asalariado de los Treinta Gloriosos* se transformará en el samurái de los tiempos modernos, sacrificándolo todo en el altar de la reconstrucción, al igual que sus antepasados supieron dar sus vidas al servicio del señor.

A pesar de la ambivalencia del personaje y de la complejidad de su evolución a lo largo de casi un milenio de historia, su popularidad no disminuye. En París, en el Quai Branly en 2011; en Nantes, en el castillo de los duques de Bretaña en 2014, en Niza en 2017…, sólo en Francia y durante la última década, el samurái ha atraído a decenas de miles de visitantes que vienen a admirar su amplia gama de objetos por todo el país, y eso mencionando únicamente las exposiciones más notables. Recientemente, en 2022, en Berlín, se inauguró un museo dedicado al guerrero japonés, al tiempo que en Dallas, Texas, una fundación presentaba piezas de gran valor: armas, armaduras y diversas antigüedades, pacientemente reunidas durante un cuarto de siglo por la familia de coleccionistas suizos Barbier-Mueller. ¿A qué atribuir el inquebrantable entusiasmo que despierta el samurái? Más allá de la notable estrategia de influencia cultural japonesa, tanto los insulares como los extranjeros sienten, probablemente, la necesidad de explicar de este modo, al menos en parte, la singularidad de Japón, ese «Extremo Occidente», por retomar la

* El periodo conocido como los Treinta Gloriosos, de 1945 a 1973, representó una época de grandes transformaciones económicas y sociales para los países desarrollados, en particular los miembros de la Organización de Cooperación y Desarrollo Económicos (OCDE). Marcado por un crecimiento económico excepcional, estuvo estrechamente vinculado a la reconstrucción tras la Segunda Guerra mundial y a la aparición de nuevos paradigmas económicos y sociales. (*N. del E.*)

fórmula de Alain Rouquié, con un éxito económico insolente, primera nación no occidental en ser admitida en el selecto club de los países desarrollados.[2] ¿Y quién mejor que el arquetípico guerrero, sutil alquimia de alteridad radical y parentesco lejano con nuestro propio imaginario caballeresco, sería capaz de encarnarlo?

Glosario

Akuto: «malas personas», bandas armadas, bandidos que operaban en el siglo XIV.

Ashigaru: «pies ligeros», infantería estacional que se profesionalizará en el siglo XVI antes de formar el escalón más bajo de la clase combatiente.

Azunai: término controvertido que aparece en el *Nihon shoki*, posiblemente refiriéndose a la sodomía.

Bakufu: «gobierno bajo la lona», gobierno militar, shogunato.

Basara: marginados, generalmente guerreros, vestidos con atuendos extravagantes.

Bateren: japonización del portugués «padre», referido a los misioneros y jesuitas.

Biwa hoshi: laudista itinerante (*biwa*), equivalente a nuestros juglares y trovadores.

Bunbu ryodo: «doble senda de las bellas artes y de las artes marciales»; ideal que anima al samurái a destacar en todos los dominios del cuerpo y la mente.

Burakumin: término genérico que abarca los estratos más despreciados de la sociedad japonesa, víctimas de todo tipo de discriminación (ver *hinin*).

Burei-uchi: violencia legal ejercida por un guerrero que considera manchado su honor.

Bushi: guerrero (sinónimos: *musha, tsuwamono, mononofu*).

Bushidan: banda de guerreros mercenarios durante la era Heian.

Bushido: «senda del guerrero», conjunto de valores inicialmente heterogéneos, teorizado en el periodo Edo y luego democratizado en vísperas de la Segunda Guerra Mundial.

Byobu: biombo, pantalla decorativa, a menudo embellecida con pinturas y dorados.

Chanoyu: ceremonia del té, arte codificado en el siglo XVI.

Chigo: lindo, novicio y amante al servicio de altos prelados budistas.

Chonin: burgués de ciudad, cuya clase prosperará en la época Edo.

Chon-mage: moño característico del samurái.

Choshin: «vasallo bienamado», eufemismo que designa al favorito del señor.

Chu: lealtad, fidelidad, valor cardinal del *bushido*.

Daimyo: «gran nombre», conde, duque, señor cuyos ingresos superan las diez mil cargas de arroz o *koku* (ver *infra*).

Daisho: par de sables –el largo, la katana y el corto, el *wakizashi* (ver *infra*)– de porte obligatorio y que permite identificar a un samurái en el periodo Edo.

Denshutai: unidad militar shogunal formada en armas y tácticas modernas por asesores extranjeros durante el periodo de transición del Bakumatsu.

Eboshi: sombrero, cubrecabezas.

Emishi: tribus del noreste hostiles al establecimiento de la soberanía imperial durante las épocas Nara y Heian.

Geido: «senda de las artes», conocimiento de las bellas artes japonesas.

Gekokujo: «el subalterno derroca al superior», mundo al revés en medio de una gran inestabilidad política en los siglos XIV y XV.

Genko-borui: muralla erigida en la costa norte de Kyushu contra el invasor mongol.

Genpuku: rito iniciático de paso a la edad adulta del samurái.

Goryo: fantasma, resucitado vengativo, de la época Heian.

Gosanke: «tres linajes Tokugawa», ramas colaterales de la dinastía shogunal.

Gunkimono: «relato guerrero», epopeyas, crónicas que protagonizan guerreros.

Gunto: sable reglamentario de las fuerzas armadas imperiales.

Hachimaki: banda tradicional a menudo decorada con sinogramas o símbolos auspiciosos.

Hakama: falda-pantalón del samurái en traje de ciudad.

Hamon: línea de temple en la hoja de un sable, cuyo diseño varía según el forjador.

Hinin: «infrahumano», paria dentro de la sociedad japonesa.

Hishi: castaña de agua que figura en el logotipo de la empresa Mitsubishi.

Hitojichi: cesión de familiares en calidad de rehenes como señal de lealtad.

Honjo: fortaleza medieval.

Hyakusho: campesino, agricultor.

Ichizoku: «clan», y por extensión designa el acto de homenaje del vasallo que lo convierte en miembro de la familia extendida.

Ikebana: arte tradicional de la ornamentación floral.

Ikki: liga, fraternidad guerrera que promueve cierta equidad entre sus miembros.

Ikusa: pelotón, unidad básica de los ejércitos en los periodos Heian y Kamakura.

Insei: «ley del claustro»; se refiere a la influencia política ejercida desde las sombras por los emperadores retirados que oficialmente han profesado votos monásticos.

Jieitai: «fuerzas de autodefensa»; fuerzas armadas japonesas con una vocación exclusivamente defensiva, según el artículo II de la Constitución de 1947.

Jingasa: sombrero cónico usado por los *ashigaru*.

Jiseiku: poema de despedida, generalmente dirigido a los padres o al señor.

Jito: magistrado responsable de la recaudación de impuestos en nombre del *shōgun*.

Jiyuto: Partido Liberal, surgido del Movimiento por la Libertad y los Derechos del Pueblo, creado durante la restauración Meiji en oposición a la oligarquía en el poder.

Ji-zamurai: guerrero rural, pequeño propietario de tierras con cierta independencia hasta la promulgación de los edictos de separación de clases.

Jokamachi: ciudad castrense, nueva ciudad próspera al pie de un castillo.

Junshi: suicidio de un vasallo para acompañar a su difunto señor feudal (ver *seppuku*).

Kabuki: teatro épico popular surgido a principios del siglo XVII.

Kabuto: yelmo, casco de guerrero.

Kaishakunin: verdugo, asistente encargado de decapitar a un guerrero practicante del *seppuku*.

Kanshi: suicidio de protesta de un vasallo tras un desacuerdo con su señor feudal.

Kami: divinidad japonesa. Espíritu de un lugar o de un objeto de gran valor, figura tutelar familiar. Su número es incontable.

Kamikaze: «viento de los dioses», tifón que destruyó la flota invasora mongola a finales del siglo XIII. Término adoptado por los pilotos suicidas durante la Segunda Guerra Mundial.

Kamon: blasón, armas de una casa guerrera o clan.

Kanpaku: «gran portavoz», chambelán, ministro de Estado.

Katana: sable de hoja curva con una hoja de tres pies de largo.

Katana-gari: «caza de sables» ordenada por Hideyoshi en 1588 para combatir el bandolerismo y desarmar a las poblaciones insulares.

Kemari: juego de pelota, en boga entre los aristócratas.

Kenchi: medición de tierras con el fin de establecer un catastro detallado.

Kirishitan: del español «cristiano», japonés convertido al catolicismo.

Kiso: raza rústica de caballos japoneses originaria del valle del río Kiso.

Kobu: periodo de «convivencia» entre el régimen imperial y el shogunato, desde principios del siglo XIII hasta mediados del siglo XIV.

Kogane: planta con propiedades cosméticas.

Koku: unidad de medida de arroz en volumen, utilizada para evaluar la riqueza de un feudo.

Kokujin: «compatriota», en el sentido de compañero de armas, miembro del mismo clan.

Kokutai: a veces traducido como «cuerpo, esencia de la nación», el término abarca especificidades sociopolíticas atribuidas a Japón durante la era Meiji.

Kondei: miembro del *kondei-sei*, cuerpo de élite formado por jinetes arqueros.

Kozane: láminas de cuero o metal lacadas enlazadas para formar la armadura del samurái.

Kubizuka: «montículo de cabezas»; montón formado por el apilamiento de cabezas cortadas durante una batalla, después de ser contadas.

Kunshi: «caballero, gentilhombre, hombre honesto», guerrero versado tanto en artes marciales como en bellas artes y literatura.

Kusazuri: falda de armas, de estructura laminar que protege los muslos.

Kusunoki: *Cinnamomum camphora*, alcanforero.

Maku: biombo que delimita el recinto reservado al estado mayor del general en campaña.

Manga: «imagen fútil, trivial», término acuñado por Katsushika Hokusai en 1814.

Matsuri: festival folclórico, a menudo con danzas y desfiles.

Meibutsu: antigüedad, objeto precioso relacionado con el té, a menudo importado del continente.

Meiyo: honor caballeresco del samurái.

Monogatari: epopeya, cantar, relato en prosa típico de las épocas Heian y Kamakura.

Murasaki-boshi: gorro de tela malva usado por los actores para imitar el tupé de cabello que un joven se afeita para testimoniar su entrada en la edad adulta.

Musha-e: «imagen de guerrero», género de estampa muy de moda en el periodo Edo.

Musha-shugyo: especie de peregrinación marcial en la que un guerrero se enfrenta a oponentes experimentados para probar su propio valor.

Naginata: alabarda, guja, guadaña muy extendida en la infantería.

Nanbanjin: «bárbaro del sur», término genérico que describe a los europeos.

Nanori: recitación de ascendencia en una presentación ritual destinada a buscar un oponente digno de enfrentarse en combate singular.

Nanshoku: «amor masculino», relación homosexual no necesariamente consumada, más a menudo entre un mayor que actúa como iniciador –*nenja*– y su *wakashu* (ver *infra*).

Nembutsu: «veneración del Buda»; especie de profesión de fe budista cuya repetición es alentada por algunas escuelas.

Nenja: compañero experimentado en *nanshoku* (ver *supra*).

Nodachi: sable muy largo, manejado como una bastarda o un mandoble.

Odoshi: cordón de seda que une las láminas de una armadura de samurái.

Onnagata: actor de teatro travestido para interpretar papeles femeninos.

Otogi-zoshi: relatos ilustrados de moda durante el periodo Muromachi.

O-yoroi: «gran armadura», armadura tradicional de guerreros de alto rango antes del periodo Sengoku, desplazada por el *tosei-gusoku*, la «armadura moderna».

Rangaku: literalmente, «estudios holandeses», que designa por extensión todos los conocimientos extranjeros cuya difusión es autorizada por el shogunato Tokugawa.

Renga: muy popular entre las élites, este género poético se practica como un juego, durante el cual se compone un poema largo con las contribuciones de diferentes participantes.

Ritsuryo: antiguo código de leyes inspirado en las filosofías chinas, importado en el siglo VII.

Rōnin: «hombre ola», guerrero sin señor debido a un despido, disolución de su clan o muerte de su señor feudal.

Sakoku: «cierre del país», política aislacionista instaurada por el shogunato Tokugawa a partir de 1641.

Sankin-kotai: «servicio alternativo»; obligación impuesta a los *daimyo* durante el periodo Edo de residir en la capital la mitad del tiempo y manteniendo una costosa residencia.

Sanmai-uchi: estructura compuesta del arco japonés largo (ver *yumi*).

Saru: «Mono», apodo dado a Toyotomi Hideyoshi por Oda Nobunaga.

Sashimono: bandera dorsal que permite la identificación de un combatiente.

Sekibune: gran barca rápida y muy maniobrable.

Sensei: «maestro», título honorífico dado principalmente a expertos, profesores y artistas de gran renombre.

Seppuku: suicidio ritual por evisceración.

Shido: «senda del erudito», una de las influencias del *bushido* tardío.

Shi-gakko: escuelas provinciales paramilitares creadas por Saigo Takamori en Satsuma.

Shijo: fortines fronterizos, construidos por miles durante el Sengoku Jidai.

Shikken: «regente», término asociado a los Hojo, que gobernaron el país en el siglo XIII.

Shikoro: cubrenuca de lamas que prolonga el *kabuto* (ver *supra*).

Shinkoku: «país de los dioses», expresión que designa a Japón y que apareció tras el fracaso de las invasiones mongolas.

Shinsengumi: milicia favorable al shogunato durante el periodo transitorio del Bakumatsu.

Shishi: «hombres de gran propósito», artesanos y reformadores de la Restauración Meiji.

Shugo: baile, merino, gobernador provincial nombrado por el shogunato en el periodo Kamakura.

Shunga: «imagen de primavera», estampa erótica, incluso pornográfica.

Simin: doctrina confuciana de las cuatro ocupaciones, que descompone la sociedad en estratos jerárquicos: los eruditos en el superior, seguidos por campesinos, artesanos y finalmente comerciantes.

Sinto: «senda de los dioses», animismo propio de Japón, religión de Estado desde 1868.

Sode: espaldar.

Shōgun: contracción de *sei-i-tai shōgun*, literalmente «gran general que somete a los bárbaros del este»; comandante en jefe de los guerreros, generalísimo.

Sohei: monje soldado; en realidad y a menudo hombre de armas laico reclutado por un monasterio para asegurar su defensa.

Sonno joi: «¡Reverenciar al emperador, expulsar a los bárbaros!», credo nacionalista y xenófobo que da nombre a un movimiento precursor de la Restauración Meiji.

Sukiya: pabellón de té, cabaña de adobe con techo de paja, generalmente cúbica.

Tachi: sable largo, llevado horizontalmente con correas, filo hacia abajo.

Taiga dorama: «serie río», ficciones históricas televisadas.

Taiko: «regente retirado», título honorífico estrechamente vinculado a la persona de Hideyoshi.

Tameshigiri: «puesta a prueba cortando», técnicas de corte con sable japonés.

Tehen: orificio en la parte superior del casco del samurái.

Tengu: espadachín virtuoso; se trata de una criatura imaginaria del folclore japonés dotada de alas de cuervo y provista de una larga nariz.

Tennō: «rey bajo el cielo», eufemismo tomado de China y que designa al emperador.

Teppo: granada, arcabuz, y por extensión toda arma de fuego de mano o de hombro.

Tokaido: «ruta del mar del Este», principal eje de comunicación de Japón que conecta Kioto con Edo a través de la costa.

Tokonoma: alcoba que acoge una caligrafía y/o un *ikebana*.

Tsuba: guarda de sable, generalmente de forma ovalada o circular.

Tsuji-giri: «cortar al paso», práctica bárbara que consiste en probar un arma golpeando al azar a un transeúnte en el giro de una callejuela aprovechando la noche.

Tsumebara: *seppuku* (ver *supra*) judicial, por condena señorial o shogunal.

Tsuwamono: guerrero.

Ukiyo-e: «imagen del mundo flotante», pinturas y estampas del periodo Edo.

Urushi: laca obtenida de la savia del árbol japonés *Toxicodendron vernicifluum*.

Wabi-sabi: concepto de difícil definición que se refiere a la simplicidad y la humildad requeridas ante la imperfección del mundo y la contingencia de todas las cosas.

Waka: composición poética propicia para competiciones, popular en la época de Kamakura.

Wakashu: mozo, hombre joven.

Wakizashi: sable corto de una longitud inferior a dos pies, es decir, 60 centímetros.

Wako: «bandido japonés, enano». Inicialmente asociado con los piratas japoneses, el término acabó designando a todos los piratas que actuaban en el mar de China.

Yabusame: tiro con arco a caballo principalmente practicado en santuarios sintoístas.

Yakata: residencia señorial palaciega parcialmente fortificada.

Yakunin: guerrero de rango intermedio durante la época Edo.

Yari: lanza japonesa de hoja recta o cruciforme.

Yukaku: barrio reservado, construido en la periferia de la ciudad o cerca de los ríos, que albergaba casas de *geishas*, burdeles y salas de juego.

Yumi: gran arco japonés de forma asimétrica.

Zen: doctrina budista introducida en el archipiélago en el siglo XIII, que pone el acento en la meditación, el gesto y la espontaneidad para alcanzar un estado de trascendencia.

Notas

Introducción

1. Douglas Brode y Leah Deyneka, *Myth, Media, and Culture in* Star Wars. *An Anthology*, Scarecrow Press, Lanham, 2012, p. 83.

2. Vincent Lefèvre y Aurélie Samuel, *L'Arc et le Sabre. Imaginaire guerrier du Japon*, Museo Guimet, París, 2022, p. 100.

3. Hiroshi Watanabe, *The Transformation of Neo-Confucianism in Early Tokugawa Japan*, Universidad de Tokio, Tokio, 1992, p. 30.

Capítulo I
En los orígenes del samurái

1. Genesie T. Miller, *Taira no Masakado in Premodern Literature of Japan*, Universidad de Massachusetts, Amherst, 2010, p. 8.

2. Paul Varley, *Warriors of Japan as Portrayed in the War Tales*, Havaii University Press, Honolulú, 1994, p. 11.

3. William Wayne Farris, *Heavenly Warriors. The Evolution of Japan's Military*, 500-1300, Harvard University Press, Cambridge, 1995, p. 133.

4. Pierre-François Souyri, *Samouraïs. 1000 ans d'histoire du Japon*, Presses universitaires de Rennes / Nantes, Éditions du château des ducs de Bretagne, Nantes, 2014, p. 20.

5. Pierre-François Souyri, *Les Guerriers dans la Rizière*, Flammarion, París, 2017, p. 35.

6. Francine Hérail, «William Wayne Farris, *Heavenly Warriors. The Evolution of Japan's Military, 500-1300*: Compte rendu», en *Annales, Histoire, Sciences sociales*, n.º 2, Armand Colin, París, 1995, p. 447.

7. Iwao Seiichi *et al.* (dir.), *Dictionnaire historique du Japon*, Maisonneuve & Larose / Tokio, Maison franco-japonaise, París, 2002, p. 2380.

8. *Ibid.*, p. 622.

9. W. W. Farris, *Heavenly Warriors…*, *op. cit.*, p. 140.

10. P.-F. Souyri, *Samouraïs. 1000 ans d'histoire du Japon*, *op. cit.*, p. 35.

11. Toshio Kuroda et Allan Grapard, «The World of Spirit Pacification: Issues of State and Religion», en *Japanese Journal of Religious Studies*, Universidad de Nanzan, Nagoya, 1996, p. 330.

12. Minoru Sonoda, «The Traditional Festival in Urban Society», en *Japanese Journal of Religious Studies*, Universidad de Nanzan, Nagoya, 1975, p. 110.

Capítulo 2
La senda del arco y el caballo

1. *Kojiki. Chronique des choses anciennes*, traducido y anotado por Masami y Maryse Shibata, Maisonneuve & Larose, París, 1997, p. 87. [Traducción al español del japonés: *Kojiki. Crónicas de antiguos hechos de Japón*, Editorial Trotta, Madrid, 2023].

2. Georges Dumézil, *Mythe et épopée. L'idéologie des trois fonctions dans l'épopée des peuples indo-européens*, Gallimard, París, 1968. [Traducción al español: *Mito y epopeya. La ideología de las tres funciones en las epopeyas de los pueblos indoeuropeos*, Fondo de Cultura Económica, México, 2018].

3. Karl F. Friday, *Hired Swords. The Rise of Private Warriors Power in Early Japan*, Stanford University Press, Standford, 1992, p. 70. Traducción del autor.

4. Victor Davis Hanson, *Carnage et culture. Les grandes batailles qui ont fait l'Occident*, Flammarion, París, 2002. [Traducción al español: *Matanza y cultura*, Turner, Madrid, 2004].

5. Julien Peltier, *Le Sabre et le Typhon. L'Empire mongol à l'assaut du Japon*, Economica, París, 2012, p. 91.

6. Karl F. Friday, *Samurai Warfare and the State in Early Medieval Japan*, Routledge, Nueva York, 2004, p. 107.

7. P. Varley, *Warriors of Japan…*, *op. cit.*, p. 26.

8. Ian Bottomley, *Japanese Arms and Armour*, Royal Armouries Museum, Londres, 2017, p. 29.

9. Trevor Absolom, *Samurai Armour*, vol. I: *The Japanese Cuirass*, Osprey Publishing, Oxford, 2017, p. 112.

10. K. F. Friday, *Samurai Warfare…*, *op. cit.*, p. 70.

11. Alan Williams, *Japanese Arms and Armours and Their Differences from European Contemporaries*, The Wallace Collection, Conservation Department, Londres, 2017.

12. Kenichi Yoshimura, *Les Japonais et le Sabre*, Typografica, París, 1998, p. 5.

13. *In Little Need of Divine Intervention. Takezaki Suenaga's Scrolls of the Mongol Invasions of Japan*, traducido por Thomas D. Conlan, Cornell University East Asia Series, Nueva York, 2001, p. 64.

14. *Le Dit des Heiké. Cycle épique des Taira et des Minamoto*, traducido del japonés y prólogo de René Sieffert, Verdier, Lagrasse, 2012, p. 549. [Traducción directa del japonés y notas de Carlos Rubio López de la Llave y Rumi Tami Moratalla, *El Cantar de Heike*. Gredos, Barcelona, 2009. Existe otra traducción con el mismo título en la Editorial Sartori].

15. K. F. Friday, *Samurai Warfare…*, *op. cit.*, p. 144.

16. Torkel Brekke (dir.), *The Ethics of War in Asian Civilizations. A Comparative Perspective*, Routledge, Nueva York, 2006, p. 167.

17. K. F. Friday, *Samurai Warfare…*, *op. cit.*, p. 138. Traducción del autor.

18. William Ritchie Wilson, *The Way of the Bow and Arrow. The Japanese Warrior in Konjaku Monogatari*, Universidad de Sofia, Monumenta Nipponica, Tokio, 1973, p. 188.

19. David Adam Coldren, *Literature of Bushid. Loyalty, Honorable Death, and the Evolution of the Samurai Ideal*, Bowling Green State University, Bowling Green (Ohio), 2014, p. 4.

Capítulo 3
Más bien lobo que pastor

1. P.-F. Souyri, *Les Guerriers dans la Rizière, op. cit.*, p. 53.

2. P. Varley, *Warriors of Japan…, op. cit.*, p. 13.

3. Saeki Shinichi et Pierre-François Souyri, *Samouraïs*, Arkhê, París, 2017, p. 29.

4. Eiko Ikegami, *Shame and the Samurai. Institutions, Trustworthiness, and Autonomy in the Elite Culture*, Johns Hopkins University Press, Baltimore, 2003, p. 1360. [Traducción al español: *La domesticación del samurái*, Anthrophos, Barcelona, 2013].

5. Kai Vogelsang, *Chinese. Society. History of a Troublesome Concept*, Universidad de Hamburgo, Oriens Extremus, Asien-Afrika-Institut, Hamburgo, 2012, p. 156.

6. Catharina Bloomberg, *The Heart of the Warrior. Origins and Religious Background of the Samurai System in Feudal Japan*, Japan Library, Richmond, p. 22.

7. Bernard Bernier, *Divination et contact avec les esprits au Japon. Influences du shintô, du bouddhisme et du taoïsme*, Universidad de Laval, Anthropologie et Société, Laval, 2018, p. 292. 26209434_001_368.indd 325 27/07/2023 13:46 326 *Notes*

8. Chikara Abe, *Impurity and Death. A Japanese Perspective, Dissertation*, Parkland College, 2003, p. 64.

9. Morgaine Theresa Wood, *Mounted Archery in Japan. Yabusame and the Modern Setting*, Universidad de Oslo, Department of Culture Studies and Oriental Languages, Oslo, 2015, p. 10.

10. Thomas Cleary, *Samurai Wisdom. Lessons from Japan's Warrior Culture: Five Classics Texts on Bushid*, Tuttle, Clarendon, 2011, p. 20. Traducción del autor.

11. P.-F. Souyri, *Les Guerriers dans la Rizière, op. cit.*, p. 55.

12. William Scott Wilson, *Ideals of the Samurai. Writings of Japanese Warriors*, Black Belt, Santa Clarita, 1982, p. 25.

13. P. Varley, *Warriors of Japan…, op. cit.*, p. 12.

14. P.-F. Souyri, *Les Guerriers dans la Rizière, op. cit.*, p. 77.

15. Pierre-François Souyri, *Le Monde à l'envers. La dynamique de la société médiévale*, Maisonneuve & Larose, París, 1998, p. 14.

Capítulo 4
Un conflicto fundacional

1. *Le Dit des Heiké…*, *op. cit.*, p. 293.

2. Haruko Wakabayashi, *Disaster in the Making. Taira no Kiyomori's Move of the Capital to Fukuhara*, Universidad de Sofía, Monumenta Nipponica, Tokio, 2015, p. 3.

3. Pierre-François Souyri, *Nouvelle histoire du Japon*, Perrin, París, 2010, p. 237.

4. Tyler A. Creer, *Echoes of Peace. Anti-War Sentiment in the* Iliad *and* Heike Monogatari *and Its Manifestation in Dramatic Tradition*, Universidad Brigham Young, Provo (Utah), 2014.

5. Daniel J. Topval, *Tadakachi. The Last Stand of Yoshitsune and His Loyal Retainers*, Universidad de Colorado, Boulder, 2010, p. 28.

6. Wai-Ming Ng, «Political Terminology in the Legitimitation of the Tokugawa System: A Study of Bakufu and Shogun», en *Journal of Asian History*, Tübingen, 2000, p. 143.

7. Pierre-François Souyri, «La féodalité japonaise», en Éric Bournazel y Jean-Pierre Poly (dir.), *Les Féodalités*, PUF, París, 1998, p. 721.

8. *Ibid.*

9. Oleg Benesch, *Inventing the Way of the Samurai. Nationalism, Internationalism, and Bushid. in Modern Japan*, Oxford University Press, Oxford, 2014, p. 80.

10. Mathew Webster Thomson, *The Tale of Yoshitsune. A Study of Genre, Narrative Paradigms, and Cultural Memory in Medieval and Early Modern Japan*, Universidad de Columbia, Nueva York, 2010.

11. Julien Peltier, *Samouraïs. 10 destins incroyables*, Prisma, 2016, p. 40.

12. Ivan Morris, *La Noblesse de l'échec. Héros tragiques de l'histoire du Japon*, Gallimard, París, 1975. [Traducción al español: *La nobleza del fracaso*, Alianza Editorial].

13. Junko Miyawaki-Okada, *The Japanese Origin of the Chinggis Kan Legends*, Brill, Leyde, 2006, p. 131.

Capítulo 5
Emperador y *shōgun*: cohabitación

1. P.-F. Souyri, *Nouvelle histoire du Japon, op. cit.*, p. 240.

2. Mikael S. Adolphson, *The Gates of Power. Monks, Courtiers, and Warriors in Premodern Japan*, Hawaii University Press, Honolulú, 2000, p. 288.

3. Kenneth Alan Grossberg, *Japan's Renaissance. The Politics of the Muromachi Bakufu*, Cornell University Press, Ithaca, 1982, p. 2.

4. Kenneth Alan Grossberg, *From Feudal Chieftain to Secular Monarch. The Development of Shogunal Power in Early Muromachi Japan*, Universidad de Sofía, Monumenta Nipponica, Tokio, 1976, p. 46.

5. Mary Elizabeth Berry, *Hideyoshi*, Harvard University Press, Cambridge, 1982, p. 18.

6. Lee Butler, *Emperor and Aristocracy in Japan, 1467-1680. Resilience and Renewal*, Harvard University Press, Cambridge, 2002, p. 3.

7. Bob Tadashi Wakabayashi, «In Name Only: Imperial Sovereignty in Early Modern Japan», en *The Journal of Japanese Studies*, Seattle, 1991, p. 63.

8. Yumiko Takagi y Michel Vié, «Chance, opportunisme et stratégie dans la marche vers l'hérédité. Les difficultés dynastiques des grandes familles de la cour à la fin de l'époque de Heian», en *Ebisu*, n.º 27, París, 2001, p. 93.

9. Alain Rocher, *Les 10 légendes de la mythologie japonaise*, PUF, París, 2022, p. 16.

10. Louis G. Perez (dir.), *Japan at War. An Encyclopedia*, ABC Clio, Santa Bárbara, 2013, p. 128.

11. Michael McCarty, *Divided Loyalties and Shifting Perceptions. The Jôkyû Disturbance and Courtier-Warrior Relations in Medieval Japan*, Columbia University Press, Nueva York, 2013, p. 45. Traducción del autor.

12. Joyce Lebra, Joy Paulson y Elizabeth Powers, *Women in Changing Japan*, Stanford University Press, Stanford, 1976, p. 7.

13. Brian Steininger, «Manuscript Culture and Chinese Learning in Medieval Kamakura», en *Harvard Journal of Asiatic Studies*, Cambridge, 2018, p. 351.

14. Ivo Smits, *The Poet and the Politician. Teika and the Compilation of the Shinchokusensh*, Universidad de Sofía, Monumenta Nipponica, Tokio,1998, p. 445.

15. Mikiso Hane, *Premodern Japan. A Historical Survey*, Routledge, Nueva York, 2018, p. 380. [Traducción al español: *Breve historia de Japón*, Alianza Editorial, Madrid, 2011].

Capítulo 6
Domesticar a la muerte

1. Yukio Mishima, *Le Japon moderne et l'éthique samouraïs*, Gallimard, París, 1985, p. 18. [Traducción al español: *La ética del samurái en el Japón moderno*, Alianza Editorial, Madrid, 2016].

2. Michel Goya, *Sous le feu. La mort comme hypothèse de travail*, Tallandier, París, 2014, p. 48.

3. Rudi Maier, *Salvation in Buddhism*, Universidad de Andrews, Battle Creek, 2014, p. 12.

4. Robert E. Morelli, *Early Kamakura Buddhism. A Minority Report*, Asian Humanities Press, Nagoya, 1987, p. xi.

5. Stephen Turnbull, *The Samurai and the Sacred*, Osprey, Oxford, 2006, p. 45. [Traducción al español: *Samurái. El manual del guerrero japonés*, Ediciones Akal, Madrid, 2003].

6. Frédéric Girard, «Le bouddhisme médiéval japonais en question», en *Bulletin de l'école française d'Extrême-Orient*, t. 87, n.º 2, París, 2000, p. 656.

7. Ian Bottomley *et al.*, *Samouraïs. De la guerre à la voie des arts*, Snoeck, Gand, 2017, p. 97.

8. Kaiten Nukariya, *The Religion of the Samurai. A Study of Zen Philosophy And Discipline in China and Japan*, Cosimo, Nueva York, 2005, p. 40. [Traducción al español: *La religion de los samuráis*, Editorial Paidós, Barcelona, 2005].

9. Alan Ko, *The Samurai and the Swastika. German Popular Culture Images of Japan during the Nazi Era*, Duke Historical Review, Durham, 2018, p. 15.

10. Martin Collcutt, *Five Mountains. The Rinzai Zen Monastic Institution in Medieval Japan*, Harvard University Press, Cambridge, 1981, p. 80.

11. Oleg Benesch, Reconsidering Zen, Samurai and the Martial Arts», en *The Asia Pacific Journal*, vol. 14, n.º 7, septiembre de 2016, Universidad de York, York, p. 3.

12. *Ibid.*, p. 5.

13. Takuan Sôhô, *L'Esprit indomptable. Écrits d'un maître de zen à un ma.tre de sabre*, traducción de William Scott Wilson, Budo, Noisy-sur-École, 2001, p. 58. [Traducción al español: *Los misterios de la sabiduría inmutable*, José O. de Planeta Editor, Palma de Mallorca, 2014).]

14. *Européens & Japonais. Traité sur les contradictions & différences de moeurs, écrit par le R. P. Luís Fróis au Japon, l'an 1585*, Chandeigne, París, (1998) 2012, p. 40.

15. S. Turnbull, *The Samurai and the Sacred*, *op. cit.*, p. 99.

16. Ninomiya Hiroyuki, *Le Japon pré-moderne*, CNRS Éditions, París, 2017, p. 59.

Capítulo 7
El kan y el tifón

1. Marco Polo, *Le Devisement du monde*, t. III, Genève, Droz, 2004, p. 57. [Hay traducción al español: *Descripción del mundo*, Editorial Verbum, Madrid, 2016.]

2. James Delgado, *Khubilai Kan's Lost Fleet*, Berkeley, University of California Press, 2008, p. 86.

3. Dominique Farale, *De Gengis Kan à Qoubila. Kan*, París, Economica, 2003, p. 160.

4. *In Little Need of Divine Intervention…*, *op. cit.*, p. 201. Traducción del autor.

5. Stephen Turnbull, *The Mongol Invasions of Japan, 1274 and 1281*, Oxford, Osprey, 2010, p. 50.

6. *In Little Need of Divine Intervention… op. cit.*, p. 255. Traducción del autor.

7. George Sansom, *A History of Japan to 1334*, Stanford, Stanford University Press, 1958, p. 454.

8. Ryon Adams, *Outfought and Outthought. Reassessing the Mongol Invasions of Japan*, Fort Leavenworth, 2009, p. 106.

9. Satô Hiroo, «The Emergence of *Shinkoku* (Land of the Gods) Ideology in Japan», en Hank Blezer y Mark Teeuwen (dirs.), *Challenging Paradigms. Buddhism and Nativism: Framing Identity Discourse in Buddhist Environnments*, Leyde, Brill, 2013, p. 30.

10. S. Turnbull, *The Mongol Invasions of Japan…*, *op. cit.*, p. 90. Traducción del autor.

11. K. F. Friday, *Samurai Warfare*, *op. cit.*, p. 166.

12. J. Peltier, *Le Sabre et le Typhon…*, *op. cit.*, p. 162.

Capítulo 8
Un paréntesis imperial

1. Morten Oxenboell, *Akut. and Rural Conflict in Medieval Japan*, Hawaii University Press, Honolulú, 2018, p. 125.

2. Constance Sereni et Pierre-François Souyri, *Kamikazes*, Flammarion, París, 2015.

3. I. Morris, *La Noblesse de l'échec…*, *op. cit.*, p. 173.

4. J. Peltier, *Samouraïs. 10 destins incroyables*, *op. cit.*, p. 78.

5. Andrew Goble, *Kenmu. Go-Daigo's Revolution*, Harvard University Press, Cambridge, 1997, p. 121.

6. K. F. Friday, *Samurai Warfare…*, *op. cit.*, p. 167.

7. Maria Culeddu, *The Evolution of the Ancient Way of the Warrior. From the Ancient Chronicles to the Tokugawa Period*, Sapienza, Roma, 2018, p. 93.

8. I. Morris, *La Noblesse de l'échec…*, *op. cit.*, p. 172.

9. Maeda Tamaki, *From Feudal Hero to National Icon. The Kusunoki Masashige Image, 1660-1945*, Artibus Asiae, Zúrich, 2012, p. 271.

10. Thomas Conlan, *The Culture of Force and Farce. Fourteenth-Century Japanese Warfare*, Harvard University Press, Cambridge, 2000, p. 12.

11. K. F. Friday, *Samurai Warfare…*, *op. cit.*, p. 153.

12. George Sansom, *A History of Japan. 1334-1614*, Stanford University Press, Stanford, 1961, p. 40.

Capítulo 9
Los rostros del samurái

1. Claudia Marra, «Bureiuchi. The Regulation of Disrespect-Killings within the Framework of Tokugawa Legislation», en *The Journal of Nagasaki University of Foreign Studies*, Nagasaki, 2018, p. 104.

2. Ver *supra*, p. 23.

3. Stephen Turnbull, *Pirate of the Far-East, 811-1639*, Osprey Publishing, Cambridge, 2007, p. 9. [Traducción al español: *Pirata. El manual (no official) del bucanero*. Editorial Akal, Madrid, 2018].

4. Peter Lehr, *Pirates. A New History, from Vikings to Somali Raiders*, Yale University Press, Londres, 2019, p. 41. [Traducción al español: *Piratas*, Editorial Crítica, Barcelona, 2021].

5. Kenji Igawa, *Elusive Pirates, Pervasive Smugglers. Violence and Clandestine Trade in the Greater China Seas*, Hong Kong University Press, Hong Kong, 2010, p. 79.

6. Joanna Abeli, *Causes of Piracy in Medieval Japan*, Eastern Michigan University, Ypsilanti, 2011, p. 20.

7. Morten Oxenboell, *Akut. and Rural Conflict in Medieval Japan*, Hawaii University Press, Honolulú, 2018, p. 42.

8. *Ibid.*, p. 6.

9. P.-F. Souyri, *Le Monde à l'envers…*, *op. cit.*, p. 160.

10. *Ibid.*, p. 162.

11. Ross Henderson, *What We Talk About When We Talk About Basara*, Universidad de Washington, Seattle, 2017, p. 23.

12. Stephen Turnbull, *Soldiers of Medieval Japan*, Osprey Publishing, Cambridge, 2005, p. 84.

13. Austin Clark, *«"100 Spears Worth 100 Pieces". The Impact of* Ashigaru on *Sengoku Jidai»*, en *The Gettysburg Historical Journal*, Gettysburg, 2012, p. 8.

14. Ronald Toby, *Why Leave Nara? Kammu and the Transfer of the Capital*, Universidad de Sofía, Monumenta Nipponica, Tokio, 1985, p. 332.

15. Mikael Adolphson, *The Teeth and Claws of the Buddha. Monastic Warriors and Sohei in Japanese History*, Hawaii University Press, Honolulú, 2007, p. 132.

16. Faculty of Asian and Middle Eastern Studies (ed.), *Discourses on Religious Violence in Premodern Japan*, Universidad de Cambridge, Cambridge, 2018, p. 7.

17. *Européens & Japonais…*, *op. cit.*, p. 38.

18. Christoph Kleine, *Buddhism and Violence*, Lumbini International Research Institute, Bhairahawa, 2006, p. 92.

19. Iwao Seiichi *et al* (dir.), *Dictionnaire historique du Japon*, *op. cit.*, p. 137.

Capítulo 10
Constructores, estetas y mecenas

1. *Histoire de l'architecture et des jardins du Japon pré-moderne*, Actas del ciclo de conferencias dirigidas por Nicolas Fiévé, École Pratique des Hautes Études, París, 2008, p. 329.

2. K. A. Grossberg, *From Feudal Chieftain to Secular Monarch…*, *op. cit.*, p. 49.

3. René Sieffert, *Zeami. La tradition secrète du N.*, Gallimard / Unesco, París, 1960, p. 32.

4. Masakazu Yamazaki, *On the Art of the No Drama. The Major Treatises of Zeami*, Princeton University Press, Princeton, 1984, p. XVIII.

5. Matthew Philip McKelway, *Capitalscapes. Folding Screens and Political Imagination in Late Medieval Kioto*, University of Hawaii Press, Honolulú, 2006, p. 2.

6. Thomas Conlan, «The Two Paths of Writing and Warring in Medieval Japan», en *Taiwan Journal of East Asian Studies*, 2011, p. 87.

7. W. S. Wilson, *Ideals of the Samurai…*, *op. cit.*, p. 28.

8. *Ibid.*, p. 29.

9. Miyamoto Musashi, *Traité des cinq roues*, Albin Michel, París, 1983, p. 51. [Traducción al español: *El libro de los cinco anillos*, Editorial Satori, Madrid, 2015].

10. Jocho Yamamoto, *Hagakure. Le livre secret des samouraïs*, Guy Trédaniel, París, 1984, p. 58. [Traducción al español: *El libro secreto de los samuráis*, EDAF, Madrid, 2011].

11. Stephen Turnbull, *Osaka 1615. The Last Battle of the Samurai*, Osprey Publishing, Oxford, 2006, p. 73.

12. Andrew Rankin, *Seppuku. A History of Samurai Suicide*, Kodansha, Nueva York, 2011, p. 10.

13. Françoise Biotti-Mache, *Études sur la mort*, L'Esprit du temps, París, 2011, p. 116.

14. Maurice Pinguet, *La Mort volontaire au Japon*, Gallimard, París, 1984, p. 101. [Traducción al español: *La muerte voluntaria en Japón*, Editorial Adriana Hidalgo, Buenos Aires, 2017].

15. Albert Palma, *Geidô. La voie des arts, du samouraï à l'artiste martial*, Albin Michel, París, 2001, p. 108.

16. André Malraux, «La mort au Japon. Entretien avec Tadao Takemoto», en *L'Appel*, n.º 2, diciembre de 1973, p. 87.

Capítulo 11
Gekokujo, el mndo al revés

1. Iwao Seiichi *et al.* (dir.), *Dictionnaire historique du Japon*, *op. cit.*, p. 107.

2. *Ibid.*, p. 36.

3. Shigeyuki Makihara, *Naissance des guerriers des temps prémodernes. La séparation entre guerriers et paysans à Ômi*, Armand Colin, París, 2017, p. 69.

4. Carol Richmond Tsang, *War and Faith. Ikkô Ikki in Late Muromachi Japan*, Harvard University Press, Cambridge, 2007, p. 42.

5. Shizuo Katsumata, *Ikki. Coalitions, ligues et révoltes dans le Japon d'autrefois*, CNRS Éditions, París,2011, p. 13.

6. George Elison y Bardwell L. Smith (dir.), *Warlords, Artists, and*

Commoners. Japan in the Sixteenth Century, University of Hawaii Press, Honolulú,1981, p. 28.

7. Stephen Turnbull, *War in Japan, 1467-1615*, Osprey, Cambridge, 2002, p. 30.

8. Julien Peltier, *Le Crépuscule des samouraïs*, Economica, París, 2010, p. 76.

9. Paul Varley, *The Case of Japan, 1000-1500*, en *Asia in World History*, Routledge, Londres, 1997, p. 394.

10. W. S. Wilson, *Ideals of the Samurai…*, *op. cit.*, p. 66.

11. Olivier Ansart, *Paraître et prétendre. L'imposture du bushido dans le Japon pré-moderne*, Les Belles Lettres, París, 2020, p. 131.

12. Kevin Gouge, *The Ties That Bind. Kinship, Inheritance, and the Environment in Medieval Japan*, Universidad de Michigan, Ann Harbor, 2017, p. 410.

13. J. F. Moran, *The Japanese and the Jesuits. Alessandro Valignano in Sixteenth Century Japan*, Routledge, Londres, 1993, p. 49.

14. *Européens & Japonais…*, *op. cit.*, p. 57.

15. Dennis Darling, *Uesugi Kenshin. A Study of the Military Career of a Sixteenth Century Warlord*, Universidad de Copenhague, Copenhague, 2000, p. 44.

Capítulo 12
¿Una revolución militar?

1. Laurent Henninger, *La «révolution militaire». Quelques éléments historiographiques*, ENS Éditions, París, 2003, p. 88.

2 Peter A. Lorge, *The Asian Military Revolution. From Gunpowder to the Bomb*, Cambridge University Press, Cambridge, 2008, p. 45.

3. Stephen Turnbull, *Warriors of Medieval Japan*, Osprey, Oxford, 2005, p. 116.

4. Geoffrey Parker, *La Révolution militaire. La guerre et l'essor de l'Occident 1500-1800*, Gallimard, París, 1993, p. 173. [Traducción al español: *La revolucion militar: innovacion militar y apogeo en Occidente, 1500-1800*, Alianza Editorial].

5. Oleg Benesch y Ran Zwigenberg, *Japan's Castles. Citadels of Modernity in War and Peace*, Cambridge University Press, Cambridge, 2019, p. 28.

6. Chris Glenn, *The Battle of Sekigahara*, Past Present Future, Nagoya, 2014, p. 92.

7. Jacob Frank y Gilmar Visoni-Alonzo, *The Military Revolution in Early Modern Europe*, Palgrave Macmillan, Nueva York, 2016, p. 45.

8. Stephen Turnbull, «Biting the Bullet. A Reassessment of the Development, Use and Impact of Early Firearms in Japan», en *Vulcan*, Brill, Leyde, 2020, p. 30.

9. *Ibid.*, p. 35.

10. Olof Lidin, *Tanegashima. The Arrival of Europe in Japan*, Nordic Institute of Asian Studies Press, Copenhague, 2002, p. 8.

11. P. A. Lorge, *The Asian Military Revolution*, *op. cit.*, p. 55.

12. S. Turnbull, «Biting the Bullet...», art. citado, p. 50.

13. Delmer Brown, «The Impact of Firearms on Japanese Warfare, 1543-98», en *The Far Eastern Quarterly*, Association for Asian Studies, Ann Harbor, 1948.

14. Ch. Glenn, *The Battle of Sekigahara*, *op. cit.*, p. 92.

15. O. Ansart, *Paraître et pretender...*, *op. cit.*, p. 141.

16. Seth Robert Baldridge, *Gold Powder and Gunpowder. The Appropriation of Western Firearms into Japan Through High Culture*, tesis presentada en la Universidad Utah, Salt Lake City, 2015.

17. Noel Perrin, *Giving Up the Gun. Japan's Reversion to the Sword, 1543-1879*, David R. Godine, Jaffrey, 1979.

18. Curt Gasteyger, *Les Défis de la paix*, PUF, París, 1986, p. 25.

19. Tamara Enomoto, *Giving Up the Gun? Overcoming Myths about Japanese Sword-Hunting and Firearms Control, History of Global Arms Transfer*, Universidad de Meiji, Tokio, 2018, p. 50. Traducción del autor.

Capítulo 13
El cuenco y el sable

1. Shigemori Chikamatsu, *Stories from a Tearoom Window. Lore and Legends of the Japanese Tea Ceremony*, Tuttle, Clarendon, 1982, p. 46.

2. Marin Wagda, «La longue histoire de la cérémonie du thé au Japon», en *Hommes & Migrations*, n.º 1235, 2002, p. 126-129.

3. Inoue Yasushi, *Le Maître de thé*, Stock, París, 1995.

4. Beatrice Bodard, *Tea and Counsel. The Political Role of Sen Rikyu*, Universidad de Sofía, Monumenta Nipponica, Tokio, 1977, p. 30.

5. Julia Nakano-Holmes, *Furuta Oribe. Iconoclastic Guardian of Chanoyu Tradition*, tesis presentada en la Universidad de Hawai, Honolulú, 1995, p. 97.

6. Julien Peltier, *Sekigahara. La plus grande bataille de samouraïs*, Passés Composés, París, p. 90.

7. Toshiaki Tamaki, *Japanese Economic Growth during the Edo Period*, Universidad de Sangyô, Kioto, 2014, p. 255.

8. William Wayne Farris, *A Bowl for a Coin. A Commodity History of Japanese Tea*, Hawaii University Press, Honolulú, 2019, p. 86.

9. Anoma Kumarasuriyar, *Tea Ceremony and Sukiya. Negating Social Hierarchy*, Universidad de Tecnología de Queensland, Brisbane, 2011, p. 6. Traducción del autor.

10. Isaac Kikawada, *Tea Ceremony and the Communion of Equals*, Universidad de California, Berkeley, 1973, p. 8. Traducción del autor.

11. Cathy Kaufman, *A Simple Bowl of Tea. Power Politics and Aesthetics in Hideyoshi's Japan*, Gastronomy Symposium, Dublín, 2018, p. 2.

12. Morgan Pitelka, *Spectacular Accumulation. Material Culture, Tokugawa Ieyasu and Samurai Sociability*, Hawaii University Press, Honolulú, 2016, p. 45.

13. *Ibid.*, p. 57.

Capítulo 14
Las paradojas del Mono

1. G. Elison y B. L. Smith (dirs.), *Warlords, Artists, and Commoners…*, *op. cit.*, p. 224.

2. *Ibid.*, p. 229.

3. Ver *supra*, p. 33 et 39.

4. Guillaume Carré, *Par-delà le premier ancêtre, les généalogies tru-*

quées dans le Japón prémoderne (siècles XVI-XIX*)*, Presses Universitaires de Vincennes, Vincennes, 2010, p. 66.

5. Emmanuel Lozerand, *Regards sur le nom et la signature au Japon*, en revista *Mots*, n.° 63, julio 2000.

6. O. Ansart, *Paraître et prétendre…*, *op. cit.*, p. 93.

7. Ver *supra*, capítulo 12, en particular p. 163.

8. Iwao Seiichi *et al.* (dirs.), *Dictionnaire historique du Japon*, *op. cit.*, p. 15.

9. Marius B. Jansen, *The Making of Modern Japan*, Harvard University Press, Cambridge, 2002, p. 22.

10. J. Peltier, *Sekigahara…*, *op. cit.*, p. 191.

11. Sh. Makihara, *Naissance des guerriers des temps prémodernes…*, *op. cit.*, p. 74.

12. M. E. Berry, *Hideyoshi*, *op. cit.*, p. 219.

13. *Ibid.*, p. 227.

14. David Douglas Neilson, *Methods in Madness. The Last Years of Hideyoshi*, Universidad de Oregón, Eugene, 2000.

15. M. Pitelka, *Spectacular Accumulation…*, *op. cit.*, p. 39.

Capítulo 15
Un actor de la primera globalización

1. Sheyla S. Zandonai, «La présence portugaise à Macao: une culture d'accommodements», en *Portuguese Studies Review*, Universidad de Trento, Durham, 2014, p. 8.

2. Nathalie Kouamé, «Japon: le "siècle chrétien". Son historiographie et ses lieux de mémoire», en *Histoire et missions chrétiennes*, n.° 4, Karthala, París, 2007, p. 171.

3. Serge Gruzinski, *L'Aigle et le Dragon. Démesure européenne et mondialisation au xvi*[e] *siècle*, Fayard, París, 2012, p. 391. Los trabajos de Serge Gruzinski han contribuido en gran medida al desarrollo de la idea de una primera globalización ibérica precoz.

4. Rômulo da Silva Ehalt, *Jesuit Arguments for Voluntary Slavery in Japan and Brazil*, Universidad de Keio, Tokio, 2019, p. 4.

5. Thomas Nelson, *Slavery in Medieval Japan*, Universidad de Sofía, Monumenta Nipponica, Tokio, 2004, p. 463. Traducción del autor.

6. N. Kouamé, «Japon: le "siècle chrétien"... », art. citado, p. 172.

7. S. Turnbull, *The Samurai and the Sacred*, *op. cit.*, p. 96.

8. M. E. Berry, *Hideyoshi*, *op. cit.*, p. 132.

9. Atsushi Kobata, «The Production and Uses of Gold and Silver in Sixteenth and Seventeenth Century Japan», en *The Economic History Review*, Wiley-Blackwell, Oxford, 1965, p. 253.

10. Charles Malcolm MacInnes, *The First English Tobacco Trade*, Routledge, Abingdon, 2006, p. 25.

11. Samuel Hawley, *The Imjin War*, Séoul, Royal Asiatic Society / University of California Press, Berkeley, 2005, p. 90.

12. Nida Cuevas, «The Hizen Ware in the Philippines: Its Historical and Archaeological Significance», en *Bulletin des Études latinoaméricaines de Kyoto*, Kioto, 2014, p. 17.

13. Kenneth M. Swope, *A Dragon's Head and a Serpent's Tail. Ming China and the First Great East Asian War 1592-98*, University of Oklahoma Press, Norman, 2009, p. 63.

14. Rui D'Avila Lourido, «European Trade Between Macao and Siam, from Its Beginnings to 1663», en *Journal of The Siam Society*, European University Institute, Florencia, 1996, p. 78.

15. Yoshi Saburo Kuno, *Japanese Expansion on the Asiatic Continent*, Read Books, 2007, p. 175.

16. S. Hawley, *The Imjin War*, *op. cit.*, p. 344.

17. K. M. Swope, *A Dragon's Head and a Serpent's Tail...*, *op. cit.*, p. 287.

18. Michael Cooper, *The Japanese Mission to Europe, 1582-1590. The Journey of Four Samurai Boys through Portugal, Spain*, Brill, Leyde, 2005, p. 9. Traducción del autor.

19. VV. AA., *Global History and New Polycentric Approaches. Europe, Asia and the Americas in the World Network System, Shanghái, Sevilla, Tokio,* Palgrave Macmillan, 2018, p. 165.

20. Jean-Marie Thiébaud, *La Présence franaise au Japon du* XVIe *siècle à nos jours. Histoire d'une séduction et d'une passion réciproques*, L'Harmattan, París, 2008, p. 16.

21. VV. AA., *Global History and New Polycentric Approaches...*, *op. cit.*, p. 126.

Capítulo 16
Una dominación que legitimar

1. Saeki Shinichi Y P.-F. Souyri, *Samouraïs, op. cit.*, p. 77.

2. W. S. Wilson, *Ideals of the Samouraï…, op. cit.*, p. 130.

3. Alexandra Mustatea, *Reading Yamaga Soko's Shid. Today. A few Considerations on the Fundamentals of his Moral Philosophy*, coloquio internacional «Japan: Pre-Modern, Modern and Contemporary. A return Trip from the East to the West», Bucarest, 2018, p. 49.

4. John Allen Tucker, *Tokugawa Intellectual History and Prewar Ideology. The Case of Inoue Tetsujir, Yamaga Sok, and the Forty-Seven Rônin*, Universidad de York, Toronto, 2002, p. 35.

5. William E. Burgwinkle, Glenn Man y Valerie Wayne (dirs.), *Significant Others. Gender and Culture in Film and Literature, East and West*, Hawaii University Press, Honolulú, 1993, p. 21.

6. Izumi Odakura, *The Confucianism ideas during the Edo Era to the trend of thought of the Meiji Era*, en revista del Museo de Historia de Polonia, Varsovia, 2011, p. 28.

7. O. Ansart, *Paraître et prétendre…, op. cit.*, p. 99.

8. *Ibid.*, p. 119.

9. Inazo Nitobe, «Le *bushidô*, l'âme du Japon», en *Bulletin de l'école française d'Extrême-Orient*, 1927, p. 410. [Traducción al español: *Bushido*, Editorial Satori].

10. Damian Flanagan, «Bushido. The Samurai Code Goes to War», en *The Japan Times*, 2016.

11. O. Benesch, *Inventing the Way of the Samurai…, op. cit.*, p. 2.

12. Yukio Mishima, *Le Japon moderne et l'éthique samouraï, op. cit.*, p. 16.

Capítulo 17
Rōnin, marginales convertidos en héroes

1. George Soulié de Morant, *Les 47 Rōnins. Le trésor des loyaux samouraïs,* Budo, Noisy-sur-École, 2006, p. 164.

2. Andrew Rankin, *Seppuku. A history of samurai suicide*, Kodansha, Nueva York, 2011, p. 129.

3. O. Ansart, *Paraître et prétendre…*, *op. cit.*, p. 70.

4. P.-F. Souyri, *Nouvelle histoire du Japon*, *op. cit.*, p. 357.

5. Floris van Swet, *Finding a Place. Rōnin Identity in the Tokugawa Period*, Harvard University Press, Cambridge, 2019, p. 4. Traducción del autor.

6. *Ibid.*, p. 116.

7. *Ibid.*, p. 184.

8. Michael Wert, *Samurai. A Concise History*, Oxford University Press, Nueva York, 2019, p. 82. [Traducción al español: *Samurái. Una historia breve*, La Esfera de los Libros, Madrid, 2019.].

9. *Iwakura Tomomi kankei monjo*, vol. 1, Presses Universitaires de Tokio, Tokio, 1968, p. 215.

10. Tsukahara Bokuden, *The Hundred Rules of War*, traducido por Éric Shahan, autoedición, 2017, p. 6.

11. Alexander Bennett, *Some Thoughts on the Emergence and Aesthetic Asceticism of Ryūha-bugei*, Universidad Kokushihan, Tokio, 2010, p. 26.

12. William Scott Wilson, *The Lone Samurai. The Life of Miyamoto Musashi*, Shambala, Boston, 2013, p. 4. [Traducción al español: *El samurai solitario*, Editorial Arkano, Madrid, 2007].

Capítulo 18
El tiempo de amores «masculinos»

1. Jôchô Yamamoto, *Hagakure…*, *op. cit.*, p. 28.

2. *Ibid.*, p. 16.

3. Gary P. Leupp, *Male Colors. The Construction of Homosexuality in Tokugawa Japan*, University of California Press, Berkeley, 1995, p. 52. Traducción del autor.

4. John Nelson, «Myths, Missions and Mistrust. The Fate of Christianity in 16th and 17th Century Japan», en *History and Anthropology*, vol. 13, Routledge, 2002, p. 109. Traducción del autor.

5. G. P. Leupp, *Male Colors…, op. cit.*, p. 214.

6. M. Pinguet, *La Mort volontaire au Japon, op. cit.*, p. 207.

7. James Neill, *The Origins and Role of Same-Sex Relations in Human Societies*, McFarland, Jefferson, 2011, p. 292.

8. William Wayne Farris, *Japan to 1600. A Social and Economic History*, Hawaii University Press, Honolulú, 2009, p. 198.

9. Watanabe Tsuneo y Iwata Junichi, *The Love of the Samurai*, Gay Men Press, 1987, p. 122.

10. Furukawa Makoto, «The Changing Nature of Sexuality. The Three Codes Framing Homosexuality in Modern Japan», en *US-Japan Women's Journal*, n.º 7, Hawaii University Press, Honolulú, 1994, p. 102.

11. Ihara Saikaku, *Le Grand Miroir de l'amour male*, prefacio de Gérard Siary, Philippe Picquier, Arlés, 1999, p. 8. [Traducción al español: *Gran espejo del amor entre hombres*, Editorial Satori, Madrid, 2014].

Capítulo 19
Una supremacía contestada

1. O. Benesch, *Inventing the Way of the Samurai…, op. cit.*, p. 38.

2. Caryl Callahan y Ihara Saikaku, *Tales of Samurai Honor. Saikaku's Buke Giri monogatari*, Universidad de Sofía, Monumenta Nipponica, Tokio, 1979, p. 4.

3. Yu Chang, *Identity and Hegemony in Mid-Tokugawa Japan. A Study of the Kyôhô. Reforms*, Universidad de Toronto, Toronto, 2003, p. 5.

4. R. Keller Kimbrough, *Bloody Hell! Reading Boy's Books in* XVIIth *Japan*, Universidad de Colorado, Denver, 2015, p. 127.

5. Leslie Pincus, *Authenticating Culture in Imperial Japan. Kuki Shuzo and the Rise of National Aesthetics*, University of California Press, Berkeley, 1996, p. 132.

6. *Ibid.*, p. 133.

7. O. Benesch, *Inventing the Way of the Samurai…, op. cit.*, p. 20.

8. Abbey Steele, Christopher Paik y Seiki Tanaka, «Constraining the Samurai. Rebellion and Taxation in Early Modern Japan», en *International Studies Quarterly*, vol. 61, Oxford, 2017, p. 353.

9. Masayuki Tanimoto y R. Bin Wong, *Public Goods Provision in the Early Modern Economy. Comparative Perspectives from Japan, China, and Europe*, University of California Press, Berkeley, 2019, p. 45.

10. Mark Ravina, *The Last Samurai. The Life and Battles of Saigo Takamori*, Wiley, Hoboken, 2004, p. 40.

11. *Ibid.*, p. 2.

12. Kurimoto Eisei, *Nation-State, Empire and Army. The Case of Meiji Japan*, Museo Nacional de Etnología, Senri Ethnological Studies, Osaka, 2000, p. 100.

13. Sumikawa Shunsuke, *The Meiji Restoration. Roots of Modern Japan*, Universidad LeHigh, Bethleem, 1999, p. 8.

14. Mark Ravina, *Land and Lordship in Early Modern Japan*, Stanford University Press, Redwood, 1999, p. 73.

15. Herbert Norman, *Japan's Emergence as a Modern State. Political and Economic Problems of the Meiji Period*, University of British Columbia Press, Vancouver, 2000, p. 55.

16. Mary Elizabeth Berry et Marcia Yonemoto, *What is a Family? Answers from Early Modern Japan*, University of California Press, Berkeley, 2019, p. 49.

17. Shibagaki Kazuo, *The Early History of the Zaibatsu*, Wiley-Blackwell, Oxford, 1966, p. 545.

18. O. Benesch, *Inventing the Way of the Samurai*, *op. cit.*, p. 38.

Capítulo 20
Cuando lealtad rima con insumisión

1. Ninomiya Hiroyuki, *Le Japon pré-moderne*, *op. cit.*, p. 195.

2. Nicolas Baumert, Yuki Hata y Nobuhiro Ito, «L'uniformisation des productions agricoles à l'époque d'Edo: des savoirs géographiques biaisés à l'origine de crises», en *Revue de Géographie Historique*, Savigny-sur-Orge, 2016, p. 6.

3. I. Morris, *La Noblesse de l'échec...*, *op. cit.*, p. 243.

4. J. Peltier, *Sekigahara...*, *op. cit.*, p. 216.

5. Pierre-François Souyri, *Moderne sans être occidental. Aux origines du Japon d'aujourd'hui*, Gallimard, París, 2016, p. 286.

6. Wai-ming Ng, *Mencius and the Meiji Restoration. A Study of Yoshida's Shoin's Kodoyowa (Additional notes in explanation of the Mencius)*, Universidad Nacional de Singapur, Singapur, 2015, p. 251.

7. Gary Leupp *et al.* (dir.), *The Tokugawa World*, Routledge, Londres, 2018, p. 1105.

8. Tôru Umihara, *Yoshida Shoin and Shoka Sonjuku. The True Spirit of Education*, Universidad de Kioto, 2000, p. 20.

9. Wataru Masuda, «Oshio Heihachiro and Legends from the Taiping Rebellion», en *Japan and China. Mutual Representations in the Modern Era*, Palgrave Macmillan, Nueva York, 2000, p. 117.

10. I. Morris, *La Noblesse de l'échec…, op. cit.*, p. 225.

11. Bob Tadashi Wakabayashi, *Anti-foreignism and Western Learning in Early-modern Japan. The New Theses of 1825*, Harvard University, Council of East Asian Studies, Cambridge, 1986, p. 4. Traducción del autor.

Capítulo 21
Entre tradición y modernidad: occidentalización y xenofobia

1. Louis G. Perez, *Japan at War. An Encyclopedia*, ABC Clio, Santa Bárbara, 2013, p. 168.

2. Matsuyama Makoto, «Japan and the Western Powers», en *The North American Review*, Universidad de Northern Iowa, Cedar Falls, 1878, p. 410.

3. Kohno Masaru, *The Politics of the Meiji Restoration. Rational Choice and Beyond*, Universidad Waseda, Tokio, 2001, p. 126.

4. Alfred Roussin, *Une station navale au Japon en 1863-64, Revue des Deux Mondes*, vol. 56, 1865, p. 132.

5. Igor Fedyukin, *Westernizations from Peter I to Meiji. War, Political Competition and Institutional Change*, Escuela Superior de Economía, Moscú, 2016, p. 28.

6. Delphine Vomscheid y Junko Abe-Kudo, *Shirô, chateau, vocabulaire de la spatialité japonaise en ligne*, Archivo abierto pluridisciplinar HAL, 2019, p. 3.

7. Mieko Macé, «Le hollandais et une nouvelle approche scientifique ou les *rangaku* (les études hollandaises) et les médecins traducteurs japonais au xixe siècle», en *Histoire épistémologie Langage*, 2016, p. 91.

8. Ian Nish, *Japanese Envoys in Britain, 1862-1964*, Global Oriental, Leyde, 2007, p. 10.

9. Florence Yoko-Sudre, «Léon de Rosny. Pionnier des études japonaises en France», en *The Hiyoshi Review of Humanities*, Universidad de Keio, Tokio, 2018, p. 116.

10. I. Nish, *Japanese Envoys in Britain…*, *op. cit.*, p. 15.

11. Iwata Masakazu, *Okubo Toshimichi. The Bismarck of Japan*, University of California Press, Berkeley, 2022. Publicado originalmente en 1964.

Capítulo 22
Un regreso ilusorio a las raíces

1. Sir Ernest Satow, *A Diplomat in Japan*, Cambridge University Press, Cambridge, 1919, p. 324. Traducción del autor.

2. Theodore de Bary, Carol Gluck y Donald Keene (eds.), *Sources of Japanese Tradition*, vol. 2, *1600 to 2000*, Columbia University Press, Nueva York, 2005, p. 671.

3. Pierre-François Souyri, «L'histoire à l'époque Meiji: enjeux de domination, contrôle du passé, résistances», en *Ebisu*, n.º 44, Casa Franco-Japonesa, Tokio, 2010, p. 33.

4. François-Xavier Héon, *Le Véritable Dernier Samouraï. L'épopée japonaise du capitaine Brunet*, Institut de stratégie comparée / École Pratique des Hautes Éétudes, París, 2010, p. 210.

5. Jean-Marie Thiébaud, *La Présence française au Japon du* XVIe *siècle à nos jours. Histoire d'une séduction et d'une passion réciproques*, L'Harmattan, París, 2008, p. 36.

6. Eugène Collache, *Un voyage au Japon*, en Édouard Charton (dir.), *Le Tour du monde. Nouveau journal des voyages*, Hachette, París, 1874, p. 63.

7. Jean-François Loudcher et Christian Faurillon, *The Influence of French Gymnastics and Military French boxing on the creation of modern karate (1867-1914)*, Cardiff University Press, Cardiff, 2021.

8. Yonekura Seiichiro, *The Samurai Company. Double Creative Response in Meiji Japan. The Case of Onoda Cement*, Universidad Hitotsubashi, Institute of Innovation Research, Tokio, 2012, p. 4.

9. Sonoda Hidehiro, *The Decline of the Japanese Warrior Class, 1840-1880*, International Center for Japanese Studies, Kioto, 1990, p. 74. Traducción del autor.

10. Eiko Ikegami, *Citizenship and National Identity in Early Meiji Japan, 1868-1889. A Comparative Assessment*, Cambridge University Press, Cambridge, 2009, p. 206. Traducción del autor.

11. Peer Vries, *Averting a Great Divergence. State and Economy in Japan, 1868-1937*, Bloomsbury Academic, Londres, 2019, p. 53.

12. James R. Bartholomew, «Modern Science in Japan: Comparative Perspectives», *Journal of World History*, University of Hawaii Press, Honolulú, 1993, p. 102.

13. Daniel Alfred Métraux, *Democratic Trends in Meiji Japan*, Association for Asian Studies, Ann Harbor, 2011, p. 41.

Capítulo 23
El instrumento de la militarización

1. Sven Saaler, *Men in Metal. Representations of the Nation in Public Space in Meiji Japan, 1868-1912*, coloquio internacional «Construire de nouveaux ordres sociaux: mythes, cérémonies et représentations visuelles dans les sociétés révolutionnaires», Universidad Waseda, Tokio, 2007, p. 13. Traducción del autor.

2. P.-F. Souyri, «L'histoire à l'époque Meiji…», art. citado, p. 45.

3. Takizawa Itsuyo, «Quelques aspects du droit japonais de la famille», en *Revue Internationale de Droit Comparé*, 1990, p. 919.

4. Fukushima Shingo, «The Building of a National Army», en *The Developping Economies*, vol. 3, n.° 4, John Wiley, Nueva York, diciembre de 1965, p. 529.

5. *Ibid.*, p. 538.

6. Sonoda Hidehiro, «The Decline of the Japanese Warrior Class, 1840-1880», en *The Japan Review*, International Research Center for Japanese Studies, Kioto, 1990, p. 75.

7. Nicholas Farina, *The Last Moment of Loyal Life. Hara-Kiri and Honor Ideology in Meiji Japan*, Haverford College, Haverford, 2010, p. 42. Traducción del autor.

8. Christopher W. A. Szpilman, «Conservatism and its Enemies in Prewar Japan. The Case of Hiranuma Kiichiro and the *Kokuhonsha*», en *Hitotsubashi Journal of Social Studies*, Universidad Hitotsubashi, Tokio, 1998, p. 106.

9. Alan Tansman, *The Culture of Japanese Fascism*, Duke University Press, Raleigh, 2009, p. 61.

10. O. Benesch, *Inventing the Way of the Samurai…*, *op. cit.*, p. 176.

11. Sang-Jin Han, Kim Dae-Jung y Richard Von Weizaecker, *Divided Nations and Transitional Justice. What Germany, Japan and South Korea Can Teach the World*, Routledge, Londres 2015, p. 196.

12. Tezuka Osamu, *Le Chateau de l'Aurore*, 1959, et *Sarutobi*, 1960-1961.

Conclusión

1. «Letters, gifts, money sent to man suspected of killing Abe», en *Asahi shinbun*, 11 de enero de 2023.

2. Nicolas Vaicbourdt, «L'Extrême-Occident de la République: les États-Unis et l'Asie de 1776 à 1898», en *Bulletin de l'Institut Pierre-Renouvin*, 2011, p. 111.

Bibliografía

ADOLPHSON, Mikael S., *The Gates of Power. Monks, Courtiers, and Warriors in Premodern Japan*, Hawaii University Press, Honolulú, 2000.

—, *The Teeth and Claws of the Buddha. Monastic Warriors and Sohei in Japanese History*, Hawaii University Press, Honolulú, 2007.

ALEXANDER,J. P., *Decisive Battles, Strategic Leaders*, Partridge Publishing, Gurgaon, 2014.

ANSART, Olivier, *Paraître et prétendre. L'imposture du bushidô dans le Japon pré-moderne*, Les Belles Lettres, París, 2020.

BABICZ, Lionel *et al.*, *Le Japon. Des samouraïs à Fukushima*, Fayard, París, 2010.

BENEDICT, Ruth, *Le Chrysanthème et le Sabre*, Philippe Picquier, Arlés, 1998.

BENESCH, Oleg, *Inventing the Way of the Samurai. Nationalism, Internationalism and Bushidô in Modern Japan*, Oxford University Press, Oxford, 2014.

—, *Japan's Castles. Citadels of Modernity in War and Peace*, Cambridge University Press, Cambridge, 2019.

BERRY, Mary Elizabeth, *Hideyoshi*, Harvard University Press, Cambridge, 1982.

—, *The Culture of Civil War in Kyoto*, University of California Press, Berkeley, 1997.

BIROLLI, Bruno, *Ishiwara, l'homme qui déclencha la guerre*, Arte Éditions / Armand Colin, París, 2012.

BLOOMBERG, Catharina, *The Heart of the Warrior. Origins and Religious Background of the Samurai System in Feudal Japan*, Routledge, Nueva York, 1994.

BOHNER, Hermann, *The Battle of Sekigahara,* XX*th Century*, Shanghái, 1944.

BOKUDEN, Tsukahara, *The Hundred Rules of War*, traducido por Éric Shahan, autoedición, 2017.

BOTTOMLEY, Ian, *Japanese Arms and Armour*, Royal Armouries Museum, Londres, 2017.

BRYANT, Anthony, *The Samurai. Warriors of Medieval Japan, 940-1600*, Osprey, Oxford, 1989.

—, *Sekigahara. The Final Struggle for Power*, Osprey, Oxford, 1995.

BUTLER, Lee, *Emperor and Aristocracy in Japan, 1467-1680. Resilience and Renewal*, Harvard University Press, Cambridge, 2002.

CALDEVILLA DOMÍNGUEZ, David, *Japanese Rulers in the Jesuit Correspondence, 1573-1605. A Case of Public Affairs in the* XVI*th Century*, Universidad Complutense de Madrid, Madrid, 2012.

CALVET, Robert, *Une histoire des samouraïs*, Larousse, París, 2009.

CARRÉ, Guillaume, «La conquête de la monnaie. Pouvoir et sapèques de cuivre au début de la période pré-moderne», en *Ebisu*, n.º 28, Casa Franco-Japonesa, Tokio, primavera-verano de 2002, p. 25-46.

—, *Par-delà le premier ancêtre. Les généalogies truquées dans le Japon prémoderne (*XVIe-XIXe *siècles)*, Presses universitaires de Vincennes, Vicennes, 2010.

CHIKAMATSU, Shigemori, *Stories from a Tearoom Window. Lore and Legends of the Japanese Tea Ceremony*, Tuttle, Clarendon, 1982.

CLEARY, Thomas, *La Voie du samouraï*, Seuil, París, 1992.

—, *Code d'honneur du samouraï*, Rocher, Mónaco, 2003.

CLODFELTER, Michael, *Warfare and Armed Conflicts. A Statistical Encyclopedia of Casualty and Other Figures, 1492-2015*, McFarland, Jefferson, 2017.

DAIDÔJI, Yûzan, *Lectures élémentaires sur le bushidô*, Takeuchi Shoten, Osaka, 1965.

DAVIS, Paul, *1000 Decisive Battles. From Ancient Times to the Present*, Oxford University Press, Oxford, 2001.

DAYEZ-BURGEON, Pascal, *Histoire de la Corée. Des origines à nos jours*, Tallandier, París, 2012.

DEAL, William, *Handbook to Life in Medieval and Early Modern Japan*, Oxford University Press, Oxford, 2007.

DE BARY, William Theodore *et al.*, *Sources of Japanese Tradition*, Columbia University Press, Nueva York, 2001.

DE CASTRO, Xavier, *La Découverte du Japon par les Européens*, Chandeigne, París, 2013.

Delgado, James, *Khubilai Khan's Lost Fleet*, University of California Press, Berkeley, 2008.

ELISON, George y Bardwell SMITH (dirs.), *Warlords, Artists, and Commoners. Japan in the Sixteenth Century*, University of Hawaii Press, Honolulú, 1981.

ELISSEEFF, Danielle, *Hideyoshi. Bâtisseur du Japon moderne*, Fayard, París, 1986.

—, *Histoire du Japon*, Rocher, Mónaco, 2001.

ETSUKO, Hae-jin Kang, *Diplomacy and Ideology in Japanese-Korean Relations. From the Fifteenth to the Eighteenth Century*, Palgrave Macmillan, Basingstoke, 1997.

FARALE, Dominique, *De Gengis Khan à Qoubilaï Khan*, Economica, París, 2003.

FARRIS, William Wayne, *Heavenly Warriors. The Evolution of Japan's Military, 500-1300*, Harvard University Press, Cambridge, 1992.

—, *Japan's Medieval Population, Famine, Fertility and Warfare in a Transformative Age*, Hawaii University Press, Honolulú, 2004.

—, *Japan to 1600. A Social and Economic History*, Hawaii University Press, Honolulú, 2009.

FIESCHI, Aude, *Le Masque du samouraï*, Philippe Picquier, Arlés, 2006.

FRIDAY, Karl, *Samurai Warfare and the State in Early Medieval Japan*, Routledge, Nueva York, 2004.

Européens & Japonais. Traité sur les contradictions & différences de mœurs, écrit par le R. P. Luís Fróis au Japon, l'an 1585, Chandeigne, París, (1998) 2012.

FUJIKI, Hisashi, «Le village et son seigneur (XIVe-XVIe siècles): domination sur le territoire, autodéfense, justice», en *Annales, Histoire, Sciences sociales*, 1995.

FUKASE, Tadakatsu, «De quelques aspects particuliers et universels de la paix constitutionnelle japonaise», en *Revue Internationale de Droit Comparé*, 1978.

GIRARD, Frédéric, Annick HORIUCHI y Mieko MACÉ, *Repenser l'ordre, repenser l'héritage. Paysage intellectuel du Japon,* XVIIe-XIXe *siècles*, Droz, Ginebra, 2002.

GLENN, Chris, *The Battle of Sekigahara*, Past Present Future, Nagoya, 2014.

Goble, Andrew, *Kenmu. Go-Daigo's Revolution*, Harvard University Press, Cambridge, 1997.

GOYA, Michel, *Sous le feu. La mort comme hypothèse de travail*, Tallandier, París, 2014.

GRUZINSKI, Serge, *L'Aigle et le Dragon. Démesure européenne et mondialisation au* XVIe *siècle*, Perrin, París, 2012.

GYÛCHI, Ôta, *Shinsho Koki, the Chronicle of Lord Nobunaga*, traducción de J. S. A. Elisonas, Brill, Leyde, 2011.

HALL, John Whitney, James MCCLAIN y Marius JANSEN, *The Cambridge History of Japan. Early Modern Japan*, Cambridge University Press, Cambridge, 1988.

HANE, Mikiso, *Premodern Japan. A Historical Survey*, Routledge, Nueva York, 2018.

HANSON, Victor Davis, *Carnage et culture. Les grandes batailles qui ont fait l'Occident*, Flammarion, París, 2002.

HAWLEY, Samuel, *The Imjin War*, Séoul, Royal Asiatic Society / University of California Press, Berkeley, 2005.

HÉRAIL, Francine y Nathalie KOUAMÉ, *Conversations sous les toits*, Philippe Picquier, Arlés, 2008.

HERBERT, Jean, *Les Dieux nationaux du Japon*, Albin Michel, París, 1965.

HOOD, Christopher, *Shinkansen. From Bullet Train to Symbol of Modern Japan*, Routledge, Londres, 2006.

HURST, Cameron G., *Armed Martial Arts of Japan. Swordmanship and Archery*, Yale University Press, New Haven, 1998.

IGAWA, Kenji, *Elusive Pirates, Pervasive Smugglers, Violence and Clandestine Trade in the Greater China Seas*, Hong Kong University Press, Hong Kong, 2010.

In Little Need of Divine Intervention. Takezaki Suenaga's Scrolls of the Mon-

gol Invasions of Japan, traducido por Thomas D. Conlan, Cornell East Asia Series, Nueva York, 2001.

INOUE, Yasushi, *La Geste des Sanada*, Publications Orientalistes de France, Cergy, 1984.

—, *Le Château de Yodo*, Philippe Picquier, Arlés, 1998.

IWAO, Seiichi, Teizô IYANAGA, Susumu ISHII y Shôichirô YOSHIDA (dirs.), *Dictionnaire Historique du Japon*, Maisonneuve & Larose / Casa Franco-Japonesa, París/Tokio, 2002.

JACOB, Frank y Gilmar VISONI-ALONZO, *The Military Revolution in Early Modern Europe*, Palgrave Macmillan, Nueva York, 2016, p. 45.

JANSEN, Marius, *Warrior Rule in Japan*, Cambridge University Press, Cambridge, 1995.

—, *The Making of Modern Japan*, Harvard University Press, Cambridge, 2002.

JÔCHÔ, Yamamoto, *Hagakure. Le livre secret des samouraïs*, Guy Trédaniel, París, 1999.

KAUFMAN, Cathy, *A Simple Bowl of Tea. Power Politics and Aesthetics in Hideyoshi's Japan, 1582-1591*, Dublin Gastronomy Symposium, Dublín, 2018.

KAWACHI, Kunihira y Masao MANABE, *The Art of the Japanese Swords as Taught by the Experts*, Ribun, 2004.

KAZAYA, Kazuhiko, *Sekigahara Kassen to Osaka no jin*, Yôshikawa Kobunkan, Tokio, 2007.

—, *Tokugawa Ieyasu. Sono seiji to bunka geino (Tokugawa Ieyasu. Politique, culture et divertissement)*, Miyaobi, Tokio, 2016.

KEENE, Donald, *Yoshimasa and the Silver Pavilion. The Creation of the Soul of Japan*, Columbia University Press, Nueva York, 2003.

KITAGAWA, Tomoko, *Kitanomandokoro. A Lady Samurai behind the Shadow of Toyotomi Hideyoshi*, University of British Columbia, Vancouver, 2006.

KLEINE, Christoph, *Buddhism and Violence*, Michael Zimmermann (dir.), Lumbini International Research Institute, Bhairahawa, 2006.

KOZYREFF, Chantal, *Les Arts du Japon de la période d'Edo*, Renaissance du Livre, Waterloo, 2003.

KRAUSS, Ellis S. y Robert J. PEKKANEN, *The Rise and Fall of Japan's LDP.*

Political Party Organizations as Historical Institutions, Cornell University Press, Londres, 2011.

Kuno, Yoshi Saburo, *Japanese Expansion on the Asiatic Continent*, Read Books, 2007.

Kure, Mitsuo, *Samouraïs*, Philippe Picquier, Arlés, 2003.

Lebra, Joyce, Joy Paulson y Elizabeth Powers, *Women in Changing Japan*, Stanford University Press, Palo Alto, 1976.

Lefèvre, Vincent y Aurélie Samuel, *L'Arc et le Sabre. Imaginaire guerrier du Japon*, Musée Guimet, París, 2022.

Lehr, Peter, *Pirates. A New History, from Vikings to Somali Raiders*, Yale University Press, Londres, 2019.

Leupp, Gary, *Male Colors. The Construction of Homosexuality in Tokugawa Japan*, University of California Press, Berkeley, 1995.

Lorge, Peter A., *The Asian Military Revolution*, Cambridge University Press, Cambridge, 2008.

Lovatt, Joe, *Sword and Spirit. Bushido in Practice From the Late Sengoku Era Through the Edo Period*, Western Oregon University Press, Monmouth 2009.

Lu, David John, *Sources of Japanese History*, McGraw-Hill, Nueva York, 1974.

Marco Polo, *Le Devisement du Monde*, Droz, Ginebra, 2004.

Masakazu, Iwata, *Okubo Toshimichi. The Bismarck of Japan*, University of California Press, Berkeley, 2022.

Mason, R. H. P. y J. G. Caiger, *A History of Japan*, Tuttle, Tokio, 1973.

Mass, Jeffrey, *Lordship and Inheritance in Early Medieval Japan*, Stanford University Press, Standord, 1989.

McCall Rosenbluth, Frances y John A. Ferejohn, *War and State Building in Medieval Japan*, Stanford University Press, Stanford, 2010.

McKelway, Matthew Philip, *Capitalscapes. Folding Screens and Political Imagination in Late Medieval Kyoto*, University of Hawaii Press, Honolulú, 2006.

Milton, Giles, *Samouraï William*, Noir sur blanc, Lausanne, 2003.

Mishima, Yukio, *Japon moderne et* éthique *samouraï*, Gallimard, París, 1985.

Mitchelhill, Jennifer, *Castles of the Samurai*, Kôdansha International, Tokio, 2003.

Miura, Masayuki, *Samurai Castle*, Shogakukan, Tokio, 2011.

Miyamoto, Musashi, *Le Traité des cinq roues*, Albin Michel, París, 1983.

Moréchand, Guy, «*Taikô kenchi*. Le cadastre de Hideyoshi Toyotomi», en *Bulletin de l'École française d'Extrême-Orient*, 1966.

Morishita, Tôru, *Les Guerriers et leurs domestiques dans la ville seigneuriale de Hagi*, Éditions de l'EHESS, París, 2011.

Morris, Ivan, *La Noblesse de l'échec. Héros tragiques de l'histoire du Japon*, Gallimard, París, 1975.

Murdoch, James e Isoh Yamagata, *A History of Japan during the Century of Early Foreign Intercourse (1542-1651)*, Routledge, Kobe, 1903.

—, *A History of Japan*, Routledge, Londres, 1996.

Neill, James, *The Origins and Role of Same-Sex Relations in Human Societies*, McFarland, Jefferson, 2011.

Nelson, David G., *The Autobiography of Wakita Kyûbei. Samurai Military Service and Recognition in Seventeenth Century Japan*, California Lutheran University, Los Ángeles, 2016.

Ninomiya, Hiroyuki, *Le Japon pré-moderne*, CNRS Éditions, París, 2017.

Ninomiya, Masayuki, *La Pensée de Kobayashi Hideo. Un intellectuel japonais au tournant de l'Histoire*, Droz, Ginebra, 1995.

Nishida, Masatsugu y Philippe Bonnin, *Dispositifs et notions de la spatialité japonaise*, Presses Polytechniques et Universitaires Romandes, Lausanne, 2014.

Nitobe, Inazô, *Relire Bushidô, l'âme du Japon*, Economica, París, 2004.

Ogwa, Morihiro *et al.*, *Armure du guerrier. Armures samouraï de la collection Ann et Gabriel Barbier-Mueller*, Musée du Quai Branly, París, 2011.

Okanoya, Shigezane, *Shogun and Samurai. Tales of Nobunaga, Hideyoshi and Ieyasu*, traducido por Andrew y Yoshiko Dykstra, University of Hawaii Press, Honolulú, 2007.

Oliveira e Costa, Joao Paulo, «Tokugawa Ieyasu and the Christian Daimyo during the Crisis of 1600», en *Bulletin of Portuguese-Japanese Studies*, Universidade Nova de Lisboa, Lisboa, 2003.

Parkinson, R. B., *A Little Gay History, Desire and Diversity Across the World*, British Museum Press, Londres, 2013.

PELLETIER, Philippe, *Atlas du Japon*, Autrement, París, 2008.

Peltier, Julien, *Le Crépuscule des samouraïs*, Economica, París, 2010.

—, *Le Sabre et le Typhon. L'Empire mongol à l'assaut du Japon*, Economica, París, 2012.

—, *Samouraïs. 10 destins incroyables*, Prisma, París, 2016.

—, *Sekigahara. La plus grande bataille de samouraïs*, Passés Composés, París, 2020.

Perez Louis, *The History of Japan*, Greenwood, Londres, 1998.

PERRIN, Noel, *Giving Up the Gun. Japan's Reversion to the Sword, 1543-1879*, David R. Godine, Jaffrey, 1979.

PETIT, Bertrand, *Voie de l'arc des samouraïs. Poèmes secrets*, Fata Morgana, Saint-Clément-de-Rivière, 2001.

— y Keiko YOKOYAMA, *L'Adieu du samouraï*, Alternatives, París, 2003.

PETTERSON, Jann, *The Yonezawa Matchlock, Mighty Gun of the Uesugi Samurai*, Lulu, 2017.

PINGUET, Maurice, *La Mort volontaire au Japon*, Gallimard, París, 1984.

PINTO, Fernão Mendes, *Pérégrinations*, La Différence, París, 2002.

PITELKA, Morgan, *Spectacular Accumulation, Material Culture. Tokugawa Ieyasu, and Samurai Sociability*, University of Hawaii Press, Honolulú, 2016.

POLELLE, Mark Robert, *Leadership. Fifty Great Leaders and the Worlds They Made*, Greenwood, Londres, 2008.

RANKIN, Andrew, *Seppuku. A History of Samurai Suicide*, Kodansha, Nueva York, 2011.

RAVINA, Mark, *Land and Lordship in Early Modern Japan*, Stanford University Press, Palo Alto, 1999.

—, *The Last Samurai. The Life and Battles of Saigô Takamori*, Wiley, Hoboken, 2004.

REISCHAUER, Edwin, *Histoire du Japon et des Japonais*, t. I, Seuil, París, 1973.

RICHMOND TSANG, Carol, *War and Faith. Ikkô Ikki in Late Muromachi Japan*, Harvard University Press, Cambridge, 2007.

ROCHER, Alain, *Les 10 légendes de la mythologie japonaise*, PUF, París, 2022.

ROSENBAUM, Roman, *Manga and the Representation of Japanese History*, Routledge, Londres, 2012.

Sadler, Adam L., *Shogun. The Life of Tokugawa Ieyasu*, Allen & Unwin, Londres, 1937.

—, *The Japanese Tea Ceremony, Cha-No-Yu*, Tuttle, Tokio, 2011.

Saeki, Shinichi y Pierre-François Souyri, *Samouraïs. Du* Dit des Heiké *à l'invention du bushidô*, Arkhê, PLarís, 2017.

Saikaru, Ihara, *Le Grand Miroir de l'amour mâle*, préface de Gérard Siary, Philippe Picquier, Arlés, 1999.

Sansom, George, *A History of Japan to 1334*, Stanford University Press, Stanford, 1958.

—, *A History of Japan. 1334-1615*, Stanford University Press, Stanford, 1961.

Schmorleitz, Morton S., *Castles in Japan*, Tuttle, Tokio, 1974.

Seaton, Philip, *Taiga Dramas and Tourism. Historical contents as sustainable tourist resources*, Routledge, Londres, 2015.

Sereni, Constance y Pierre-François Souyri, *Kamikazes*, Flammarion, París, 2015.

Sesko, Markus, *Encyclopedia of Japanese Sword*, autoedición, 2014.

Shiba, Ryôtarô, *Hideyoshi. Seigneur singe*, Rocher, Mónaco, 2008.

—, *Tokugawa Ieyasu. Shôgun suprême*, Rocher, Mónaco, 2011.

Shibagaki, Kazuo, *The Early History of the Zaibatsu*, Wiley-Blackwell, Oxford, 1966.

Shibata, Masami et Maryse, *Le Kojiki. Chronique des choses anciennes*, Maisonneuve & Larose, París, 1997.

Shirane, Haruo, *Early Modern Japanese Literature. An Anthology, 1600-1900*, Columbia University Press, Nueva York 2002.

Sieffert, René, *Le Dit des Heiké*, Publications Orientalistes de France, París, 1976.

Sinclaire, Clive, *Les Armes et l'esprit du guerrier japonais*, Du May, 2005.

Smith, Thomas C., *Native Sources of Japanese Industrialization, 1750-1920*, University of California Press, Berkeley, 1988.

Sôhô, Takuan, *L'Esprit indomptable.* Écrits *d'un maître de zen* à *un maître de sabre*, Budo, Noisy-sur-École, 2001.

Sôho, Tokutomi, *Kinsei Nihon kokuminshi/Histoire du début du Japon moderne*, Tokio, 1918-1952.

Sonoda, Hidehiro, *The Decline of the Japanese Warrior Class, 1840-1880*, International Center for Japanese Studies, Kioto, 1990.

SOULIÉ DE MORANT, George, *Les 47 Rônins. Le trésor des loyaux samouraïs*, Budo, Noisy-sur-École, 2006.

SOUYRI, Pierre-François, *Le Monde à l'envers. La dynamique de la société médiévale*, Maisonneuve & Larose, París, 1998.

—, *Nouvelle histoire du Japon*, Perrin, París, 2010.

—, *Samouraï. 1000 ans d'histoire du Japon*, Presses Universitaires de Rennes, Rennes, 2014.

—, *Moderne sans être occidental. Aux origines du Japon d'aujourd'hui*, Gallimard, París, 2016.

—, *Les Guerriers dans la rizière*, Flammarion, París, 2017.

SUN TZU, *L'Art de la guerre*, Flammarion, París, 1972.

SWOPE, Kenneth M., *A Dragon's Head and a Serpent's Tail. Ming China and the First Great East Asian War 1592-98*, University of Oklahoma Press, Norman, 2009.

TAKEKOSHI, Yosaburô, *The Economic Aspects of the History of the Civilization of Japan*, Taylor & Francis, Londres, 2004.

TANSMAN, Alan, *The Culture of Japanese Fascism*, Duke University Press, Raleigh, 2009.

THIÉBAUD, Jean-Marie, *La Présence française au Japon du* XVIe *siècle* à *nos jours. Histoire d'une séduction et d'une passion réciproques*, L'Harmattan, París, 2008.

TOBY, Ronald P., *State and Diplomacy in Early Modern Japan. Asia in the Development of the Tokugawa Bakufu*, Princeton University Press, Princeton, 1984.

TOKITSU, Kenji, *Miyamoto Musashi, maître de sabre japonais du* XVIIe *siècle*, DésIris, 1998.

TOTMAN, Conrad, *Tokugawa Ieyasu, Shogun*, Heian, San Francisco, 1983.

—, *The Green Archipelago. Forestry in Preindustrial Japan*, University of California Press, Berkeley, 1989.

TURNBULL, Stephen, *Les Samouraïs. Seigneurs japonais de la guerre*, PML, 1989.

—, *Ashigaru 1467-1649. Weapons, Armour, Tactics*, Osprey, Oxford, 2001.

—, *Warriors of Medieval Japan*, Osprey, Oxford, 2005.

—, *Samurai. The World of the Warrior*, Osprey, Oxford, 2006.

—, *The Samurai and the Sacred*, Osprey, Oxford, 2006.

VAPORIS, Constantine Nomikos, *Breaking Barriers. Travel and the State in Early Modern Japan*, Harvard University Press, Cambridge, 1994.

—, *Tour of Duty. Samurai, Military Service in Edo and the Culture of Early Modern Japan*, University of Hawaii Press, Honolulú, 2008.

—, *Samurai. An Encyclopedia of Japan's Cultured Warriors*, ABC-Clio, Santa Bárbara, 2019.

VARLEY, Paul, *Warriors of Japan as Portrayed in the War Tales*, University of Hawaii Press, Honolulú, 1994.

VERDON, Jean, *Le Moyen Âge. Ombres et lumières*, Perrin, París, 2013.

VRIES, Peer, *Averting a Great Divergence. State and Economy in Japan, 1868-1937*, Bloomsbury, Londres, 2019.

WARD NAWATA, Haruko, *Women Religious Leaders in Japan's Christian Century, 1543-1650*, Routlegde, Nueva York 2016.

WATANABE, Tsuneo y Junichi IWATA, *The Love of the Samurai. A Thousand Years of Japanese Homosexuality*, Gay Men Press, Londres, 1989.

WERT, Michael, *Samurai. A Concise History*, Oxford University Press, Nueva York, 2019.

WESTON, Mark y Walter MONDALE, *Giants of Japan*, Kôdansha America, Tokio, 2002.

WILSON, William Scott, *Ideals of the Samurai. Writings of Japanese Warriors*, Ohara, Burbank,1982.

YAGYÛ, Munenori, *Heihô kadensho. Le Sabre de Vie*, Budo, Noisy-sur-École, 2005.

YAMAZAKI, Masakazu, *On the Art of the No Drama. The Major Treatises of Zeami*, Princeton University Press, Princeton, 1984.

YOSHIKAWA, Eiji, *La Pierre et le Sabre*, Balland, París, 1983.

—, *La Parfaite Lumière*, Balland, París,1983.

—, *Taiko. An epic novel of war and glory in feudal Japan*, Kôdansha International, Tokio, 1992.

Yoshimura, Kenichi, *Les Japonais et le Sabre*, Typografica, París, 1998.

ÍNDICE ONOMÁSTICO

Para mayor comodidad, los artistas se presentan por su nombre, o incluso por su pseudónimo cuando así son más fácilmente identificables. El nombre completo sigue entre paréntesis. Por ejemplo, en Hiroshige, su apellido –Utagawa– viene a continuación. Respecto a los más eminentes *daimyô* que cambiaron su nombre a lo largo de su vida, se ha preferido poner el original, aquel por el que es más conocido. En cuanto a los emperadores, el nombre del reino se ha conservado, seguido de la mención tradicional «tennō» y, en su caso, el nombre del soberano. Por ejemplo, el emperador Meiji sale así: Meiji (*tennō*, Mutsuhito).

Esta edición de *Samuráis*,
de Julien Peltier,
se terminó de imprimir en Huertas industrias gráficas,
el 26 de enero de 2025